哈日情報誌
MAPPLE 滋賀•琵琶湖
長濱•彥根•大津

U0076977

人氣兜風路線---

滋賀自駕兜風 BOOK

湖北美食
兜風之旅
→P.4

歷史主題
兜風之旅
→P.6

P.8起為滋賀自駕兜風MAP

フクバコ

CONTENTS

大人味湖畔
兜風之旅
→P.2

湖畔的風
好舒服!!

橫越琵琶湖東西兩端
大人味湖畔
兜風之旅

GO!GO! SHIGA DRIVE

此路線從湖東的彥根城出發，朝湖西方向前進，將沿途的話題商店、湖景咖啡廳等不容錯過的景點一網打盡。來趟與平時稍稍不一樣的大人味旅行吧。

行駛時間 約2小時15分
行駛距離 約68.9km

第一站先來參觀國寶彥根城！

GOAL 大津IC	8 Coffee House Chocola	7 琵琶湖大津館	6 近江神宮	5 浮御堂（滿月寺）	4 琵琶湖大橋	3 即到	2 SETRE MARINA BIWAKO	1 BIWAKO DAUGHTERS	彥根城	彥根IC START
約7分・約1.5km	約8分・約3.4km	約8分・約1.5km	約30分・約13km	約6分・約2.5km	約13分・約8km	約1km	約53分・約35km	約10分・約3km		

彥根
1 造訪井伊家打造的彥根城

彥根城於1622（元和8）年前後完工，國寶天守為三層三重的結構，並結合各種樣式的博風板。此外，還有被指定為重要文化財的望樓、名勝庭園等眾多值得一看之處。

MAP 97A-2 **DATA**➡P.92
📞0749-22-2742
🕐8:30～17:00 休無休

春天能看到櫻花美景襯托的彥根城！

年輪夾心餅乾1個302日圓～
（La Collina限定販售）

順道在這見停留一下

たねや CLUB HARIE
La Collina近江八幡
●たねやクラブハリエラコリーナおうみはちまん

推出了眾多知名糕點店的たねや集團的旗艦店，包括了咖啡廳及販售長崎蛋糕、麵包等商品的店鋪。

MAP 附錄18F-1 **DATA**➡P.30
📞0748-33-6666
🕐9:00～18:00（視店鋪、季節而異）休無休

BIWAKO DAUGHTERS

野洲
2 在BIWAKO DAUGHTERS自在恣意享用湖魚料理

伴手禮就挑這個！

杜父魚、諸子魚、香魚等湖魚的田舍煮。
各604日圓～

夾了炸黑鱸魚排的鱸魚漢堡
496日圓

以滋賀在地酒的酒糟做的酒糟生起司蛋糕
313日圓

以在琵琶湖捕撈的湖魚製作成五花八門的商品。從鮒壽司、田舍煮等傳統美食，到與人氣麵包店合作推出的麵包、三明治等，一項項商品都訴說著湖魚的迷人之處。

MAP 附錄18D-2
📞090-2101-8604
🕐9:00～17:00 休週三 📍野洲市菖蒲230
🚃JR野洲站車程20分 🅿免費

包裝具時尚感，很適合當伴手禮

認明這個魚的標誌喔！

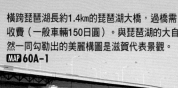

橫跨琵琶湖長約1.4km的琵琶湖大橋，過橋需收費（一般車輛150日圓）。與琵琶湖的大自然一同勾勒出的美麗構圖是滋賀代表景觀。
MAP 60A-1

4 大津
完美融入背景的
琵琶湖大橋

看風景的
首選是這裡！
東側的SETRE MARINA BIWAKO以及西側的公路休息站 びわ湖大橋米プラザ（→附錄9），是最推薦的賞景地點。

午間全餐「MONTE」3600日圓

位置絕佳，
景觀一流！

3 守山
在SETRE MARINABIWAKO
享用美味午餐

位在飯店且視野絕佳的餐廳。午餐（2600日圓～）使用大量在地農家的蔬菜製作，可選擇肉或魚作為主菜，披薩、義大利麵及燉飯也都有數種口味可挑選。
MAP 附錄18D-2
☎077-585-1125
🕐11:30～14:00、※晚餐18:30～（僅預約）
休週二（逢假日則營業）所守山市水保町1380-1
🚃JR守山站、堅田站搭近江鐵道巴士25分，琵琶湖大橋東詰下車即到 Ｐ免費

兜風小筆記
琵琶湖大橋東行的部分路段打造成了音樂道路，以約時速60km行駛時，路面會傳來《琵琶湖周航之歌》的旋律

5 大津
近江八景之一
浮御堂（滿月寺）

現在的浮御堂是1937（昭和12）年所重建

浮御堂是平安時代的惠心僧都，為祈求湖上交通安全與普渡眾生所建的滿月寺其中一座堂。觀音堂供奉了重要文化財聖觀音座像。這裡也是許多畫師、文人喜愛的名勝。
MAP 60A-1
☎077-572-0455
🕐8:00～17:00 休無休
所大津市本堅田1-16-18
🚃JR堅田站搭堅田町內循環巴士5分，堅田出町下車，步行7分 Ｐ免費

兜風小筆記
草地青翠美麗的「渚のテラス」有間餐廳、咖啡廳等座落於此，是兜風途中休息的好選擇。

6 大津
歌牌的聖地
近江神宮

近江神宮是供奉天智天皇的神社，並以曾製作出日本第一座水鐘著稱。此外，天智天皇也被視為歌牌的祖神，歌牌祭及新年期間舉辦的歌牌比賽是這裡的一大盛事。
DATA➡P.53
MAP 55A-1
☎077-522-3725
🕐6:00～18:00 休無休

順道在這兒停留一下

日吉大社
●ひよしたいしゃ
為日本日吉神社的總本宮，東西本宮的本殿為國寶，西本宮樓門為重要文化財。
DATA➡P.51
MAP 50A-1
☎077-578-0009
🕐9:00～16:30 休無休

可以從環境舒適的店內及熱門的露台座欣賞琵琶湖寧靜祥和的風景。還能吃到鬆軟滑順的鬆餅、使用當令食材製作的蛋糕，以及適合當作午餐的餐點等各種美食。
MAP 55B-3 **DATA➡P.15**
☎077-521-3525
🕐9:00～20:30 休不定休

椰奶醬與綜合莓果鬆餅
1130日圓

風景和甜點
都棒極了！

8 大津
在Coffee House
Chocola欣賞琵琶湖風
景小歇片刻

以白色為基調的外觀十分醒目

露台座眼前便是廣闊的琵琶湖

8月中旬～9月中旬開花的醉芙蓉

密刺薔薇會綻放可愛的白色花朵

睡蓮會在6～10月開出紫色及白色花朵

建築物建於1934（昭和9）年，當時的風貌仍隨處可見

被登錄為大津市有形文化財的琵琶湖大津館過去是琵琶湖飯店，現在則作為文化設施對外開放。除了餐廳及咖啡廳外，用地內還有種植了各種美麗花草的英式庭園。

7 大津
悠閒漫步於
琵琶湖大津館
的英式庭園

MAP 55B-1
☎077-511-4187
🕐9:00～19:30 英式庭園4～9月～18:00、3、10、11月～17:00、12月11:00～16:00
休不定休（英式庭園1～2月休）¥英式庭園320日圓
所大津市柳が崎5-35 🚃JR大津京站步行15分
Ｐ1小時210日圓

徜徉於大自然中！
湖北美食兜風之旅

GO!GO! SHIGA DRIVE

行駛時間 約2小時46分
行駛距離 約108.5km

從爐灶炊飯，到人氣歐式麵包及蛋糕店等等，湖北地區有許多熱門店家，在壯闊自然景色的陪伴下，盡情品嘗湖北美食吧。

高島
1
鳥居佇立於湖中的
白鬚神社

湖中鳥居充滿神秘氣氛的光景讓這裡獲得了「近江的嚴島」之稱

據說原本位在陸地上的鳥居，因水位上升而變成佇立在湖中

好像浮在湖面上般的大鳥居讓人印象深刻。豐臣秀吉與淀君進獻的本殿供奉著猿田彥命，是民眾心目中能保佑延年益壽及姻緣的神明。

MAP 111A-2　DATA→P.111
自由參觀　高島市鵜川215

兜風小筆記
安曇川的周邊視野開闊，能欣賞到讓人心曠神怡的田園景色。

安曇川
2
在大自然之中悠閒品嘗
SORANONE食堂
的美味爐灶飯♪

美味重點在這裡
取用鄰近的湧泉洗米，再以爐灶炊煮的近江米帶有閃亮光澤♪

爐灶飯套餐 1400日圓

也可以體驗用爐灶煮飯。炊飯體驗1人2160日圓

用爐灶炊煮出來的飯，帶有香脆鍋巴的米飯搭配了使用大量在地知名發酵食材及蔬菜做的配菜。在寧靜祥和的里山風景及廣闊天空下，享受午餐時光吧。

MAP 附錄14D-2　DATA→P.22
0740-32-3750
10:30～17:00（午餐為15:00）
休週四（逢假日則營業），1、2月休業

美味重點在這裡
不過度碰觸麵糰是發揮小麥風味的秘訣

黑豆與卡士達醬 240日圓

培根橄欖 240日圓

高島
3
來自義大利的主廚呈現出極品麵包
Pane classico italiano

充滿特色的外觀是由知名建築師所設計

醒目的黃色三角形屋頂是此麵包店的標記。麵包以摻了國產小麥及全麥粉等製成的硬式麵包為主，天氣好時還可以坐在露台座享用麵包。

MAP 附錄14E-1
0740-33-7447
10:30～17:00（售完打烊）
休週二、三（1～3月不營業）　高島市新旭町饗庭1599　JR近江今津站車程5分　P免費

蛋糕與飲料套餐850日圓

美味重點在這裡
以法式濾壓壺沖泡的香醇咖啡帶來了幸福時光

店面是由屋齡200年的米倉改裝而成，擺滿了江戶時代以來的各種老東西。店後方的咖啡廳設有露台座，可在此欣賞波光粼粼的湖面，度過悠閒舒適的時光。
MAP 附錄11B-3　**DATA➡P.14**
📞0740-28-8055
🕐11:30～17:00（週六、日、假日10:00～）
休不定休

也有許多人是專程為了老闆沖泡的咖啡及蛋糕來的

⑤ 高島
在古道具海津喝杯咖啡小歇片刻

兜風小筆記
「奧琵琶湖公園路」是一條沿葛籠尾半島縱走，長約18km的兜風路線，能一面奔馳一面欣賞壯麗的琵琶湖。

④ 高島
四季各有不同美景水杉林蔭道

奔馳於令人舒暢的景色之中吧

一年四季景色皆美的林蔭道，有初夏的新綠、秋天的紅葉、冬天的雪景等。兩旁樹木綿延達2.4km，是熱門的人氣兜風路線。
MAP 附錄11B-3　**DATA➡P.113**
📞0740-27-1811（Makino Pick land）
🕐自由參觀

⑦ 長濱
在湖北水鳥公園親近大自然

可在此觀察小天鵝、紅嘴鷗等超過200種水鳥。公園內設有湖北野鳥中心，還能學習水鳥相關知識。可以在兜風途中來此休息一下，順便欣賞療癒的水鳥。
MAP 附錄10D-4
📞0749-79-1289
🕐9:00～16:30　休週二　¥200日圓（湖北野鳥中心內）
🚗長浜市湖北町今西　🚃JR河毛站搭小天鵝號社區巴士約20分，野鳥センター一下車即到　P免費

順道在這兒停留一下
冨田酒造
●とみたしゅぞう
從戰國時代延續至今的酒窖，著名商品「七本鎗」名稱源自於在賤岳之戰表現活躍的武將，另外還有冠上了石田三成之名的原酒等酒款。
MAP 89
📞0749-82-2013
🕐9:00～18:00
休不定休
🚗長濱市木之本町木之本1107　🚃JR木之本站步行6分

七本鎗 純米吟釀（720㎖）1728日圓

⑥ 高島
聲名遠播的櫻花名勝海津大崎

海津大崎是名列琵琶湖八景之一的岩礁地帶。這裡也是著名的賞櫻勝地，湖岸旁約800株的染井吉野櫻在春天盛開時美不勝收，並入選日本百大櫻花名勝。

4月中旬是最佳賞櫻時機

MAP 附錄11B-4　**DATA➡P.113**
📞0740-33-7101（琵琶湖高島觀光協會）
P使用JRマキノ站停車場

順道在這兒停留一下
みつとし本舗
●みつとしほんぽ
創業超過40年的花生煎餅店。上一代傳承下來的煎餅帶有芳香花生味，深受在地人喜愛。

丸子船150g 540日圓～

MAP 附錄11C-3
📞0749-89-0191
🕐8:00～18:00　休第2、3週日的上午
🚗長浜市西浅井町大浦1601　🚃JR永原站步行10分　P免費

黑壁瑞士捲450日圓

美味重點在這裡
在96CAFE能吃到各種靈感來自於黑壁的餐點！

黑壁霜淇淋 400日圓

近江牛咖哩1500日圓

⑧ 長濱
漫步古典風格建築間黑壁廣場

以建於1900（明治33）年，原本是銀行的洋房改裝成的黑壁玻璃館為中心，街景充滿古典氣氛的區域，有雜貨店、玻璃製作體驗教室、餐飲店等許多值得駐足的地方。
MAP 80　**DATA➡P.80**
📞0749-65-2330（代表）
🕐10:00～18:00（11～3月為～17:00）
休無休（視店鋪而異）

在黑壁玻璃館挑選喜愛的玻璃製品吧

探索近江的昔日風貌！
歷史主題兜風之旅

此路線是從湖南沿琵琶湖往湖東地區行駛，一路上會經過超過1000年歷史的古老神社，以及中世、近世時期的著名古蹟等，想認識滋賀的歷史就絕不可錯過的景點。

1 石山
參拜建部大社提升運勢！

GOAL 八日市IC｜約16分・約6km
7 太郎坊宮（阿賀神社）｜約5分・約8km
6 五個莊｜約18分・約32km
5 ROCK BAY GARDEN｜約48分・約1km
4 滋賀縣立琵琶湖博物館｜約4分・約13km
3 cafe fukubako｜即到・約0.4km
2 瀬田唐橋｜約20分・約0.8km
1 建部大社｜約5分・約1km
瀬田西IC ※從名古屋一帶來可建議利用瀬田東IC（名神高速道路）
START

行駛時間 約2小時
行駛距離 約62.2km

供奉民眾視為保佑武運、勝利的神明—日本武尊，是歷史悠久的神社。每年8月17日會舉辦船幸祭，其源自日本武尊率領船團渡海的典故，為大津三大祭之一。

MAP 57B-2　**DATA→P.56**
☎077-545-0038
🕐5:00～17:00（寶物殿9:00～16:00，需預約）
💰寶物殿200日圓

現在的橋是在1979（昭和54）年所重建

歷史重點看過來
源賴朝被流放至伊豆途中，在此祈求能振興源氏，並在日後達成心願，因此日本武尊被視為保佑武運之神明

相傳是在超過1300年前所創建

2 石山
放慢腳步細細領略
瀬田唐橋之美

為日本三大名橋之一，早在室町時代的連歌「心急的武士以為從矢橋搭船比較快，但欲速則不達，不如走瀬田的長橋」就已被提到，也是「欲速則不達」這句諺語的由來。

DATA→P.56
MAP 57B-2
☎077-534-0706（石山站觀光服務處）
🕐自由參觀

何謂 近江八景
相傳為室町時代仿照中國湖南省的洞庭湖八景而來。因歌川廣重的浮世繪打響了知名度，包括「瀬田夕照」、「堅田落雁（浮御堂）」等。

兜風小筆記
縣內各處都能看到源自滋賀的「とび太くん」看板，還有許多店家會製作原創款式

早餐時段供應的厚切蜂蜜吐司。搭配飲料＋250日圓，550日圓～

提供以手工餅皮，使用當令食材製作的披薩，約10種口味（900日圓～）

3 石山
品嚐精心充泡的咖啡與豐富的自製餐點
cafe fukubako

提供店內石窯燒烤的披薩，及利用石窯餘熱烘焙的自製蛋糕、聖代等各式甜點。無比美味的咖啡皆用現磨咖啡豆沖泡，讓人在琵琶湖景色的陪伴下，度過幸福美妙的時光。

MAP 57B-1
☎077-544-2905
🕐9:30～17:30　🚫週一，每月約有2次不定休
🏠大津市瀬田1-22-24
🚃京阪唐崎前站步行9分　🅿免費

順道在這兒停留一下

佐川美術館
●さがわびじゅつかん

有如佇立在水中般優美的建築物為一大特色。平山郁夫等藝術家的常設展、特展深受國內外遊客歡迎。

MAP 附錄18D-2
☎077-585-7800
🕐9:30～16:30 ㊡週一(逢假日則翌日休) ¥1000日圓 🚩守山市水保町北川2891 🚃JR守山站搭巴士30分,佐川美術館下車即到 🅿免費

WABARA Café
●ワバラカフェ

守山的玫瑰園「Rose Farm KEIJI」的概念咖啡廳,還有販售各式各樣的和玫瑰商品。

點餐皆會附贈一朵和玫瑰。也可外帶

MAP 附錄18D-3
☎077-596-3070
🕐10:00～19:30(外帶～20:00) ㊡週二、第2週一 🚩守山市勝部1-3-1 あまが池プラザ101 🚃JR守山站步行7分

C展示室展示了人類日常生活與琵琶湖的生物間的關聯

歷史重點看過來
除了能認識琵琶湖的歷史,還會舉辦體驗活動等

【草津】

4 在滋賀縣立琵琶湖博物館 接觸琵琶湖的歷史

以「湖與人類」為主題的體驗型博物館。展示內容追溯至400萬年前,能學習到琵琶湖與人類日常生活的歷史。日本國內最大規模的淡水生物展示也不可錯過。

MAP 附錄19C-3
☎077-568-4811
🕐9:30～16:30 ㊡週一(逢假日則開館) ¥750日圓 🚃JR草津站搭近江鐵道巴士25分,琵琶湖博物館下車即到 🅿550日圓

兜風小筆記
長命寺川通往西之湖的道路是水鄉巡禮(P.19)的船隻行經的路線。透過車窗欣賞水鄉風情也不錯。

【草津】

5 享用超高CP值的美味近江牛牛餐 ROCK BAY GARDEN

採草莓(1月中旬～5月上旬)入園免費,秤重計費,100g350日圓

油脂甘甜,鮮味出眾的沙朗牛排套餐2700日圓

毗鄰草津公路休息站的體驗農園,人氣的採草莓及動物餵食體驗有時甚至還得排隊。在附設的餐廳可以吃到A4等級以上近江牛美食,讓人無比滿足!

MAP 附錄18D-3
☎077-568-3078
🕐10:00～17:00,餐廳11:00～17:30(有季節性變動) ㊡週一(逢假日則營業) 🚩草津市下物町1431 🚃JR草津站車程20分 🅿免費

【東近江】

6 造訪五個莊探索近江商人的歷史

歷史重點看過來
從藤井糸店起家,一代便成功致富的藤井彥四郎之宅邸。池泉迴遊式的大庭園為東近江市指定名勝

歷史重點看過來
三中井百貨店的經營者中江準五郎的舊宅。除了庭園外,宅邸內還展示了小幡人偶及陶土人偶

五個莊是許多傑出的近江商人的出身地,其中金堂地區更被指定為重要傳統建造物群保存地區。一些古色古香、別具韻味的商人宅邸還有對外開放,可一窺過去近江商人的生活文化。

MAP 73A-2　DATA➡P.72

【東近江】

7 以靈驗著稱,歷史悠久的神社 太郎坊宮(阿賀神社)

歷史重點看過來
此處被視為「神驗即現」的大神,聖德太子、最澄、源義經等歷史人物皆十分尊崇

秋天時別忘了造訪這裡

永源寺
●えいげんじ

近江首屈一指的紅葉名勝,11月為最佳觀賞期,以從參道連綿至開山堂的紅葉隧道著稱。

DATA➡P.74
MAP 附錄17C-3
☎0748-27-0016
🕐9:00～16:00(紅葉時期8:00～17:00) ¥500日圓

相傳從夫婦岩之間走過,病痛、但心術不正者會被岩石夾住 在此參拜可消除

相傳建於1400年前,正式名稱為阿賀神社,據說有天狗守護神社,所以被稱作太郎坊宮。除了供奉天照大神的第一皇子,也是勝運之神的本殿外,還依山勢建造了許多社殿。

MAP 附錄17A-2
☎0748-23-1341
🕐自由參觀 🚩東近江市小脇町2247 🚃近江鐵道太郎坊宮前站步行20分 🅿免費

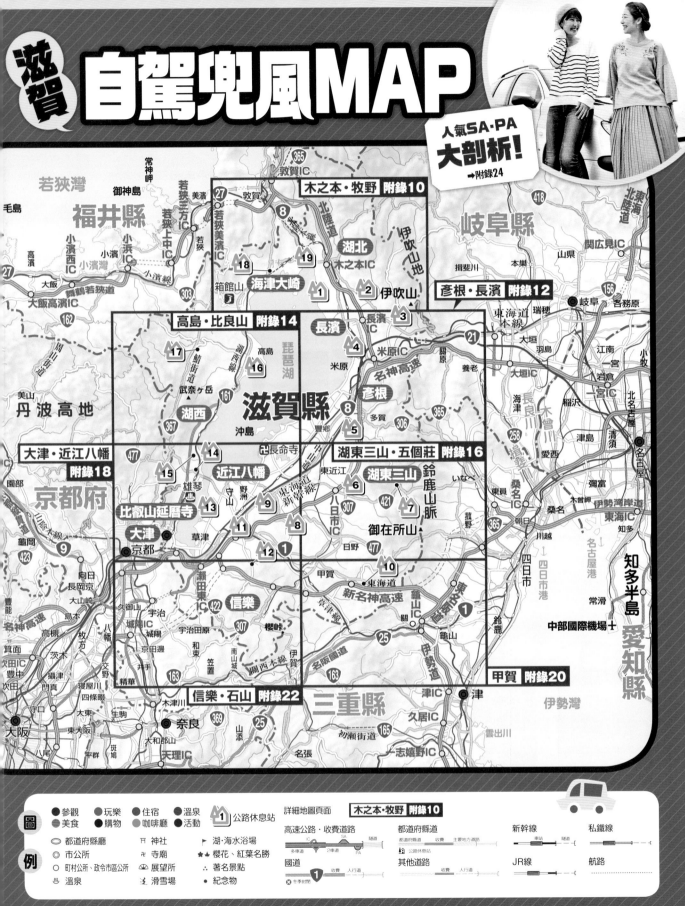

公路休息站 一把抓

🍴餐廳Or輕食 🎁伴手禮 🥬蔬菜直售處 ♨入浴施設

🏠3 公路休息站 伊吹の里 旬彩の森
●みちのえきいぶきのさとしゅんさいのもり

有直售處、餐廳、麵包工房等。可以買到在地農產品製作的沙拉醬、甜點等各式商品。

獨家沙拉醬
1瓶495日圓
使用帶有強烈辛辣味的傳統蔬菜—伊吹白蘿蔔及當地產梅子做成的和風沙拉醬很受歡迎。

MAP 附錄12D-1
☎0749-58-0390
🕐9:15～17:00（餐廳10:30～14:00，週六、日、假日～15:00）
休無休（1～3月為週四）

🏠2 公路休息站 浅井三姉妹の郷
●みちのえきあざいさんしまいのさと

餐廳可吃到東淺井地區的鄉土料理，使用在地食材製作的季節義式冰淇淋也很受歡迎。

阿部御膳 1480日圓
現炸的東淺井地麩羅口感酥脆，還附山藥泥、麥飯、茶碗蒸等。

MAP 附錄10E-4
☎0749-74-1261
🕐9:00～19:00（餐廳11:00～14:00，週六、日、假日～18:30，冬季有變動）
休無休

🏠1 公路休息站 湖北みずどりステーション
●みちのえきこほくみずどりステーション

在隔壁的湖北野鳥中心可以用鑑識望遠鏡近距離觀察野鳥。

能看到初冬時飛來的小天鵝群，以及國家指定天然紀念物寒林豆雁。

MAP 附錄10D-4
☎0749-79-8060
🕐9:00～18:00（餐廳為～17:00）
休第2週二（4、8月除外），餐廳為週二

🏠7 公路休息站 奥永源寺渓流の里
●みちのえきおくげんじけいりゅうのさと

舊政所中學校舍改裝成的公路休息站，能在這裡買到永源寺蒟蒻、政所茶等特產。鮎壽司霜淇淋370日圓也引起熱烈討論。

永源寺水壩咖哩 800日圓
做成水壩造型的人氣美食，放有炸鹿肉或紅點鮭，以及季節性裝飾。

MAP 附錄16D-2
☎0748-29-0428
🕐9:30～17:30（12～3月～16:30，用餐11:00～）
休週二（逢假日則翌日休）；11月無休

🏠6 公路休息站 Aito Margaret Station
●みちのえきあいとうマーガレットステーション

手工義式冰淇淋及新鮮農產品很受歡迎。田園生活館在2018年3月重新開幕。

南瓜義式冰淇淋
300日圓
南瓜香氣在口中擴散，口感滑順的義式冰淇淋，有8種可口口味可挑選。

MAP 附錄17B-2
☎0749-46-1110
🕐9:00～18:00（視季節而異）
休週一（逢假日則翌營業）

🏠5 公路休息站 せせらぎの里こうら
●みちのえきせせらぎのさとこうら

除了商店、食堂、觀光服務處外，還附設以石窯燒烤披薩的披薩店（10:30～）。

近江牛披薩
1500日圓
以石窯精心烘烤的正統披薩，上面放了近江牛與滿滿的起司。

MAP 附錄13C-4
☎0749-38-2744
🕐9:00～18:00

🏠4 公路休息站 近江母の郷
●みちのえきおうははのさと

「物產交流館さざなみ」販售的在地蔬菜十分有人氣。還能看到琵琶湖的夕陽等美景。

フルフル拉麵
2包裝486日圓，4包裝999日圓
乾麵中加了絲綢粉末，呈現出滑順好入喉的口感。附醬油口味湯頭。

MAP 附錄13C-2
☎0749-52-5177
🕐9:00～18:00（12～2月9:00～17:00），餐廳
休週一（逢假日則營業）

🏠11 公路休息站 アグリの郷栗東
●みちのえきアグリのさとりっとう

可以吃到以工房製作的麵包、豆腐、義式冰淇淋等。也是能欣賞新幹線的人氣景點。

媽媽味鄉村牡丹餅
5個626日圓
使用栗東產的キヌヒカリ近江米，並在店內的工房手工製作。

MAP 附錄18D-3
☎0120-107-621
🕐9:00～18:00（12～2月～17:00），餐廳11:00～15:00
休無休

🏠10 公路休息站 あいの土山
●みちのえき あいのつちやま

使用土山茶及綠茶所製作的商品種類豐富，並提供各種土產地特有的服務。還有土山茶的免費試喝區。

抹茶霜淇淋隨你裝 400日圓
可以自己將霜淇淋擠在餅乾杯上，1日限定100個。週末有時還會銷售一空。

MAP 附錄21C-1
☎0748-66-1244
🕐9:00～18:00（12～2月～17:30），餐廳10:00～16:00
休週二（逢假日則翌日休）

🏠9 公路休息站 竜王かがみの里
●みちのえきりゅうおうかがみのさと

附設提供各種近江美食的餐廳，也能買到農產品、當地特產、剛出爐的麵包等。

近江牛漢堡排
1600日圓
使用近江牛的手工製作漢堡排，搭配主廚精心製作的醬汁一同享用。

MAP 附錄18E-3
☎0748-58-8700
🕐9:00～18:00（12～2月～17:00），餐廳11:00～16:30（12～2月～15:30）
休週二（逢假日則翌三休），8、9月無休

🏠8 公路休息站 アグリパーク竜王
●みちのえきアグリパークりゅうおう

一年四季能進行採水果體驗的觀光型農園。還有麵包工房及烤肉區。

觀光農園可以採櫻桃、草莓、水蜜桃、葡萄等水果。

MAP 附錄18F-3
☎0748-57-1311
🕐9:00～17:00（逢假日則翌日休）
休入園免費，採水果體驗費用另計

🏠15 公路休息站 妹子の郷
●みちのえきいもこのさと

販售滋賀縣產的新鮮蔬菜及加工品，在餐廳則能品嘗到近江牛牛排等美食。

近江牛盒飯 1900日圓
奢侈地鋪了滿滿的特選A5等級近江牛。附比叡豆腐及紅味噌湯。

MAP 附錄19C-1
☎077-594-8131
🕐9:00～18:00（餐廳10:00～）
休無休

🏠14 公路休息站 びわ湖大橋米プラザ
●みちのえきびわおおはしこめプラザ

農產直售處有販賣近江米、在地酒等商品。還設有能眺望琵琶湖的露台。

除了糙米的秤重販售區外，也販售精選糕點、布引燒等各種工藝品。

MAP 附錄19C-2
☎077-572-0504
🕐9:00～17:00（餐廳～19:00，視季節而異）
休無休

🏠13 公路休息站 草津
●みちのえきくさつ

販售著不同農友在講究的環境中栽種的近江米。在餐廳則能吃到近江米飯糰。

近江米糙米
1kg起秤重計價。還會當場免費幫你碾米。

MAP 附錄18D-3
☎077-568-3610
🕐9:00～18:00
休週一

🏠12 公路休息站 こんぜの里りっとう
●みちのえきこんぜのさとりっとう

山豬肉料理是這裡的知名美食，能以可樂餅、蓋飯等各種方式享用。還有五花八門的加工品可購買。

山豬肉蓋飯 800日圓
擺滿了以味噌燉煮的山豬肉，分量十足。

MAP 附錄22E-1
☎077-550-3050
🕐9:00～18:00（餐廳11:00～14:30，視季節而異）
休週三

🏠19 公路休息站 塩津海道あぢかまの里
●みちのえきしおつかいどうあぢかまのさと

鮒壽司、鯖魚壽司等鄉土料理為一大賣點。販售處還能買到新鮮蔬菜及當令湖魚。

鮒壽司茶泡飯套餐
1250日圓
可以同時吃到傳統發酵食品鮒壽司做成的茶泡飯，以及魚肉厚實的鯖魚壽司。

MAP 附錄11C-2
☎0749-88-0848
🕐9:00～17:00（12～2月～16:00，週六、日、假日延長1小時），餐廳10:00～15:00
休週二（逢假日則營業）

🏠18 公路休息站 マキノ追坂峠
●みちのえきマキノおっさかとうげ

有提供自製蕎麥麵及定食的餐廳。販售牧野特產「原木香菇」等商品的直售處等各種設施。

黑豆吐司
1條550日圓
口感蓬鬆柔軟，可以在米粉麵包專賣店「里山パン工房」購買。

MAP 附錄11B-3
☎0740-28-8081
🕐9:00～18:00
休週二

🏠17 公路休息站 くつき新本陣
●みちのえきくつきしんほんじん

能吃到栃餅、鯖魚壽司、鯖魚熟鮓等各式各樣的鄉土料理。週日、假日早晨還有早市。

早市販售新鮮朽木特產，吸引了大批人潮前來

MAP 附錄15C-2
☎0740-38-2398
🕐商店9:00～17:00（餐廳11:00～16:00）
休週二（假日則翌日休）

🏠16 公路休息站 藤樹の里あどがわ
●みちのえきとうじゅのさとあどがわ

佔地面積為滋賀縣最大，有餐廳、特產直售處、便利商店等設施。

近江牛壽喜燒
じゅんじゅん 1782日圓
在鐵板上燒烤，並以湖北地方的鄉土料理じゅんじゅん風味的醬汁調味。

MAP 附錄14E-2
☎0740-32-8460
🕐9:00～18:00（8月10～20日~19:00，餐廳11:00～18:00※會有變動）
休第2週三（4、8月無休）

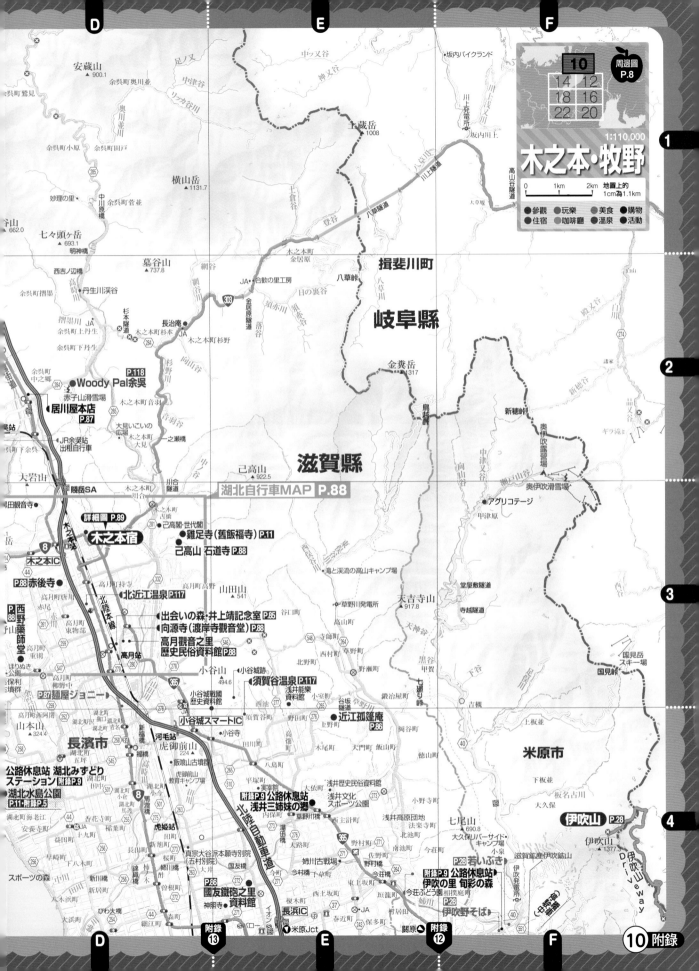

安藏山
▲900.1

中ツ又谷

神又谷

川上バイクランド

川上発電所

坂内川上

10
14 | 12
18 | 16
22 | 20
周邊圖
P.8
1:110,000

木之本・牧野

0   1km   2km 地圖上的
1cm為1.1km

●參觀 ●玩樂 ●美食 ●購物
●住宿 ●咖啡廳 ●溫泉 ●活動

余呉町奥川並

余呉町鷲見

リッカ谷川

上蔵岳
1008

余呉町小原 余呉町田戸

横山岳
▲1131.7

妙理の里

中川原橋 余呉町菅並

八草隧道

川上隧道

高山谷隧道

大草畯

余呉町摺墨

七々頭ケ岳
▲693.1

明神橋

谷山
662.0

西吉ノ辺橋

高時川

丹生川渓谷

暮谷山
▲737.8

網谷

木之本町
金居原

八草峠

揖斐川町

八草峠

日の裏谷

須川赤川

岐阜縣

摺墨橋

余呉町上丹生 JA

杉本隧道

長治庵

金居原隧道

JA 合歓の里工房

戸山

殿又谷

諸家

木之本町杉野

JA

木之本町杉野

金糞岳
▲1317

鳥越峠

新穂峠

新穂谷

キラ谷滝

余呉町下丹生

杉野川

向山谷

己高山
▲922.5

滋賀縣

湖北自行車MAP P.88

中津又谷

向川谷

鳥越峠

中津又谷

甲津原

奥伊吹露營場

新穂峠

奥伊吹滑雪場

●Woody Pal余呉 P.118

赤子山滑雪場

木之本町音羽

木之本町
大見

大見いこいの
広場

菅羽谷

一之瀬橋

●居川屋本店 P.87

JR余呉站
出租自行車

余呉町
中之郷

賤岳SA

大岩山

賤岳SA

木之本町
川合

川合
隧道

己高閣・世代閣

詳細圖 P.89

木之本站

●木之本宿

雞足寺(舊飯福寺) P.11

己高山 石道寺 P.88

滝と渓流の高山キャンプ場

アグリコテージ

甲津原

堂屋敷隧道

天吉寺山
▲917.8

寺越隧道

中津又谷

下宮

国見岳
スキー場

国見峠

田村観寺

8

木之本IC

44

●赤後寺 P.88

P.88
西野薬師堂

野洲寺山薬師堂
重柳

ほりぬき
公園

保利
墳群

高月町持寺

高月町高野

332

山田山
▲541

草野川発電所

高山町

谷口町

546

546

北野町

西野町

草野町

284

黒谷

甲賀

七廻り峠

天神谷

奥伊吹

米原市

北陸本線

高月站

280

八尾山
▲324.1

275

●北近江温泉 P.117

●出会いの森・井上靖記念室 P.85

●向源寺(渡岸寺觀音堂) P.88

●高月観音之里
歴史民俗資料館 P.88

小谷山
494.6

小谷城跡

365

浅井能楽
資料館

小室町

野瀬町

鍛冶屋町

野瀬町

谷坂隧道

七廻り峠

吉槻

上坂並

下坂並

上板並

板名古川

365

小谷城スマートIC

小谷寺

須賀谷温泉 P.117

浅井歴史民俗資料館

近江孤蓬庵 P.86

岡谷町

大久保

長濱市

●麵屋ジョニー P.87

河毛站

虎御前山
224▲

飯喰山古墳群

●公路休息站 湖北みずどり
ステーション 附錄P.9

湖北水鳥公園
P.11・附錄P.5

虎姫站

湖北町海老江

安養寺町

8

新橋

虎御前山
教育キャンプ場

258

平塚町

大依町

実宰院

浅井歴史民俗資料館

伊吹山 P.28

七尾山
▲690.8

大久保リバーサイド・
キャンプ場

小泉

滋賀鉱産伊吹鉱山

伊吹山
▲1377.3

伊吹山
Driveway

公路休息站
浅井三姉妹の郷 附錄P.9

浅井文化
スポーツ公園

浅井高原団地
法楽寺町

小野寺町

下板並

伊吹発電所

長濱市

北陸自動車道

真宗大谷派本願寺別院
(五村別院)

國友鐵砲之里
資料館

神照寺

イオン

虎姫站

草野川橋

浅井古戦場

今荘町

姉川古戦場

今荘町

東上坂町

飯山町

若いぶき P.28

伊吹の里 旬彩の森 P.28

今荘ぶどう園

相撲庭園

伊吹野そば

中山道

關原

米原Jct

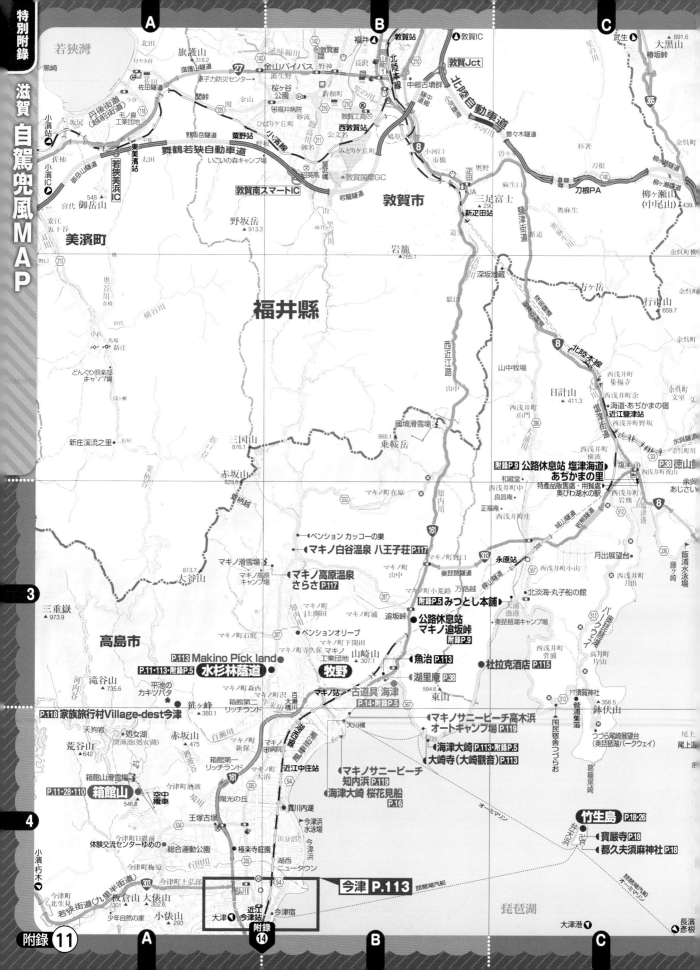

周邊圖 P.8

10
14　**12**
18　16
22　20

1:100,000
彦根・長濱

0　　1km　　2km　地圖上的
1cm為1km

● 參觀　● 玩樂　● 美食　● 購物
● 住宿　● 咖啡廳　● 溫泉　● 活動

竹生島

木之本駅
スポーツの森
商工会館
木之本站

木之本IC

附錄⑩

國友橋

P.86 國友鐵砲之里資料館

長浜IC

ホテルルートイン長浜インター

長濱市

木工房かたやま
P.87 片山木工所

總持寺 P.86

P.85 Gallery八草
P.87 日本酒商かねなか酒店

黒壁廣場

長濱 P.87

北陸自動車道

長浜市サイクルターミナル

神田PA　**東海道新幹**

竹生島遊覽船

下坂浜町

滋賀文教短大

長浜バイオ大

附錄P.9 公路休息站 近江母の郷
物産交流館さざなみ

山内一豊之母
法秀院之墓

English Garden
ローザンベリー
P.23 多和田

米原IC

P.29 SL北琵琶湖號
P.25 米原站Cycle Station

米原Jc

P.33 CLUB HARIE J'oublie le temps

附錄⑭

沖之白石

多景島

オーミマリン

琵琶湖

P.116 彦根豪景飯店

P.16 海津大崎 桜花見船
P.18 竹生島巡禮

長壽院 P.96
(大洞弁財天)

佐和山城遺址 P.27

彦根港

彦根 P.97

彦根城

3

洋食
SHIMADA
P.42

五百羅漢 天寧寺 P.96

彦根IC

彦根びわこホテル

P.98 aix cafe

スーパーホテル

4

P.98 VOKKO
P.24 VOID A PART
新海浜水泳場 P.119
松原水泳場 P.119

彦根市

P.41 あらびか

南彦根駅

彦根アートホテル

キリンビバレッジ滋賀工場
キリンビール滋賀工場

スクリーン站

近江鐵道多賀線

萬燈祭 P.11

多賀大社 P.99

多賀

ふれあい運動公園

やさいの里

河瀬駅

多賀SA
(EXPASA多賀)

多賀大社 P.99

東近江市

P.100 豊郷小學校舊校舎群
P.100 豊郷町出租自行車 めぐりんこ

P.100 伊藤忠兵衛紀念館

附錄P.9 公路休息站
せせらぎの里こうら

甲良町

豊郷町 P.100

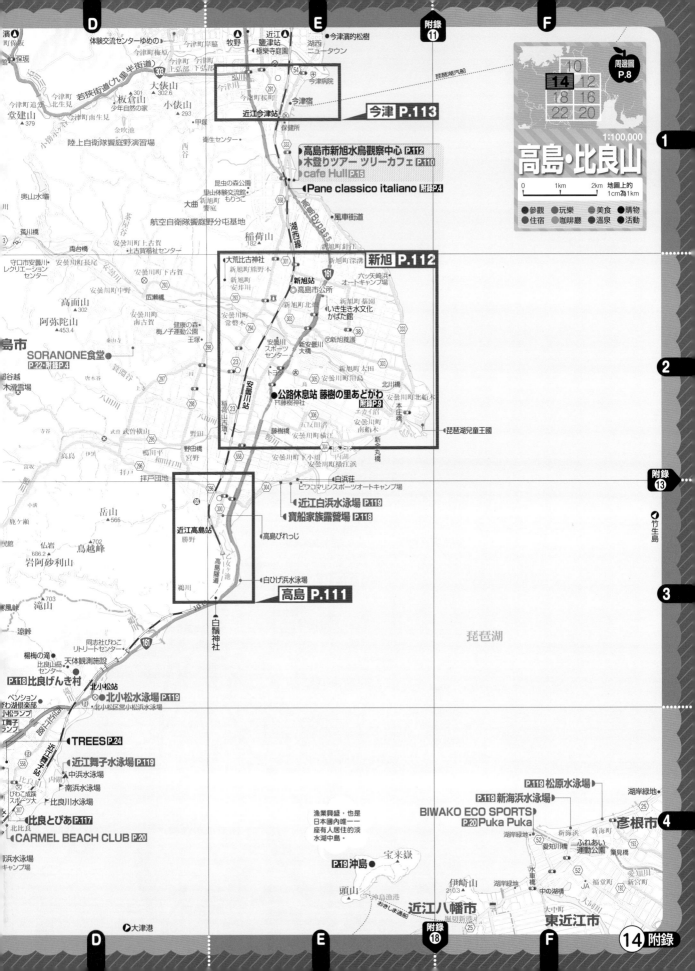

福井縣

小濱市

若狹町

おおい町

二の谷

上根來

木地山峠

駒ヶ岳
780.1

中ノ畑

今津町椋川

今津町途中谷

湖西地域環境センタ

35

久田川

名田庄出合

名田庄挙原

名田庄水谷

鍋尾谷

合子谷谷

おにゅう峠

百里ヶ岳
931.4

木地山
582

西山

367

朽木麻生

樋詰橋

地蔵谷峰
791.6

ペンション ルシアン

朽木地子原

北川

東山
417

朽木資料館

寶牧山

三国峠

生杉欅木原生林

地蔵峠

朽木中牧

針畑休憩所

783

北川

朽木能家

朽木古屋

京都精華大学
伊谷記念朽木学舎

附錄P.9 公路休息站 くつき新本陣
お食事処 さと

P.118 朽木汽車露營場
舊秀隣寺庭園(興聖寺)

P.117 くつき温泉てんくう

船橋

グリーンパーク
想い出の森

255

京大研究林

南丹市

芦生原生林

由良川

天狗岳
928

三国岳
959.1

経ヶ岳
889

針畑川

生姜谷峰
724.9

161

朽木栄樂

朽木平良

平良谷川

集会所

八幡谷

西村井

村井橋

東村井

桑野橋

朽木大野

朽木

滋賀縣

栃生発電所

蛇谷

柏林谷

桴谷

梅谷トンネル

畑

京都府

白倉岳
949.7

栃生橋

朽木渓流魚センター
P.110

日野

栃生橋

石㟢

鎌倉山
950.5

朽木小川

783

野街道

葛川細川町

釣瓶岳
1098

格列佛
P.118 青少年旅行村

ハツ淵の滝

3

佐々里峠

広河原スキー場

ダンノ峠

ソトバ峠

京原谷

38

能見町

能見川

中の町

大黒谷

110

久多の里
いこいの里 久多キャンプ場
オートキャンプ場

JA

大黒谷
キャンプ場

カマクラ谷

葛川貫井町

安曇川

葛川梅ノ木町

武奈ヶ嶽
1214.2

三角谷

367

八雲之原的開羊花
八雲之原濕原

比良山
(武奈ヶ岳)

釈迦

106

京都市
左京区

鍋谷山
859

東谷

右京區

湯槽山
763.1

片波川

桂川

峰床山
969.9

八丁平濕原

大悲山
741

美山荘

野鳥の森

大悲山キャンプセンター

山村都市交流の森

天神の森

古道の森

緑風の森

みやびの森

もくじゅ

こもれびの森

翠峰荘

学びの森

そぞろ歩きの森

あせびの森

江賀谷

中村発電所

葛川
中村町

天瀬峡

木戸橋

葛川
木戸口町

葛川町坊村

葛川森林露營場
皆川晶障明王院

市立葛川少年自然の家

大津市 葛川

奥ノ深谷

金糞峠

堂満岳
1057

白滝山
1022

烏谷山
1076.7

南比良峠

葛川越

大津市

比良山

白滝谷

明王谷

堂満岳

三の滝

比良
1051

池

大谷川

比良山

P.13 琵琶湖展台

P.12 琵琶湖VALLEY

宇和田川

京北宮町
周山

吉野橋

川間橋

草原橋

京北片波町

京北上黒田町

477

矢屋川

花背

別所川

361

大見町

大原

附錄19

皆子山
971.3

平里の市

京都

隧坂

葛川坂下町

ヘク谷

足尾谷

権現山
996

薬師の滝

びわ湖バレイ

1173.9

蓬莱山
1108

小女郎ヶ池

小女郎峠

山麓

インタ谷

比良

山麓

161

Bypass

志賀IC

志賀宛

松の浦

志賀駅

556

和邇IC

松の浦水泳場

松の浦

周邊圖
P.8

10		
14	12	
18	**16**	
22	20	

1:100,000

湖東三山・
五個荘

0 1km 2km 地圖上的
1cm為1km

●參觀 ●玩樂 ●美食 ●購物
●住宿 ●咖啡廳 ●溫泉 ●活動

鈴ヶ岳
△1130

御池岳
1247

白瀬峠

天狗岩
三筋滝

藤原岳

治田峠

木地師資料館(木地屋資料館)
蛭谷小橋
蛭谷町

箕川隧道
箕川町

竜岳
▲1099.3

三重縣

公路休息站 奥永源寺渓流の里
附録P.9

黄和田町

黄和田城跡
黄和田キャンプ場
深山キャンプ場

石榑峠

八風街道
石榑隧道

古語録谷

池田養魚場渓流館 P.77

京之水
神崎橋
神崎川キャンプ場

八風峠
中峠

赤坂谷

福士山
▲598

滋賀縣

釈迦ヶ岳
▲1091.9

朝明渓谷

尾高山
▲533

尾高
高原

縣民之森

グリーンランドあさけ

根の平峠

笠岳
▲547

千草
千種城跡

三重CC

国見岳
1171.5

スキー場

国見峠

御在所

鳥居道山
キャンプ場

滝川

菰野町

四日市西署

雨乞岳
1237.7

御在所岳
1212

御在所
空中纜車

蒼滝隧道

菰野町役場

大羽根園地

吉澤IC

御在所山

湯の山温泉站

湯の山ロッジ

グリーン

公路休息站
中菰野

近鐵湯之山線

鈴鹿
スカイライン

武平峠

湯の山温泉

河鹿橋

ヘルシー
バル・湯の山

湯之山
温泉站

片岡温泉

大羽根園地

イオン
タウン

鎌ヶ岳
1161

雲母峰
888.1

新名神高速道路
(建設中)

菰野
スポーツ
ランド

四日市市

宮越山
1029.3

宮妻峡ヒュッテ

GOLF5c
(四日市)

四日市
スポーツ
ランド

四日市IC

名神高速自動車道

入道ヶ岳
▲905.6

四日市市

亀山市

鈴鹿IC

四日市市

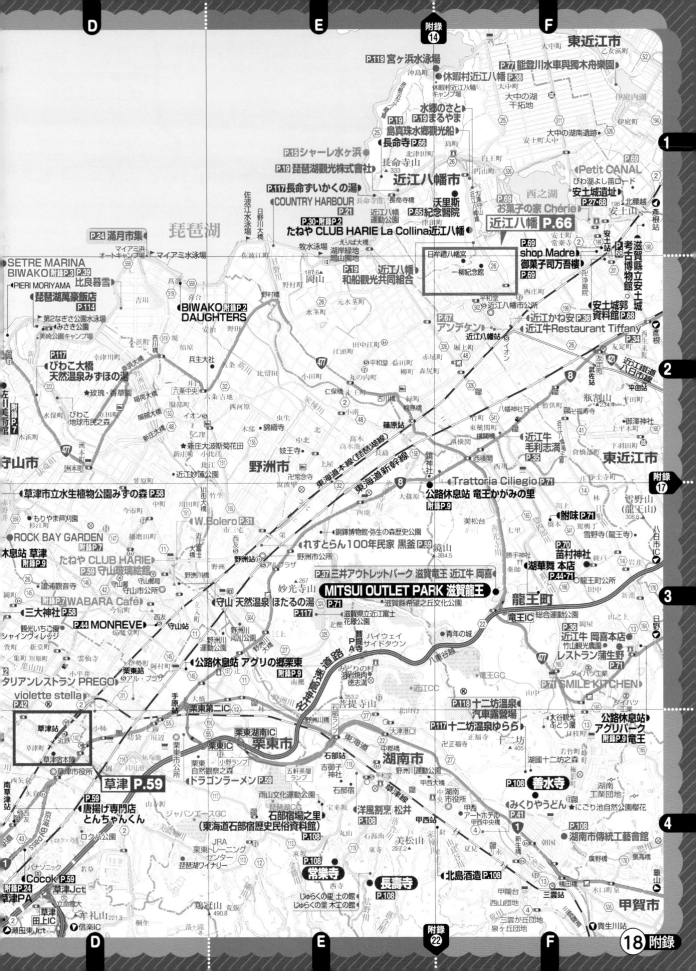

甲賀

周邊圖 P.8

10	
14	12
18	16
22	**20**

1:100,000

0　1km　2km　地圖上的 1cm為1km

●參觀　●玩樂　●美食　●購物
●住宿　●咖啡廳　●溫泉　●活動

鈴鹿市

亀山市

鈴鹿賽車場
國際レーシング
コース

三重縣

津市

伊勢灣

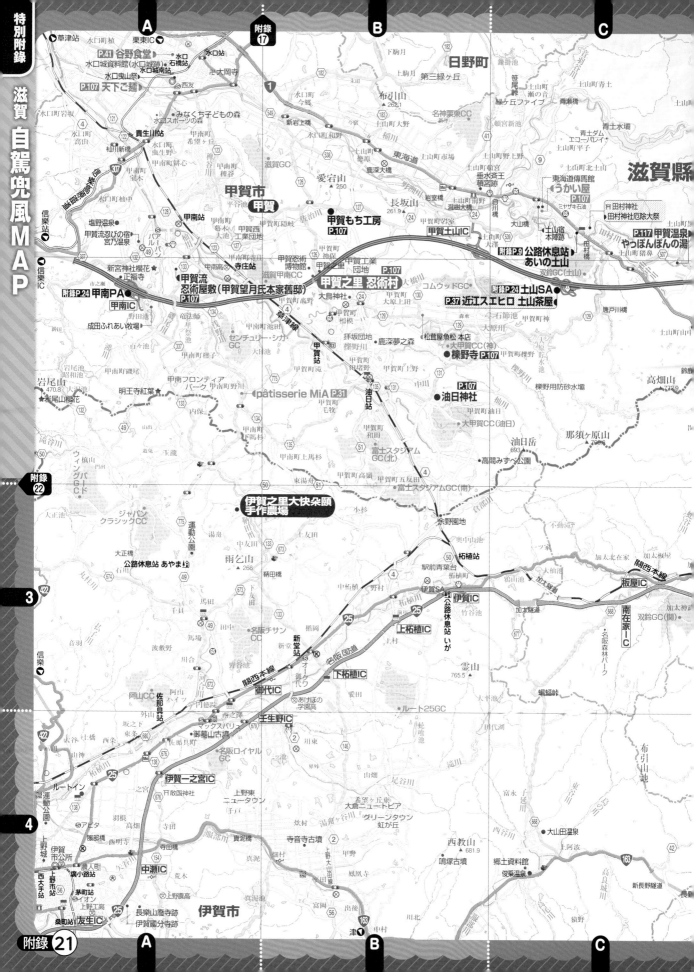

D　　　　　E　　　附録⑱　　　F

周邊圖 P.8
10	
14	12
18	16
22	20

1:100,000

1

信樂・石山

0　　1km　　2km　地圖上的
1cm為1km

● 參觀　● 玩樂　● 美食　● 購物
● 住宿　● 咖啡廳　● 溫泉　● 活動

草津田上IC
草津PA 附録P.24
わこう文化公園(文化ゾーン)
縣立
美術館
9駅

荒張　490.8

鶏冠山

栗東市

湖南市

大鳥居

上田上平野町

桐生

落合ノ滝

觀音寺

滋賀日産
リーフの森

こんぜの里バンガロー村

竜王山
604.6

金勝寺

狛坂寺跡

阿星山
693

採鉱地

アセボ峠

芝原

上田上桐生町

中野

牧

16
荒戸橋

上田上中野町

新兔

上田上新免町

田上羽栗町

16

狛坂磨崖佛

金勝山隧道

16

公路休息站 こんぜの里りっとう 附録P.9

こんぜの里 森遊館

畜産団地

大納言

オレンジ
シガCC

飯道神社

甲南IC

水口
瀧川橋

1

大津市

滋賀縣

堂山
384

鎧水壩

田上森町

新名神高速道路

信樂高原鐵道

信樂IC

上田上火鳥居町

16

甲南隧道

甲南PA 附録P.24

F

矢筈ヶ岳
562

太神山
不動寺卍599.6

12

信樂町宮町

史跡紫香楽宮跡

紫香楽宮跡站

甲南市

2

春日神社

大石富川町

大石富川町

奥加河橋

加河川

MIHO MUSEUM
P.10・106

P.37
松茸屋魚松 信樂店
信樂陶苑たぬき村
P.105

雲井站

Gallery & Cafe ENSOU P.31

西山川

勅旨站

岩尾池

岩尾山
470.8

滝谷池

岩尾山櫻花

2

猪背山
553.2

信樂CC(田代)

畑山切山
信樂町畑
信樂CC(杉山)

メイプルヒルズGC
P.108 TORASARU

しがらきの森CC

543.6
長野西山
今畑峠

信樂町
勅旨

陶藝森林
信樂町長野

玉桂寺前站
玉桂寺

信樂站

50

槙山

バード
ウィングCC

附録㉑

経塚
558

滋賀CC

千鳥
団地

信樂町西

522

信樂町宮尻
P.105
天下一品 上朝宮店

奥川原川

P.104 信樂

信樂町江田

大正池

3

s Restaurant
Alpina
P.105

信樂町
下朝宮

信樂町
上朝宮

337

裏白隧道

信樂グリーンロード

WITH TEA(山本園)

朝宮GC

P.105
しがらき
ニュータウン

山上陶器

信樂町
柞原

信樂町
小川西

信樂町
小川東

P.23 山田牧場

50

334

信樂牧場

22

桜峠

丸柱川

丸柱

岩尾山櫻花

3

協和GC

5

信樂町杉山

信樂町小川

鶏鳴の滝

笹ヶ岳
738.8

音羽

湯船森林
公園

5

和束川

138

流谷川

神有川

諏訪

百丈石

三ヶ岳

不動の滝

Gパーク信樂GC

信樂町
多羅尾

タラオCC

仏ヶ平

湯船

湯船森林
公園

多羅尾代官宮跡

御斉峠

P.117 信樂温泉 多羅尾乃湯
ホテルレイクヴィラ

138

龜山站

南山城村

補陀落寺町石

天然記念物
シブナシガヤ

高倉神社

西山

門前

伊賀市

伊賀温泉

東高倉団地

随縁CC

伊賀神戸站

丸之内

山神

友生站

4

笠置町

国見岳
513

大河原川

南山城村公所

南山城村公園

大河原站

隨縁CC

南山城村

三重縣

OK
オートキャンプ場

關西本線

岩倉峡公園
ふれ愛公園

岩倉大橋

木根団地

長田川

伊賀上野站

伊賀上野

伊賀鐵道

新居站

ルートイン

ネッツ

新居橋

アピタ

忍者屋敷
伊賀市役所
伊賀上野城

芭蕉生家

上野市役所

伊賀上野IC

4

有市

伊賀街道

笠置温泉

飛鳥路

布目川

相楽発電所

82

笠置峡
運動公園

大河原大橋

南大河原

753

新島原大橋

月ヶ瀬
ニュータウン

お茶の京都
みなみやましろ村

月ヶ瀬口站

島原站

163

新島原大橋

雞子の里
島ヶ原CC

島原Bypass

養鶏場

西蓮寺卍

48

夢絃峡温泉

グリーンパル
南山城

高山水壩

夢松温泉

163

686

茶町站

上野市站

イオン

茅町站

八幡

新居

25

桑町站

友生IC

25

163

伊勢
關IC

廣小路站

服部站

西大手站

388

人氣SA・PA大剖析！

移動途中若有行駛高速公路的話，別忘了順便在沿途的休息站停留一下，品嚐各種當地特有的新奇美食！

必吃的休息站美食

近江牛檸檬燒肉定食
1450日圓
近江牛與濃郁醬汁、爽口的檸檬非常相配，交織出絕佳風味
レストラングリル達味 ●レストラングリルおうみ

近江牛水菜烏龍麵
820日圓
放了滿滿切成小塊的近江牛肉，十分豪華的烏龍麵
めん処 三宝芳 ●めんどころさんぼうよし

琵琶湖鱸魚漢堡
390日圓
以新鮮度自豪的黑鱸魚是在點餐後現炸，讓顧客吃到熱呼呼的美味
おうみ屋 ●おうみや

這裡也值得推薦

休息站必買伴手禮

埋れ木(6個裝)
864日圓
老牌和菓子店いと重的招牌商品。輕盈散落於口中的甜味為最大特色

琵琶湖鮮蝦煎餅(24片)
864日圓
加入了在琵琶湖捕撈的條紋長臂蝦製作而成，香氣撲鼻的煎餅

大津SA (上行)
●おおつサービスエリア

可眺望比叡山、琵琶湖景色的休息站。天氣好時從美食街就能遠眺琵琶湖大橋。露台還有愛心造型的裝置藝術，被視作「戀人聖地」。

🍴☕🏪 MAP 附錄19C-4
☎077-527-0781
⏰美食街、商店24小時，咖啡廳8:00～20:00，餐廳需洽詢

牛筋烏龍麵
950日圓
甜鹹口味的近江牛牛筋肉和和風高湯帶來香醇濃郁的滋味

大津SA (下行)
●おおつサービスエリア

整修之後以「PAVARIEびわ湖大津」重新亮相，包含了美食街、專門店、伴手禮店等。2樓露台及3樓展望台可以眺望琵琶湖及大津市區景色，也是熱門的賞景地點。

🍴☕🏪 MAP 附錄19C-4
☎077-510-7350
⏰美食街、商店24小時，餐廳視店鋪而異

欣賞美麗湖景的好所在！
屋頂展望平台
屋頂的展望平台空間開闊，視野極佳，能將琵琶湖盡收眼底。夜景也不可錯過。

草津PA (上行)(下行)
●くさつパーキングエリア

上行有販售各種京都名和菓子的京風名店街，下行則有滋賀代表性和菓子「三井寺力餅」的現場製作表演、販售(8:30～19:00，週六、日、假日～20:00)。

🍴CV MAP 附錄22D-1
☎077-543-6125(上行) ☎077-564-7621(下行)
(西日本高速道路リテール株式会社)
⏰零食區、商店、便利商店24小時(22:00～翌日6:00僅提供特定餐點)

京風拉麵
1080日圓
湯頭為豚骨基底，再搭配和風高湯、辣味噌、背脂調製而成，與細麵形成完美搭配

黑丸PA (上行)(下行)
●くろまるパーキングエリア

以喝得到美味好水著稱的小型休息站。能吃到各式各樣以優質好水製作的餐點。

🍴CV MAP 附錄17A-3
☎0748-20-4501(上行)
☎0748-23-4177(下行)
⏰零食區、商店7:30～20:30

蘋果派
1080日圓
當地糕點工房所烘焙，黑丸PA限定的甜點。使用了一整顆日本國產蘋果。

多賀SA (EXPASA多賀) (下行)
●たがサービスエリア(エクスパーサたが)

除了提供各種近江牛美食的餐廳外，還有餃子的王將、CoCo壹番屋等。

🍴☕CV MAP 附錄13C-4
☎0749-48-2236
⏰餐廳、美食街視店鋪而異。商店24小時，不住宿入浴12:00～翌日10:00

近江日野產鹿肉咖哩
948日圓
使用滋賀鹿肉製作的獨家美食，吃起來香濃可口又健康。

甲南PA (上行)(下行)
●こうなんパーキングエリア

販售各種靈感來自於甲賀流忍者的美食及商品。上行線、下行線各有不同的限定美食，不妨兩邊都去看看。

🍴CV MAP 附錄21A-2
☎0748-86-8188(上行)
☎0748-86-8236(下行)
⏰美食街、商店7:00～21:00

忍者煎餃
460日圓
使用甲賀市產的黑米米粉製作，內餡飽滿多汁的一道美食。

土山SA (上行)(下行)
●つちやまサービスエリア

位在新名神高速道路的人氣休息站，餐飲店數量豐富。

🍴CV MAP 附錄21C-2
☎0748-66-1660
(土山ハイウェイサービス)
⏰美食街、商店、便利商店24小時，餐廳7:00～21:30，專賣店8:00～20:00

土山西洋飯
880日圓
人氣急速上升！可以一次吃到炸牛肉、炒飯、土山咖哩的大分量美食。附沙拉。

伊吹PA (下行)
●いぶきパーキングエリア

有美食街與便利商店的小型休息站，還提供Wi-Fi服務，十分便利。

🍴CV MAP 附錄12D-2
☎0749-57-0010
(味処志乃崎)
⏰便利商店24小時，美食街7:00～20:30

伊吹山巨無霸蕎麥麵
1000日圓
在直徑達40cm的碗內放入3球蕎麥麵。關西風的高湯風味清爽，也可以換成烏龍麵。

SA・PA圖示 🍴餐廳・美食街 ☕咖啡廳 🏪便利商店 🐾寵物公園 無

MAPPLE MAGZINE
哈日情報誌 滋賀・琵琶湖
長濱・彥根・大津　Contents 1

特別附錄　可以拆下使用

滋賀自駕兜風 BOOK

滋賀兜風自駕 MAP

APPLE MAGZINE
泊情報誌 **滋賀·琵琶湖**
長濱·彥根·大津　Contents 2

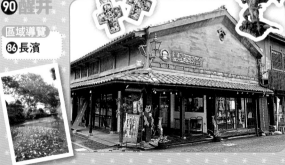

滋賀 是個 這樣 的 地方

滋賀縣的正中央有日本第一大湖琵琶湖，湖周圍山巒連綿，美麗的田園風光隨處可見。可欣賞豐富多元的自然美景，或透過各種活動體驗當地風土人情等，以各式玩法認識滋賀的魅力。還有許多史蹟、古色古香的街道等景點，適合喜歡探訪歷史的人。

地圖標示：
岐阜縣
湖北
木之本
長濱市
伊吹山
黑壁廣場
長濱
米原市
米原
米原JCT
米原
彥根
彥根城
彥根市
夢京橋
城堡大道
彥根
多賀大社
西明寺
金剛輪寺
湖東三山
百濟寺
永源寺
五個莊
八日市
BLUMEN之丘
甲賀市
甲賀
甲賀之里 忍術村
新名神高速道路
三重縣

融合了歷史與現代風格的城市
◆ながはま・こほく

長濱・湖北　P.79

黑壁廣場有許多改裝自北國街道老商家的商店、藝廊，是長濱著名的觀光景點。從長濱港搭船可到的竹生島也千萬別錯過。湖北地區以觀音信仰聞名，造訪這裡時不妨留意在地人們代代守護的一尊尊觀音像。
竹生島是熱門的能量景點➡P.18

黑壁廣場
包括了黑灰泥外牆讓人印象深刻的黑壁玻璃館，還有玻璃商店、藝廊及充滿特色的餐飲店等➡P.80

精選必遊景點！

漫步於充滿復古情懷的街道　P.61
◆おうみはちまん・ごかしょう・ひがしおうみ

近江八幡・五個莊・東近江

豐臣秀次整建的城下町造就了日後繁榮的商業城市，並孕育出眾多近江商人，至今也仍保留了許多有著白牆倉庫的商人宅邸。因深愛此地而定居下來的建築家一沃里斯所打造的作品也是一大亮點。

精選必遊景點！

八幡堀
商人舊宅林立的八幡堀是近江八幡代表性的景點。在洋溢城下町風情的街道上愜意散個步吧➡P.62

出自沃里斯之手的古典建築值得一看➡P.64

精選必遊景點！

國寶彥根城與朝氣蓬勃的城下町　P.91
◆ひこね

彥根

除了國寶彥根城外，還有重現了城下町的夢京橋城堡大道、與井伊家相關的美食等眾多不可錯過的景點。供奉天照大神雙親的多賀大社也值得造訪。

彥根城
國寶五城之一。天守至今仍維持著興建之初的美麗樣貌➡P.92

能帶來命長百歲、戀愛圓滿等福報的**多賀大社**吸引了眾多遊客前來參拜➡P.99

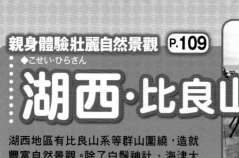

親身體驗壯麗自然景觀 P.109
◆こせい・ひらさん

湖西・比良山

湖西地區有比良山系等群山圍繞，造就豐富自然景觀。除了白鬚神社、海津大崎等名勝外，也有許多可以露營、從事水上運動、滑雪等的戶外活動景點。開車自駕也是這裡的熱門玩法。

白鬚神社的鳥居建在湖中，
散發著神祕感➡P.111

精選必遊景點!

琵琶湖VALLEY
可以在海拔1100m的山頂玩樂、滑雪。眼前便是絕美風景的咖啡廳「琵琶湖露台」也很有人氣➡P.12

坐擁世界遺產的滋賀縣核心地區 P.45
◆ひえいざん・おおつ

比叡山・大津

這一區除了比叡山延曆寺，還有日吉大社、三井寺等以國寶著稱的古剎。縣政府所在地大津則有許多高人氣的熱門美食。搭乘從大津港出航的密西根遊覽船欣賞湖上風光也是不錯的選擇。

在大津的人氣名店享用
熱門美食吧➡P.32

搭乘密西根遊覽船愜意徜徉
於湖面➡P.16

精選必遊景點!

比叡山延曆寺
這裡不僅是自古以來高僧輩出的日本佛教聖地，還登錄為世界遺產➡P.46

滋賀之旅Q&A

Q 旅程大概規劃多久的時間比較好？

A 建議規劃單日或2天1夜的行程
各地區通常半天到一天就能走完，適合來趟輕鬆的小旅行。想繞琵琶湖玩一圈，或多花點時間慢慢玩的話，就安排2天1夜吧。

Q 搭電車還是開車自駕比較方便？

A 前往主要景點的話兩者都OK
彥根、長濱、近江八幡、大津等主要觀光地的景點都在車站或巴士站步行可到的範圍內，自行開車或搭乘大眾交通工具前往都不成問題。

在甲賀之里
忍術村進行
忍者體驗
➡P.107

精選必遊景點!

窯場散步道沿途有登窯、陶窯、陶藝工作室等。在信樂隨處都可看到狸貓造型的擺飾➡P.102

陶瓷器散步

漫步信樂燒之鄉感受藝術氣息 P.101
◆しがらき・こうか

信樂・甲賀

此區位在大自然美景環繞的山間。信樂是日本六古窯之一的信樂燒產地，當地有許多陶窯、商店及陶藝體驗設施。以忍者之鄉著稱的甲賀，則有機關屋等各種新奇好玩之處。

（地圖標示）
日本海
N
敦賀 敦賀JCT
舞鶴若狹自動車道
若狹美浜
若狹三方
福井縣
小浜
若狹上中
三国山
永源寺
マキノ站
海津大崎
牧野
竹生島
近江今津站
高島市
新旭
新旭站
湖西
朽木
高島
百里ヶ岳
三国岳
琵琶湖
比良山 白鬚神社
武奈ヶ岳
近江舞子站
琵琶湖VALLEY
志賀
蓬莱山
湖西道路
滋賀縣
京都府
近江八幡市
八幡堀
近江八幡
琵琶湖大橋
守山市
奥比叡Driveway
延曆寺 日吉大社
浮御堂
比叡山
比叡山Driveway
比叡山坂本站
大津市
比叡山
三井寺
草津市
栗東市
MITSUI OUTLET PARK 滋賀龍王
龍王
京都站 京都東
大津
瀬田西
草津JCT
湖南市
京都東
大津
瀬田東 草津田上
湖南三山
石山寺
石山
瀬田
MIHO MUSEUM
京滋Bypass
滋賀縣立陶藝之森
信樂

四季景色大公開！

絕景 BEST10

從琵琶湖到寺院神社、花草樹木，
滋賀必看的絕美風景多到數不清。
趕緊用相機捕捉最美的瞬間吧。

美景上哪兒看

瀨田唐橋
○せたのからはし

名列日本三名橋、近江八景之一。現在的橋為1979年重建，走在橋上欣賞舊橋的擬寶珠，或在河畔眺望整座橋的景色都很不錯。

DATA➡P.56・附錄P.6

粉嫩色彩圍繞身旁的
浪漫之**春**

京都與近江之間的要衝

春意盎然的美術館

美景上哪兒看

MIHO MUSEUM
○ミホミュージアム

通往美術館的アプローチロード，被喻為「穿越時空的隧道」。當4月中旬櫻花盛開之際，圓弧曲線的拱形隧道內也染成了淡粉色。

DATA➡P.106

美景上哪兒看

長濱曳山祭
○ながはまひきやままつり

為日本三大山車祭之一，曳山儀式更在2016年登錄為聯合國教科文組織無形文化遺產。曳山（山車）有「會動的美術館」之稱，每年4月15日晚間，4輛懸掛著燈籠的山車會齊聚於御旅所。

DATA➡P.84

相傳源自豐臣秀吉的祭典

湖上的大鳥居充滿神祕氣息

美景上哪兒看

白鬚神社
○しらひげじんじゃ

創建於2000多年前，是近江地方最古老的神社。這裡也是熱門的能量景點，除了美不勝收的日出，週六、週日及9月例祭等期間的夜間點燈也不可錯過。

DATA➡P.111・附錄P.4

日落時分大橋與湖水一同染成了橘色，展現出另一種美威

沉浸於五彩繽紛的
夏日情景

琵琶湖的著名地標

可愛的小花點綴著河面

梅花藻在5月中旬至9月初會開出白色花朵

美景上哪兒看

醒井的梅花藻
（地藏川）
○さめがいのばいかも（じぞうがわ）

流經醒井的水溫整年都只有14℃上下，還有珍貴的淡水魚棲息在此。7月底～8月初有夜間點燈，9月前後起能欣賞到紫薇的紅與梅花藻的白妝點河面的美景。

DATA➡P.90

美景上哪兒看

琵琶湖大橋
○びわこおおはし

DATA➡附錄P.3

琵琶湖大橋連接堅田與守山市今濱，是長1.4km的收費橋樑。和緩的拱形曲線造型優美，在夕陽及路燈映照下的身影更是令人印象深刻。從公路休息站 びわ湖大橋米プラザ（→附錄P.9）等地方也能欣賞琵琶湖大橋。

湖國

在可愛的掃帚草之間漫步穿梭

體驗錦繡之
秋的迷人魅力

200棵紅楓打造而成的深紅世界

美景上哪兒看
箱館山 ●はこだてやま

箱館山掃帚草公園的掃帚草會在11月上旬開始轉紅。從山頂望下，紅色掃帚草與琵琶湖碧藍湖水的對比讓人心曠神怡。也可步行前往山頂（登山纜椅須付費）。

DATA➡P.110

美景上哪兒看
雞足寺（舊飯福寺）●けいそくじ（きゅうはんぷくじ）

創立於奈良時代，過去曾盛極一時的寺院遺址。參道沿路的紅葉在11月中旬為最高峰，景象十分壯觀。 MAP 附錄10D-3

☎0749-82-5909（奧琵琶湖觀光協會）
⏰9:00～16:00 休無休 紅葉散步協力金200日圓（觀賞紅葉期間） 長浜市木之本町古橋 JR木之本站搭湖國巴士13分，古橋下車，步行15分 P僅紅葉時有臨時停車場

枝頭白雪如花的林蔭道

美景上哪兒看
水杉林蔭道 ●メタセコイアなみき

綿延達2.4km的水杉林蔭會在四季展現出不同樣貌。其中，被白雪覆蓋的景象更是夢幻，置身其中肯定無比浪漫。降雪後的早晨是最適合觀賞的時機。

DATA➡P.113・附錄P.5

走進銀白璀璨的
冬之國度

美景上哪兒看
小天鵝

小天鵝們展開潔白的翅膀一齊飛翔的景色令人感動。琵琶湖在冬季常有小天鵝造訪，高峰期為1月。湖北野鳥中心（→附錄P.5）也能看到小天鵝。

水鳥優雅的姿態讓人看到出神

這些也不可錯過！
滋賀・琵琶湖的焦點活動

2018年

近江八幡 | 4月14・15日

八幡祭 ●はちまんまつり

擁有超過1000年歷史的祭典。14日的宵宮會點燃約100支的大小火炬，讓夜空也彷彿燃燒起來。翌日的本祭會敲奏太鼓，呈現莊嚴肅穆的氣氛。

MAP 66B-1

☎0748-32-3151（日牟禮八幡宮）
舉辦地點／近江八幡市宮內町257 日牟禮八幡宮內

草津 | 4月29日

草津宿場祭 ●くさつしゅくばまつり

重現草津驛站往昔榮景的市民祭典。會舉辦古裝遊行、舞台表演、物產展等活動。

MAP 59A

☎077-566-3219（草津宿場祭執行委員會）
舉辦地點／草津市 JR草津站東側商店街周邊、市公所周邊

多賀 | 8月3～5日

萬燈祭 ●まんとうさい

活動期間將點亮懸掛於高12m的市柱上，超過12000盞的燈籠。還有神樂及猿樂的舞台表演。

MAP 附錄13C-4

☎0749-48-1101（多賀大社）
舉辦地點／多賀大社（→P.99）

大津 | 8月7日

琵琶湖煙火大會 ●びわこだいはなびたいかい

在琵琶湖上施放約1萬發煙火，規模盛大的煙火大會。還能看到大型Star Mine煙火及「琵琶湖花式噴泉」的同台演出。

MAP 55B-2

HP http://www.biwako-visitors.jp/
舉辦地點／大津市 滋賀縣營大津港外水面一帶
￥預售3900日圓，現場4400日圓

大津 | 10月6・7日

大津祭 ●おおつまつり

與日吉大社山王祭、長濱曳山祭並列為湖國三大祭。6日的宵宮可參觀機關人偶等各式曳山裝飾，翌日的本祭則會有13輛曳山在市內遊行。

MAP 55C-2

☎077-521-1013（大津祭曳山展示館）
舉辦地點／大津市 JR大津站中央大通周邊

2019年

長濱 | 1月上旬～3月中旬

長濱盆梅展 ●ながはまぼんばいてん

不僅是新春到來的象徵，更是歷史、規模皆屬日本第一的盆梅展。配合開花時期，在明治時代的純和風建築 慶雲館常態展示約90盆的梅花。

MAP 87A-2

☎0749-65-6521（長濱觀光協會）
舉辦地點／長濱市港町 慶雲館（→P.86）

以上資訊為2018年1月之採訪內容。
日期可能會有變更，請事前洽詢。

10大任務讓你遇見100%的滋賀、體驗100%的樂趣！

琵琶湖玩透透計劃

以下介紹的10項任務，
將帶你用各種方式玩遍滋賀。
除了可以欣賞湖景、從事戶外活動，
當然也少不了充滿湖國特色的景點，
滋賀還有各式各樣的魅力等你來發現！

Mission 1

迷人療癒的湖景看個夠！

欣賞琵琶湖的絕佳景點

提到滋賀就會讓人想到琵琶湖，第一站就先去可以好好欣賞湖景的景點吧。坐在湖畔欣賞碧藍澄澈的湖水，度過悠閒時光，感覺超幸福。

搭空中纜車至琵琶湖露台約4分！

⊕面向著第1露台的室內空間能感受到有如室外的開闊感

還有各式飲品、餐點！

⊕（右上起順時鐘方向）
義式冰淇淋450日圓（單球）、
本日三明治與近江和紅茶、琵琶湖露台咖哩麵包各350日圓

春夏秋冬各有不同玩法♪

春
5月上旬至中旬可欣賞約30萬株水仙綻放的美景

夏
各式遊樂器材讓人在晴空下盡情揮灑汗水

秋
樹木紛紛轉為紅、黃色，從空中纜車也能看到壯觀的紅葉

冬
交通便利、路線豐富多元的滑雪場是一大賣點

⊕在草地上悠閒地打發時間也不錯

⊕秋天有紅葉，冬天有雪景，一年四季景色皆美

志賀

「琵琶湖露台」就在這裡

琵琶湖VALLEY
びわこバレイ

這座高原休閒度假村位在標高1100m的山頂，春天至秋天可從事戶外活動、健行，冬季則能在這裡滑雪。也別忘了前往擁有絕佳視野的琵琶湖露台，還能吃到使用滋賀名產製作的餐點。

⊕從空中纜車山麓站搭乘空中纜車至山頂站

MAP 附錄15C-4
☎ 077-592-1155
🕘 9:30～17:00（週六、日、假日為9:00～）※有季節性變動
休 有定期公休
¥ 空中纜車2500日圓
🚉 大津市木戶1547-1
🚗 湖西道路志賀IC車程9分
P 收費（1000日圓）

VIEW POINT

天候條件符合時，白雲也彷彿近在眼前，甚至有機會看到雲海

美景盡收眼底的天空咖啡廳
琵琶湖露台
●びわこテラス

位 在琵琶湖VALLEY內，可從海拔1100m處俯瞰琵琶湖景色，還能品嘗運用在地食材及名產做成的餐點。第1～3露台等3處露台及店內空間皆能欣賞到壯闊湖景。

MAP 附錄 15C-4
↑同琵琶湖VALLEY（咖啡廳請於官網確認）
休無休（戶外露台僅春～秋季開放）

2017年7月開幕！

宛如奇蹟的雲海造就絕景
CAFE 360
●カフェさんろくまる

從 琵琶湖露台再搭乘纜椅往上，可來到這間位於蓬萊山山頂的咖啡廳。從扇狀的露台可以360°欣賞滋賀景色，週末天氣好時還有機會坐到大沙發。
↑夏～秋季（天望平台可自由參觀）

好天氣的週末就在寬敞舒適的沙發座上好好享受吧！

○除了搭乘纜椅，也可以步行前往山頂（約30分）

VIEW POINT

從第1露臺居高臨下俯瞰的湖景令人讚嘆！

CAFE 360

蓬萊山 標高 1,174m

（夏□○○○纜椅 蓬萊纜椅）

琵琶湖露台

空中纜車山頂站

打見纜椅（單程400日圓）

打見山 標高 1,108m

琵琶湖露台的所在地為打見山，前往蓬萊山山頂要先搭乘打見纜椅再轉乘蓬萊纜椅。僅週六、日、假日運行 ※有停駛期間

空中纜車山麓站

VIEW POINT

置身第2、3露台，感覺自己就像浮在湖面上般！

在琵琶湖VALLEY還可以這樣欣賞湖景

●即使穿上了安全吊帶，依舊驚險刺激

刺激度破表、尖叫聲不斷
空中漫步

海拔1100m處設置了吊橋、網子、獨木橋等，共有3種路線、18個項目等你來挑戰。

挑戰方案（中、上級）	
開放期間	黃金週前後～秋季前後
所需時間	90分
費用	※請於官網確認
參加方式	預約優先

※有身高、體重限制。請於官網確認

家庭方案	
開放期間	黃金週前後～秋季前後
所需時間	60分
費用	※請於官網確認
參加方式	當天報名

※有身高、體重限制。請於官網確認

體驗DATA

●還可以在中途和同伴牽手牽手

有如飛翔般滑行於山巔！
高空滑索

藉由鋼索與滑輪滑降，充滿速度感的遊樂設施，有各種不同路線可體驗。

方案簡介	
開放期間	黃金週前後～秋季前後
所需時間	120分
費用	3800日圓
參加方式	預約優先

※有身高、體重限制。請於官網確認

體驗DATA

●感覺像飛在空中般暢快

店面為舊米倉改裝而成

坐擁奧琵琶湖美景的骨董咖啡廳

古道具 海津
高島
ふるどうぐかいづ

販 售骨董玻璃製品、古伊萬里等老東西的店面，還附設開放式露台的咖啡座。許多顧客都是為了邊欣賞琵琶湖景色、邊喝咖啡特地前來。坐在櫸樹下感受涼風吹拂，既幸福又療癒。

MAP 附錄11B-3
☎0740-28-8055
🕐11:30～17:00（週六、日、假日為10:00～）
休 不定休 所 高島市マキノ町海津2080-7 交 JRマキノ站搭社區巴士マキノ高原線2分，海津下車即到 P 免費

蛋糕與飲料套餐
850日圓

賞景特等席
最推薦的絕對是露台座。陽光灑落在湖面的早晨及傍晚是最美的時候

店內擺滿了老闆蒐集的古物

100%近江牛夏威夷漢堡排飯
1998日圓

邁泰雞尾酒
1026日圓

堅田
Rcafe at Marina
●アールカフェアットマリーナ

店面位在帆船俱樂部的2樓，可認明藍色螺旋梯與招牌

往 窗外望去便是遼闊的琵琶湖，是間氣氛閒適恬靜的咖啡廳。能吃到運用近江牛、琵琶鱒等在地食材，並融入了法式風味的夏威夷料理。還提供鬆餅等甜點及各式夏威夷雞尾酒。

☎077-571-6017 MAP 60A-1
🕐11:00～18:00（晚餐需預約）
休 週二 所 大津市今堅田1-2-20 Lake West Yacht Club 2F 交 JR堅田站車程7分 P 免費

享受滿滿的南國度假氣氛

賞景特等席
坐在靠窗的吧檯座可獨享眼前的遼闊美景

抬頭望去便是湖上名勝

賞景特等席
從露台座可望見浮御堂，有時還會有水鳥停留在此

○ 店內還有暖爐，感覺就像一間森林木屋

蛋糕套餐 800日圓

近江八幡
シャーレ水ヶ浜
○ シャーレみずかはま

店 面位在靜謐的水之濱，能從湖畔的絕佳位置欣賞風景。突出湖面的木造平台更可說是特等席，春天有櫻花、秋天有紅葉等，四季各具特色的湖岸景觀也很有看頭。以天然地下水沖泡的咖啡值得品嘗。

☎ 0748-32-3959 MAP 附錄18E-1
🕐 10:00～日落 休 週一（逢假日則翌日休）
🏠 近江八幡市長命寺町水ヶ浜182-8
🚃 JR近江八幡站搭近江鐵道巴士25分，長命寺下車，步行15分 P 免費

○ 紅色門簾十分醒目

堅田
PECORINO
○ ペコリーノ

老 闆是曾在京都的義大利餐廳習藝的廚師，從店內及露台座都能看到琵琶湖與近江八景之一的浮御堂。使用生麵糰製作的千層麵午餐，以及可挑選醬汁的鬆餅是這裡的人氣餐點。週末還有提供晚餐。

MAP 60A-1
☎ 077-572-8138
🕐 11:30～17:00（僅週五、週六～21:00）
休 週一（逢假日則翌日休），週日不定休
🏠 大津市本堅田1-18-5
🚃 JR堅田站車程7分
P 免費

千層麵午餐 1730日圓（1日限定10份）

絕美景色讓人想賴著不走

賞景特等席
寬廣的湖面與露台座僅有咫尺之遙，還能望見對岸的比良山系

賞景特等席
靠琵琶湖那一側全為窗戶，建議選擇吧檯座

蛋糕套餐 750日圓

高島
cafe Hull
○ カフェハル

邊看水鳥邊吃美食
讓肚子及心靈都滿足

水 鳥觀察中心附設的咖啡廳。往窗外望去可看見琵琶湖及水鳥，自製甜點及主要使用高島市有機蔬菜等食材的自助式午餐十分熱門。甜點也可以在觀景室內享用。

☎ 0740-25-5803 MAP 附錄14E-1
（與高島市新旭水鳥觀察中心共用）
🕐 10:00～16:30 休 週二（逢假日則營業），不定休
🏠 高島市新旭町饗庭1600-1
🚃 JR近江今津站車程3分
P 免費

→ 秋冬時節會有許多飛鳥飛來這裡

賞景特等席
露台座可攜帶寵物同行，樂趣更加倍

覆盆子派 950日圓（飲料套餐 1250日圓）

大津
Coffee House Chocola
○ コーヒーハウス ショコラ

景色一級棒的咖啡廳

位 在なぎさ公園內，眼前有大片草地及琵琶湖，讓人神清氣爽。可欣賞湖景的露台及視野良好的2樓靠窗座位是最熱門的位置，晚間還能看到對岸的夜景。除了義大利麵、蛋包飯，還提供各式手工甜點。

☎ 077-521-3525 MAP 55B-3
🕐 9:00～20:30 休 不定休
🏠 大津市打出浜15-4 大津なぎさ公園內
🚃 京阪石場站步行3分 P 使用市營停車場（消費2000日圓以上可免費停放2小時）

→ 天氣好時就坐在舒適開闊的露台座吧

賞景特等席
店內所有座位都看得到琵琶湖，其中又以2樓的視野最棒

健康食午餐 1280日圓

大津
なぎさWARMS
○ なぎさウォームズ

感受琵琶湖吹來的涼風
享用滋潤身心的美食

咖 啡廳就位在面向著琵琶湖的なぎさ公園內，欣賞風景之餘，還能品嘗使用在地有機蔬菜烹調的糙米蔬食餐點。店內擺設了住在滋賀縣的藝術家的作品，一部分可購買。

☎ 077-526-8220 MAP 55B-3
🕐 11:00～21:30（假日以外之週一、二～16:30，午餐～14:00）
休 不定休 🏠 大津市打出浜15-5なぎさ公園內 🚃 京阪石場站步行3分 P 使用市營停車場（消費2000日圓以上可免費停放2小時）

→ 琵琶湖美景近在眼前，位置絕佳

在船上飽覽琵琶湖風光！ Mission2

湖上遊覽船

想要優雅欣賞琵琶湖景色，
遊覽船絕對是不二選擇。
除了周遊湖南的航線及島嶼巡遊航線外，
還有季節限定的遊覽船！

優雅徜徉於平靜無波的湖面上

⚓甲板上可感受舒適的涼風吹拂

密西根遊覽船

◆ミシガンクルーズ

由於滋賀縣與美國密西根州為姊妹市，為促進兩地交誼，因此特地將遊覽船命名為「密西根號」。在洋溢著優雅氣氛的船上，可以用餐、喝咖啡，還有現場表演可欣賞。有80分鐘路線、60分鐘路線及夜間遊覽船120分鐘路線等各種選擇。

☎077-524-5000　MAP 55C-1
（琵琶湖汽船預約中心）
🕐電話受理9:00～17:00　🈺視路線而異
（琵琶湖汽船無休）　🚩大津市浜大津 大津港
🚃京阪琵琶湖濱大津站步行3分
🅿使用浜大津アーカス停車場（3小時免費）

遊覽船DATA

「MICHIGAN80」（80分鐘路線）
從大津出發，周遊南湖一帶80分鐘。1日4班，出航時間為10:00～、11:40～、13:30～、15:10。（班次數目有季節性變動）

航行期間	費用
全年	2780日圓

CRUISE POINT
● 有輕食、自助Buffet等豐富用餐選擇
● 4層的船內空間充滿各種樂趣
● 船員帶來的表演不可錯過

來看看4層構造的密西根號有什麼好玩的地方！

2樓 極品！吸睛度破表的鬆餅不容錯過

來享用船上著名的鬆餅吧！

→密西根號明輪鬆餅 12片1600日圓

⚓密西根號咖啡廳 提供輕食等餐點

1樓 發現拍美照、上傳打卡的絕佳地點♥

船身後方的紅色明輪震撼力十足

密西根號獲得了「戀人聖地 Satellite」的認證

⚓雍容華貴的密西根號餐館

4F 空中甲板・參觀室
3F 舞台・露台甲板
2F 密西根號咖啡廳等
1F 密西根號餐館等

壯麗雪景盡收眼底
雪見船巡遊
◆ゆきみせんクルーズ

在往來於大津港與長濱港的高速船上，能欣賞到山頭覆蓋著白雪的比良山系等滋賀的冬季美景。

DATA→同P.16密西根遊覽船

遊覽船DATA
航行期間	1月上旬～3月上旬的週六～一、假日（2～3月若有15人以上預約平日亦行駛）
時間	去程160分，長濱停留80分，回程170分（於大津港上下船）
費用	單程3000日圓，來回5000日圓

⚓白雪妝點的群山美極了

飽覽美麗櫻花
海津大崎 桜花見船
◆かいづおおさきさくらはなみせん

可以從陸地及船上欣賞名列琵琶湖八景、百大櫻花名勝的海津大崎的櫻花。有從彥根港與マキノ棧橋出發的2種航線。

☎0749-22-0619　MAP 附錄11B-4・13B-3
（オーミマリン彥根港分公司）

🚩彥根港　🏠彥根市松原町3755
🚃JR彥根站車程10分（有免費接駁巴士）　🅿免費
🚩マキノ棧橋　🏠高島市マキノ町西浜
🚃JRマキノ站步行10分　🅿免費

也可以在海津大崎上岸散步

遊覽船DATA
航行期間	4月1～20日（預約制）
時間	彥根港發抵165分，マキノ棧橋發抵80分
費用	彥根港發抵3500日圓，マキノ棧橋發抵3000日圓

⚓湖岸上約4km的範圍內多達800株的染井吉野櫻一齊綻放

別忘了留意季節限定遊覽船！

玩透透 計劃

Mission 2 在船上飽覽琵琶湖風光！

搭上復古的外輪汽船恢意賞景

琵琶湖遊覽船MAP

海津大崎港
マキノ棧橋
今津港
竹生島
長濱港

竹生島巡禮遊覽船 P.18

沖之白石
多景島
彥根港

琵琶湖

沖島

竹生島遊覽船

密西根遊覽船（MICHIGAN80）

大津港
田川新港
石山寺港

瀬田川・琵琶湖水上巡遊

CRUISE POINT
●船上有瀬田川的觀光、歷史導覽
●不用預約也能搭乘!
●可中途下船(僅可再上船1次)

↑從2樓的甲板可望見瀬田唐橋及石山周邊

↑船內洋溢懷舊氣氛。可攜帶輕食上船

瀬田川・琵琶湖 水上巡遊

◆せたがわびわこリバークルーズ

可搭乘忠實還原了明治時代蒸氣船─一番丸的遊覽船，巡遊於瀬田川上。歌川廣重筆下著名的「近江八景」也真實呈現在眼前。
☎0120-077-572　**MAP 57B-3**
（レークウエスト觀光）
🕐10:00〜19:00(學校及旅行團需預約)
🚇大津市石山寺石山港　🚃京阪石山寺站步行15分　🅿1日600日圓(石山觀光停車場)

遊覽船DATA	
航行期間	4〜11月(週六、日為主※航行日請參閱官網)
時　間	60分(10:10〜1日4班※航行時刻表請參閱官網)
費　用	1300日圓

360度欣賞琵琶湖景♪悠閒好舒服～

↑登上4樓的「密西根號空中甲板」，可看到美不勝收的琵琶湖景色

海鷗也會飛來玩!

造訪湖上的能量景點

↑仔細瞧瞧竹生島(→P.18)的全景吧

CRUISE POINT
●可欣賞竹生島的四季景緻
●前往竹生島航程約30分，途中也可賞景

4樓 參觀駕駛室 & 船長變身體驗!

你也來變身為船長吧!

↑在參觀室可以穿上制服拍照留念

3樓 精彩豐富的娛樂表演也是一大亮點!

↑船員們的歌舞表演炒熱了船內氣氛!

竹生島遊覽船

◆ちくぶしまクルーズ

遊覽船的目的地─竹生島相傳是日本三大弁財天等神明居住的島嶼，島上建有寺院、神社。遊覽船有自長濱港、今津港出發的航班及琵琶湖橫貫航線。

遊覽船DATA	
航行期間	全年
時　間	80〜195分
費　用	長濱航線3070日圓、今津航線2590日圓、琵琶湖橫貫航線2830日圓

長濱港DATA **MAP 87A-2**
☎0749-62-3390
(琵琶湖汽船長濱分公司)
🕐頭班9:00〜末班14:10(冬季時間有異)
🚫無休　🚇長浜市港町4-17
🚃JR長濱站步行10分　🅿免費

今津港DATA **MAP 113B**
☎0740-22-1747
(琵琶湖汽船今津營業所)
🕐頭班9:40〜末班13:10(冬季時間有異)
🚫無休 (冬季僅週六、日、假日行駛)
🚇高島市今津町今津31　🚃JR近江今津站步行5分　🅿免費

在湖上迎接新年第一道曙光
元旦日出巡遊 (大津港發抵)

◆初日の出クルーズ

在清晨行駛的特別航班，讓乘客在船上迎接新年的日出。船內還會提供甜酒等。

DATA➡同P.16密西根遊覽船

↑在船上迎來日出的威覺就是不一樣

遊覽船DATA	
航行期間	1月1日
時　間	6:40〜7:30
費　用	2780日圓

過個不一樣的聖誕節
聖誕巡遊 (大津港出發)

◆クリスマスクルーズ

外輪船密西根號與客船BIANCA號在聖誕節期間行駛的特別航班。船內還有主廚特製的晚餐及現場音樂表演。

DATA➡同P.16密西根遊覽船

↑大津港及船內都會布置各種聖誕裝飾

遊覽船DATA	
航行期間	12月24日之前後數日
時　間	18:30〜21:00
費　用	8000〜15000日圓

深入體驗湖國風情 Mission 3
竹生島 & 水鄉船旅

充滿神秘色彩的竹生島自古以來便是民眾心目中的眾神居住之地。穿梭於蘆葦群生地之間的水鄉巡禮則能一窺維持著舊日風貌的湖國景觀。引人入勝的船旅絕對值得體驗一次。

乘船時間 約25～40分

還有赤備船直政！（1日2班）

前往竹生島就搭這個！
竹生島巡禮遊覽船
●ちくぶしまめぐり

從彥根港、奧琵琶湖牧野君樂酒店棧橋（4月21日～12月2日）、海津大崎港（4月1日～20日）等3處航行前往有眾神居住地之稱的竹生島。在奧琵琶湖牧野君樂酒店棧橋、海津大崎港搭船需預約。由於江戶時代彥根藩的藩主為井伊家，因此還推出了1日2班的觀光船「直政」，紀念歷史上著名的「井伊赤備」。（可能會有變更）

彥根港 MAP 附錄13B-3
☎0749-22-0619（オーミマリン彥根港）
🕐頭班9:30～末班14:00（冬季時間有異）　休無休　所彥根市松原町3755　交JR彥根站搭免費接駁巴士8分，彥根港下車　P免費

船上也能欣賞到許多風景！

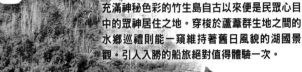

造訪琵琶湖最強的能量景點，眾神居住之地
竹生島巡禮

遊覽船航向竹生島的途中，是從湖面上觀賞竹生島的絕佳機會。登上這座神聖之島，感受不可思議的力量吧！

竹生島是個什麼樣的地方？
●以名列琵琶湖八景之一的「深綠 竹生島的沉影」著稱
●島周長約2km，是琵琶湖中第2大島
●自古以來便是民眾虔誠信仰的神聖之地

從售票處一路往上的「祈願階梯」有165階！寶嚴寺便位在階梯盡頭

文化財 本堂
本堂供奉著大弁才天，60年開帳一次。下一次預計在2037年

供奉大弁才天的寺院
寶嚴寺
●ほうごんじ

聖武天皇在724（神龜元）年受到天照皇大神的指示，命令僧侶行基創建的寺院。除本尊弁才天外，還供奉了千手觀音像，為著名的西國三十三所靈場之一。

MAP 附錄11C-4
☎0749-63-4410
🕐9:00～16:00（準同船隻入港時間）
💴登島費400日圓（與都久夫須麻神社共通）

許願的好所在！
祈福達摩
據說弁天女神能助人解脫苦難、獲得幸福。許願方法是將向弁天祈求的願望寫在紙上放進達摩內，供奉在本堂。

➡職人手工製作的弁天祈福達摩500日圓

國寶 唐門
從京都將祭祀豐臣秀吉的極樂門遷建至此。最初為大坂城極樂橋的一部分，是現存唯一的大坂城遺跡

國寶 本殿
從雄略年間起在此供奉弁財天。有著華麗壁畫及天井畫的內陣會不定期開放參觀

供奉統治湖泊之神
都久夫須麻神社
●つくぶすまじんじゃ

平安時代的法典《延喜式》中便已記載著這裡，是一座歷史悠久的神社。這裡供奉的是統治湖泊的宇賀神社、市杵島比売命、淺井比売命三位神明。訴說著桃山文化歷史的本殿很有看頭。

MAP 附錄11C-4
☎0749-72-2073
🕐9:00～16:30（準同船隻入港時間）
💴登島費400日圓（與寶嚴寺共通）

許願的好所在！
扔陶皿
據說在素燒的陶皿（300日圓）上寫下自己的名字與心願，往鳥居扔過去就能讓願望實現。

➡從視野良好的竜神拜所使勁扔過去吧

文化財 舟廊下
相傳為使用豐臣秀吉的座船「日本丸」的骨架所興建。是連接寶嚴寺與都久夫須麻神社的走廊

想欣賞美麗櫻花的話就選這個

① 近江八幡和船觀光協同組合 [手划船 80分]

●おうみはちまんわせんかんこうきょうどうくみあい

會鑽過往昔作為水運門戶而曾盛極一時的豐年橋，並行經整排的櫻花樹。船隻為復古的手划船。共乘船不需預約，包租船則需預約，船上可飲食。

☎0748-32-2564　MAP附錄18F-1
🕙10:00～、15:00～
休無休(12～3月休)
¥2160日圓(包租船視航線而異)
所近江八幡市北之庄町880
🚌JR近江八幡站搭近江鐵道巴士9分，豐年橋和船のりば口下車即到

> 春天可看到櫻花與油菜花盛開！

探訪水鄉四季風情

② 琵琶湖觀光株式會社 [引擎船 60分]

●びわこかんこうかぶしきがいしゃ

此航線從靠近琵琶湖的搭船處出發，途中經過西之湖。由於定期船為不定休，建議事先洽詢。包租船也有開到琵琶湖的航線。

MAP附錄18E-1
☎0748-32-2131
🕙10:30～15:30(定期船1日3班，冬季1日2班)
休不定休
¥2160日圓(包租船視航線而異)
所近江八幡市中之庄町639-1
🚌JR近江八幡站搭近江鐵道巴士17分，陶芸の里下車即到

> 冬季也有營業，可一窺水鄉的冬日風情！
> (時間需洽詢)

水鄉巡禮的重點

● 離每間船公司出航地點最近的巴士站各有不同，請先做確認
● 從JR近江八幡站都能到上述最近的巴士站
● 定期船(共乘船)與包租船的航線、時間、價格皆不同，請先做確認

來趟隨處皆是美景的療癒之旅

近江八幡的 水鄉巡禮

水鄉巡禮是近江八幡著名的觀光亮點，
4家船公司分別規劃了不同路線，
穿梭在蘆葦叢生的水道間。

○西之湖湖面寬廣，甚至有人誤以為是琵琶湖。天氣好時能望見遠方山巒

○也有人在西之湖園地周邊散步賞景！

> 四季各有不同美景，不論什麼時候都適合來訪

沿水道環繞圓山一周的航線

③ 島真珠水鄉觀光船 [引擎船 60分]

●しましんじゅすいごうかんこうせん

航線彷彿沿著山繞一圈般，途中還會航行至養殖淡水真珠的西之湖。由於船隻為引擎船，航行時幾乎不會搖晃，令人安心。包租船還能享用近江牛壽喜燒等餐點。

☎0748-32-3527　MAP附錄18F-1
🕙10:30～14:30(共乘船，1日2班)　休不定休(12～3月僅供預約遊客搭乘)，需預約　¥2160日圓(包租船視航線而異)　所近江八幡市円山町224
🚌JR近江八幡站搭近江鐵道巴士12分，白王口下車即到　P免費

> 這座每間船公司的航線都會經過的橋也曾出現在古裝劇中

造訪日本唯一有人居住的湖中島

沖島散步

周長約6.8km的沖島是琵琶湖最大的島。以位於西端的沖島漁港為中心，約有300人在此生活，是日本唯一一座有人居住的湖中島。島上沒有汽車，生活步調悠閒緩慢。有機會的話不妨來體驗一下這裡獨特的氣氛。

散步的話建議走島的東側。島上還有咖啡廳及商店

體驗島上恬靜祥和的生活

沖島 ●おきしま　MAP附錄14E-4

每日有10～12班定期船從近江八幡的堀切新港開往沖島漁港，航程約10分鐘。

堀切新港DATA
☎090-3842-6571(おきしま通船)
🕙首班7:15～末班21:00，週六首班為8:15～　視天候停駛　¥來回1000日圓　所近江八幡市沖島町堀切新港　🚌JR近江八幡站搭近江鐵道巴士32分，堀切港下車即到　P免費

沖島
おきしま通船 → 堀切新港

坐手划船享受閒適愜意時光

④ 水鄉のさと まるやま [手划船 60分]

●すいごうのさとまるやま

這條是搭乘手划船穿梭於蘆葦群生地的航線。隨季節交替變化出不同面貌的蘆葦原，鳥鳴、流水聲也讓人感覺十分療癒。船上還有安全設施及保暖措施，非常貼心。

MAP附錄18F-1
☎0748-32-2333
🕙10:00～15:00(定期船，1日3班)　休無休(定期航班12～3月休)　¥2160日圓(包租船視航線而異)　所近江八幡市円山町1467-3　🚌JR近江八幡站搭近江鐵道巴士11分，円山下車即到

> 運氣好的話，說不定還能看到劇組在此拍戲

地圖：
西國31番札所 長命寺
中之庄
白王口 ③
島真珠水鄉觀光船
陶芸の里
水鄉のさとまるやま ④
② 琵琶湖觀光株式會社
長命寺
円山
西之湖
西之湖園地
琵琶湖
近江八幡和船觀光協同組合
北之庄
北之庄澤
北之庄町
八幡山
豐年橋和船のりば口
八幡堀
日牟禮八幡宮

體驗DATA

日落遊覽船SUP之旅
體驗期間 6～9月 **時間** 90分
費用 5000日圓(含器材租用費)
對象 小學生以上

來趙悠閒愜意的湖面散步

SUP 立式划槳
★難易度★★★★★

立式划槳這項水上運動源自夏威夷，
是站在衝浪板上划槳前進，
不論男、女或各年齡層
都適合嘗試。

要怎麼划？

1 先在岸邊 學習如何划槳
練習怎麼拿槳、划槳，
以及如何站在衝浪板上

2 學會動作後 就可以下水了！
練習結束後便可帶著
板子下水了。準備乘著
衝浪板划向琵琶湖

3 一開始先 坐著慢慢划
一開始先坐著划向
離岸邊較遠處，然
後在維持平衡的狀
態下站起來

4 自由自在 徜徉於湖面上
習慣了之後，就試著放手去
划吧。傍晚時分可看到天空
與琵琶湖染上夕色的風景

在這裡體驗

BIWAKO ECO SPORTS Puka Puka
●ビワコエコスポーツプカプカ

不論初學者或老手，在琵琶湖從事SUP運
動的先驅一白井先生都悉心提供協助。除
了有半日起的立式划槳課程外，還會舉辦
可在湖上欣賞夕陽的旅行團等。也提供器
材出租、小木屋住宿、烤肉等。

五彩繽紛的招牌十分醒目

MAP 附錄 14F-4
☎050-5802-9050
⏰10:00～19:00(課程與團體活動需預約)
㊡週二 ㊎東近江市
粟見出在家町781-1
🚃JR能登川站車程15分
🅿免費

▲小木屋還有販售衝浪板、船槳等器材

戶外活動玩到嗨！

琵琶湖 還可以這樣玩

豐富多元的水上運動也是琵琶湖的一大賣點！還可以在平靜的湖面上從不一樣的角度
欣賞景色。許多活動都適合沒經驗的初學者挑戰，放心來玩吧。

可以多人同樂的巨大遊樂器材

颶風
★難易度★★★★☆

坐在甜甜圈狀的巨大浮板
上，由小艇牽引著在湖面上
滑行，可以感受疾速奔馳的
快感。

體驗DATA

體驗期間 4～10月
時間 15分
費用 2000日圓
(另收設施使用費7～
9月3500日圓、4～
6、10月2000日圓、
11～3月1000日圓)
對象 12歲以上

還可以在這裡烤肉！

整區皆有屋頂的烤肉區器
材設備完善，只需自備食
材，就能輕鬆享受烤肉樂
趣。

一群女生來同樂
也不錯

簡直就像飛在空中般！

水上飛板
★難易度★★★★☆

水上飛板是一種利用水上摩托車噴出的
水，藉由水壓讓自己漂浮在半空中的新
型態水上運動，近年來相當受歡迎，
成為熱門的休閒活動。

體驗DATA

體驗期間 4～10月(需2日前預約)
時間 25分
費用 7000日圓
(另收設施使用費7～9月3500日圓、4～
6、10月2000日圓、11～3月1000日圓)
對象 12歲以上

在這裡體驗

CARMEL BEACH CLUB
●カーメルビーチクラブ

要怎麼飛起來？

從最常見的香蕉船，到精挑細選的罕見項
目，有各式各樣的活動可體驗的景點。這裡
也是日本寬板滑水的發源地，工作人員會悉
心為初學者進行講解。

☎077-596-1357 **MAP** 附錄 14D-4
⏰9:00～18:00 ㊡無休(11～3月不定休)
㊎大津市北比良2431
🚃JR比良站步行3分 🅿1日1000日圓

先坐在淺灘處於水中穿上專用
靴，靴子連接著水上摩托車

聽取工作人員的說明，進行變
換方向等基礎練習後，便可離
開岸邊開始體驗了！

琵琶湖 玩透透 計劃

Mission 4 戶外活動玩到嗨!!

體驗與湖水的近距離接觸
皮艇
★ 難易度 ★★★★★

皮艇為獨木舟的一種，是自己划槳前進的小船。清晨航行於琵琶湖上的日出皮艇旅行十分受歡迎。

第1天 做菠蘿麵包

第1天白天為所有參加者一起進行菠蘿麵包製作體驗！

第1天 在帳篷過夜

搭好帳篷後，進行皮艇體驗課程，為隔天早上的出發作準備（也可選擇住宿客房）

第2天 在朝霞陪伴下出發

體驗DATA
日出皮艇旅行
- 體驗期間 3～12月（需2日前預約）
- 時間 2天1夜
- 費用 15120日圓～（含住宿費用）
- 對象 小學生以上

在這裡體驗
BSC Watersports Centre
●ビーエスシーウォータースポーツセンター

舉辦以帆船、皮艇、風浪板等水上運動為主的戶外運動教室，也有單日的體驗課程。

MAP 附錄 19C-1
📞 077-592-0127
⏰ 9:00～18:00（需預約）
🈺 不定休（7、8月無休）
📍 大津市南船路4-1
🚉 JR蓬萊站步行7分 Ｐ 540日圓

在大球裡隨心所欲做出各種動作
NWWA水球® & 水管體驗
★ 難易度 ★★★★★

先進到直徑2.5m的水球內，感受漂浮在水上的新奇體驗。接下來再嘗試水管，讓全身動起來吧。

要怎麼進到裡面？

體取注意事項，並在大球和管子前拍照留念。然後拉開拉鍊進到球內

灌入空氣讓球膨脹。裡面和外面的拉鍊都拉上後，準備工作就完成了！

讓球滾動到水面上，並邊循乘坐皮艇的工作人員指示在湖上移動

接著進到水管裡，挑戰在湖面上奔跑吧。還可獲贈體驗時拍攝的照片

體驗DATA
- 體驗期間 3月31日～11月25日（需2日前預約，強風時可能會中止）
- 時間 60分
- 費用 1人4860日圓（2人起受理報名）
- 對象 4歲以上

NWWA水球®

在這裡體驗
O'PAL
●アウトドアスポーツクラブオーバル

是滋賀縣唯一能進行水球體驗的地方，此外還有皮艇、SUP等多種活動可參加。工作人員會在體驗時幫忙拍攝照片，並送給參加者的服務也深受好評。

這裡準備了各種初學者也能輕鬆挑戰的活動

MAP 60A-2
📞 077-579-7111
⏰ 9:30～17:30（需預約）🈺 週三（1、2月為週二、三，夏季無休）
📍 大津市雄琴5-265-1
🚉 JR雄琴溫泉站步行15分 Ｐ 免費

拍張照片當作紀念吧

體驗結束後，就在設施內好好放鬆一下吧。除了游泳池、按摩池外，還有地方可以拍美照，為快樂回憶留下紀念。

迎著風自在馳騁於湖面
風浪板
★ 難易度 ★★★

邊配合風向操作船帆邊在水面上前進，以自然的風力為動力，是非常環保的運動。

在這裡體驗
COUNTRY HARBOUR
●かんとりーはーばー

教練會先在岸邊以淺顯易懂的方式進行指導，初學者也可以放心來體驗。也有開設SUP課程。

📞 0748-36-6565
⏰ 10:30～18:00（週六、日、假日為10:00～19:00）🈺 週一（逢假日則翌日休）
📍 近江八幡市佐波江町472-1
🚉 JR篠原站車程15分 Ｐ 免費

MAP 附錄 18E-1

體驗DATA
1日體驗課程
- 體驗期間 全年（需2日前預約）
- 時間 5小時
- 費用 7560日圓
- 對象 小學生3年級以上

小朋友也能玩的趣味水上活動
水上泡泡球
★ 難易度 ★★★★★

透過這款小朋友專用的水球，可以體驗到好像在水上自由漫步般的感覺，因此非常受歡迎。

在這裡體驗
滋賀縣立琵琶湖兒童王國
●しがけんりつびわここどものくに

位在琵琶湖畔的大型兒童館，有露營場、戶外活動器材等各種可以全家同樂的設施。游泳池等僅暑假期間開放。

MAP 112B-2
📞 0740-34-1392
⏰ 9:00～18:00（視季節而異）🈺 1～12月之週一、二 💴 免費
📍 高島市安曇川町北船木2981 🚉 JR安曇川站搭高島市社區巴士船木線14分，こどもの国前下車，步行3分 Ｐ 500日圓

體驗DATA
- 體驗期間 黃金週前後～秋季 前後之週六、日、假日，暑假期間
- 時間 5分
- 費用 300日圓
- 對象 5歲～小學生

農場體驗

親身體驗滋賀的自然魅力！ *Mission 5*

在大自然的圍繞下，挑戰看看
用爐灶煮飯、製作手工皂等等體驗吧！
許多設施都適合帶小朋友闔家造訪，
是留下美好出遊回憶的好選擇。

品嘗用古早爐灶炊煮
Q彈可口的米飯

自己煮的飯
吃起來
特別美味！

爐灶炊飯體驗
使用古早的爐灶煮
米飯，並享用煮好的
成品

費用 2160日圓
(可選擇搭配小菜或咖哩)

時間 約90分
(有10:30～、12:00～
兩場，需預約)

◎店內大片的窗
戶拉近了與自然
的距離

安曇川

SORANONE食堂
●ソラノネしょくどう

食堂位在山上，提供爐灶
煮飯的體驗。依洗米、
生火煮飯等步驟，用平常沒碰
過的工具將飯煮出來，過程充
滿了樂趣。煮好的米飯可以搭
配小菜或咖哩一起享用。

↑生長在食堂前的大銀杏樹

☎0740-32-3750 **MAP**附錄14D-2
🕐10:30～16:30(午餐為～15:00) 休週四(逢假日則營業)、1、2月不營業
🏠高島市安曇川町田中4942-1 🚃JR安曇川站車程10分 Ｐ免費

芳香的花草
為生活帶來新氣象

雄琴

近江おごとハーブガーデン
●おうみおごとハーブガーデン

提供使用香草製作肥皂、醋等各種體驗。庭院裡種植了
約200種香草，參加體驗的話，工作人員會向參加者
做介紹。這裡還開設了芳療師等證照課程，也深受想認真
接觸這個領域的人喜愛。

☎077-572-8880 **MAP**60A-2
🕐10:00～16:00(完全預約制)
休12～3月 🏠大津市雄琴2丁目18-1
🚃JR雄琴溫泉站步行11分 Ｐ免費

挑選喜歡的
香草後
開始體驗吧！

↑爬上小丘後入口便出現在眼前

4
完成！
肥皂的凝固時間約30分
鐘～1小時，完成之後
馬上就可以開始用囉！

※某些香草可能會因熱或時間經過而變色

3
**將甘油皂與香草
倒入模具**
由於香草容易浮起來，因此要邊用
竹籤等使其往下沉，邊讓肥皂成形

2
將肥皂融化
以隔水加熱的方式慢慢
使肥皂融化，小心不要
讓肥皂液起泡

1
準備體驗用品
在庭院內採收自己喜歡
的香草。此外還會用到
將甘油皂切成小塊的工
具與模具

**製作
香草甘油皂**
使用庭院內種植
的香草做出體貼
肌膚的肥皂

費用 1500日圓
時間 約30分

↑寬敞的教室除了體驗外，也用來舉辦各種
活動

享受花與綠圍繞的幸福療癒時光

羊隻餵食體驗

約有20隻羊放牧在視野良好的山丘上，可以自由和牠們近距離接觸

費用 100日圓
期間 綿羊剃毛秀預定4月下旬〜5月初舉行

週末及假日還會舉辦羊的讀書會等各種歡樂有趣的活動！

還會經過美麗的玫瑰隧道

SL列車 MILKY WAY

搭乘這列蒸汽火車可以前往2018年春天開幕的妖精花園。全長130m的玫瑰隧道堪稱絕景

費用 單程500日圓

米原

English Garden ローザンベリー多和田

●イングリッシュガーデンローザンベリーたわだ

包括了英式庭園、羊隻放牧場，佔地遼闊的觀光設施，還有在2018年春天開幕的新區域。食材、器具由園方準備的烤肉片菜，以及果凍蠟燭等手工藝體驗也很受歡迎。

在園內的「大地のレストラン」可享用自助式吃到飽午餐。1750日圓，限時60分

↑庭園到了秋天有美麗的紅葉

MAP 附錄13C-2
☎0749-54-2323
⏰10:00〜17:00(11〜3月為〜16:00)
休週二(逢假日則營業)
¥全票800日圓，半票400日圓(有免費區域)
📍米原市多和田605-10 🚗北陸自動車道米原IC車程10分 P免費

伴手禮就挑這個！

加了紐西蘭產蜂蜜的「溫和蜂蜜糖」，麥盧卡蜂蜜、三葉草蜂蜜等口味356日圓〜

牧場內約有170頭牛！

與動物近距離接觸！

↑天氣好時還可以親近小牛及山羊

擠牛奶體驗

可以邊感受牛的體溫，邊體驗擠牛奶。還有使用新鮮牛乳製作奶油的體驗(500日圓，需預約)

費用 300日圓(需預約)
時間 擠牛奶體驗11:00，奶油製作體驗11:30〜

這裡的牛不會怕人，可以放心接近

甲賀

山田牧場

●やまだぼくじょう

這裡是一間對外開放的酪農牧場，有牛、山羊、小馬等各種動物在此迎接遊客到來。在牧場內的工房可以買到非均質化牛乳，以及優格、起司蛋糕等乳製品。帶小朋友來可以開心玩上一整天。

MAP 附錄22E-3
☎0748-82-2007
⏰10:00〜18:00 休無休 📍甲賀市信樂町神山2077 🚃信樂高原鐵道信樂站車程15分

能與眾多動物近距離接觸的牧場

↑有的季節還有機會看到雞群出來散步

伴手禮就挑這個！

整體有46%為奶油與起司，香醇濃郁的奢華起司蛋糕380g2160日圓

↑觀看在廣闊的牧場內嬉戲的動物們也讓人心情愉悅

大津
TREES
●ツリーズ

老闆基於「希望大家在日常生活中營造出能感受到自然的時間」的理念，耗費3年、全部手工打造，處處皆是講究的一間店。店裡販售以植物與吊床為主，各式各樣能讓人接觸到自然的商品。還有大盆觀葉植物專用的空間等，感覺就像置身在森林中。

MAP 附錄14D-4
☎077-535-6362
🕙10:00～18:00 休僅週六、日、假日營業 所大津市北比良1039-58 JR近江舞子站車程10分 P免費

選，具有在地特色的雜貨、文具等
●店內陳列著以老闆擁獨特眼光所挑

→一走進店內，眼前滿是綠意

這裡還販售了各式各樣的吊床，13000日圓～

散發自然魅力的迷人雜貨

包括老闆自己種的在內，店裡有超過100種的植物

Mission 6 造訪植物愛好者的天堂！

綠意盎然的療癒商店

這裡介紹可以欣賞多肉植物、觀葉植物等各式各樣植物的景點。走進植物的世界，在豐沛綠意圍繞下，感覺身心都得到了療癒。

東近江
二丁目植堂
●にちょうめしょくどう

老闆將原本用於傳遞、發布訊息的空間改裝成為咖啡廳，店裡還看得到從家中經營的園藝店採購來的植物。另外，老闆也持續在開發使用自行栽種的食用花製作的餐點。

MAP 附錄17A-1
☎0748-56-1245
🕙16:30～21:00，週六為11:30～
休週一、四、日、假日
所東近江市垣見町791-1
JR能登川站步行3分

透過植物打造地域交流

→咖哩（850日圓～）會隨季節變換為牛肉燴飯、絞肉咖哩等

彥根
VOID A PART
●ボイドアパート

「ハコミドリ」計畫的工作室，運用各式植物與廢棄玻璃製作玻璃箱盆栽。除了可訂製作品、參觀製作情景外，還附設咖啡廳，可在這裡享用午餐、甜點等。

MAP 附錄13A-4
☎無
🕙10:00～18:00
休週二、三
所彥根市柳川町218-1
JR稻枝站車程10分

座落琵琶湖畔的藝術咖啡廳

←裝有乾燥花及不凋花的「植物標本」（右），將觀葉植物裝進箱子的「觀葉箱」（左）

每月滿月之日（12～2月休）10:00～17:00 雨天照常舉行

→販售多肉植物的室內盆栽及手工雜貨的「Blue Ribbon」

隨時節變化舉辦的市集
滿月市集
●まんげつマルシェ

以「手作×自然」為概念，配合月亮圓缺變化舉辦的市集。會場氣氛悠閒愜意，每都會吸引超過200人前來。由於每個月舉辦的日期都不同，因此每次來設攤的店家及光顧的客人也不盡相同，十分有趣。

☎無 **MAP** 附錄18D-1
所野洲市吉川3326-1 マイアミ浜オートキャンプ場
JR野洲站車程20分 P免費

造訪市集
將療癒的綠意帶回家

→在「Kivi」能買到色彩柔和、造型可愛的花朵耳環（1500日圓～）及手工包包

騎自行車徜徉湖畔

琵琶湖 自行車之旅

Mission 7

想騎自行車沿琵琶湖玩的話，不妨選擇
騎起來相對安全、舒適的琵琶湖周遊道路。
遠道而來的人就在當地租車，
可以玩得輕鬆又方便。

琵琶湖畔還設有自行車道

米原～長濱路線
騎乘距離　約22km
所需時間　2小時25分

START
米原站
約15分　2.7km
入江橋
約50分　7.2km
長濱站
約8分　1.5km
黑壁周邊
約7分　1km
長濱站
約50分　7.2km
入江橋
約15分　2.7km
GOAL
米原站

適合初學者挑戰的路線

在有工作人員常駐的米原站Cycle Station聽取琵琶湖自行車旅行的說明後，就可以出發囉。

你也來挑戰 BIWAICHI看看吧！

什麼是BIWAICHI
BIWAICHI＝環琵琶湖一圈的意思。建議走逆時鐘方向，這樣的話可以一直沿著琵琶湖畔前進。

相關情報看這裡
琵琶湖一周遊自行車租賃。
http://biwaichi-cycling.com/

距離
沿琵琶湖騎一圈約150km～200km，距離會隨要過琵琶湖大橋還是瀨田唐橋而異。

上下起伏
湖東有沿湖畔修築的道路，相對好騎，湖北的部分路段則有上下起伏。另外，湖西某些地方要騎小路或是車道，請多加注意。

需要幾天？
通常為2天1夜，如果要順便觀光遊玩的話，建議規劃3天2夜以上。

也有省力的方法
騎自行車到港口，剩餘部分搭船移動也是一種玩法。琵琶湖汽船旗下的遊覽船（→P.16）有開往竹生島（→P.18）及沖島（→P.19）的航線，可以為自行車之旅增添變化。

豐公園（長濱城遺址）
●ほうこうえん（ながはまじょうせき） ➡P.86
整建秀吉興建的長濱城之遺址而成的公園。園內有長濱城歷史博物館及太閤井等。

長濱站

黑壁周邊 ➡P.80
●くろかべしゅうへん
有黑灰泥外牆讓人印象深刻的黑壁玻璃館等許多美食、購物景點的觀光地區。

琵琶湖
●びわこ
日本最大的淡水湖，北湖的水深相對較深，長濱站西側的湖畔可欣賞絕美景色。

田村站

北陸本線

湖北觀光道路

公路休息站
近江母の郷
坂田站

東海道本線

入江橋 ●いりえばし
自古以來前往大津、長濱等港口的船隻都會行經此地，曾是繁華的交通要衝。

米原站

米原站 ●まいばらえき
新幹線在滋賀縣內唯一停靠的車站。也連接了近江鐵道，交通十分便利。

獨家自行車之旅
造訪米原推薦景點的
半日行程
可隨時參加

How to rental
STEP① 預約　最晚在3天前透過官網等預約（會接到店鋪的確認聯繫）
STEP② 出發騎車　聽了騎乘方式等說明後就出發吧！
STEP③ 還車　將自行車還至店鋪（～17:00）

沒經驗的人也
不用擔心♪

工作人員
安達小姐

在這裡租車

米原站 Cycle Station
●まいばらえきサイクルステーション

不但會準備符合騎乘者身材、好騎的自行車，還會指導騎乘方式等，讓人安心。租車以天為單位計算。

☎090-3863-8453　**MAP**附錄13C-2
（琵琶湖一周出租自行車）
🕘9.00～18.00　🏠週三　冬季不營業（12月中旬～2月中旬）　💴1日3500日圓～（視車種、方案而異）　🚉米原市米原　🚃JR米原站內東口1F（近江鐵道搭乘處前）

什麼是 Cycle Station？

滋賀縣規劃了一條全長193km的「ぐるっとびわ湖サイクルライン」，讓遊客能透過騎自行車環琵琶湖一圈，徹底體驗滋賀縣的魅力，並在沿途設置了許多Cycle Station。這些Cycle Station設有記載了自行車基礎知識等資訊的自行車地圖，自行車旅行途中可加以利用。
Cycle Station一覽可上（http://pluscycle.shiga.jp/biwaichisupport/）確認。

前往電影外景地一探究竟！

Mission 8

電影拍攝地巡禮

近年來，許多電視、電影作品紛紛前來滋賀縣取景，有些讓人意想不到的作品其實也是在這裡拍的喔。趕快出發前往拍攝出經典場景的聖地，重溫觀看那部作品時的感動吧！

今後也會持續推動滋賀成為電影的取景地！

滋賀是「古裝劇的聖地」？

和田先生　增本先生

滋賀被許多劇組人員稱為「古裝劇的聖地」。滋賀外景辦公室的和田先生說明：「滋賀有豐富自然景觀，並保留了古剎、老街，與在地民眾的日常生活融合在一起，沒有『造作的古早味』。這種自然的氣氛也讓拍攝工作得以順利進行」。像這樣最真實、沒有多餘修飾的風貌，正是滋賀吸引眾多劇組前來取景的原因。

滋賀外景辦公室

是滋賀縣與市、町一同設立的組織，除了協助取景，也負責製作公關刊物等。雖然編制人數不多，但2016年一年便接洽了111次外景拍攝。在與超過2000位在地支持者的一同努力下，讓滋賀成為電視劇、電影的熱門外景地。

2018 電影《笑傲曇天》製作委員會 © 唐唐煙／MAG Garde

©2018 電影《花牌情緣》製作委員會 © 末次由紀／講談社

2018年3月21日 於日本上映

笑傲曇天

改編自奇幻漫畫的電影，原著敘述為了阻止帶來災禍的大蛇，曇家三兄弟等人因而展開一連串的戰鬥。故事舞台為明治維新後的大津，電影曾在日吉大社、琵琶湖周邊拍攝外景。

■導演、演員
導演：本廣克行
原著：唐唐煙《笑傲曇天》（MAG Garden）
演員：福士蒼汰、中山優馬、古川雄輝、桐山漣、大東駿介、小關裕太、東山紀之

別忘了看原著！

唐唐煙 著
MAG Garden出版
共6集／各617日圓

2018年3月17日 於日本上映

花牌情緣 結

原著是以競牌為主題的少女漫畫，這部作為該系列的第三部電影。故事敘述主角千早等人升上高三，以夏天的全國大賽為目標而努力。電影也前往了現實生活中舉辦全國高中歌牌錦標賽的近江神宮等地取景。

■導演、演員
導演、劇本：小泉德宏
原著：末次由紀《花牌情緣》（講談社）
演員：廣瀨鈴、野村周平、新田真劍佑、上白石萌音、矢本悠馬

別忘了看原著！

末次由紀 著
於講談社BE·LOVE連載中
37集～續集／各463日圓

© 末次由紀／講談社

日吉大社 ●ひよしたいしゃ

遍布日本全國的日吉神社的總本宮之一。電影中三兄弟居住的曇神社便是這裡（P.51）

在這裡取景！

竹生島 ●ちくぶしま

在琵琶湖沿岸居民的心目中為眾神居住之島。電影中將這裡拍成了位於琵琶湖上的大監獄（P.18）

近江神宮 ●おうみじんぐう

有歌牌的殿堂之稱，每年的新年期間會在此舉辦歌牌名人、女王等頭銜的決定賽。（P.53）

在這裡取景！

近江神宮每年新年的歌牌大賽前，會先舉辦身著采女服裝的取姬比賽，由身著采女服裝的取姬先進行「開始歌牌儀式」的取景。

玩透透

計劃

Mission

8

前往電影外景地一探究竟！

見證了時代風雲人物事蹟的滋賀景點

豐臣秀吉 × 長濱

擅長謀略的天下霸主

長濱城歷史博物館

●ながはまじょうれきしはくぶつかん

江戶時代淪為廢城的長濱城，在1983（昭和58）年時重現世人眼前。內部為博物館，有以「秀吉與長濱」為主題的常設展等。

➡P.86

織田信長 × 安土

奠定了天下統一基礎的領袖人物

安土城遺址

●あづちじょうせき

信長耗費了3年興建安土城，但在本能寺之變後燒毀，僅留下石牆與本丸的遺跡。

➡P.68

井伊家 × 彥根

統治彥根達14代的藩主家

龍潭寺

●りょうたんじ

井伊直政從靜岡分出，在此地建立的佛寺，祭祀、供奉井伊家一門。相傳茶室（不開放）是直弼點茶的地方。

➡P.96

石田三成 × 佐和山

在下剋上的時代仍堅守忠義之道的武將

佐和山城遺址

●さわやまじょうあと

三成曾是統治這裡的城主，關原之戰後，佐和山城遭廢，現在僅剩下些許斷垣殘壁。

☎0749-30-6120（彥根市觀光企劃課）

🚶自由參觀（5人以上需提出申請）

📍彥根市古沢町

🚃JR彥根站步行50分至山頂

MAP 附錄13C-3

這些電影也是在滋賀拍的！

關原之戰

2017年

改編自司馬遼太郎以關原之戰為舞台的小說。電影描述石田三成率領的西軍與德川家康的東軍之間的戰役。

外景地
比叡山延曆寺（P.92）、彥根城（P.46）、龍潭寺（P.96）

神劍闖江湖（共3部）

2012年、2014年

被稱為「千人新拔刀齋」的緋村劍心，與活在新時代明治時期的同伴們面對敵人展開戰鬥的動作片三部曲。

外景地
八幡堀（P.62）、彥根城（P.92）、日野城遺址

BD&DVD
2018年4月4日三公發售
發行商：東寶、讀談社
經銷商：東寶

亞人

2017年

這部動作鉅片劇情描述主角‧圭是絕對不會死的「亞人」，其與恐怖分子‧同樣是亞人的佐藤之間的戰鬥。

外景地
伊吹山麓（P.28）

滋賀外景地 MAP

只要看了這張地圖，就能知道滋賀縣的哪些地方曾有影視作品前來取景！配合你的行程順道拜訪一下吧。

竹生島

●ちくぶしま ➡P.18

登場作品 《笑傲曇天》、《偉大的咻啦啦碰》

彥根城

●ひこねじょう ➡P.92

登場作品 《關原之戰》、《日本最長的一天》、《偉大的咻啦啦碰》、《幕末高校生》、《神劍闖江湖》、《豐臣公主》、《源氏物語》

琵琶湖

●びわこ

登場作品 《笑傲曇天》

日吉大社

●ひよしたいしゃ ➡P.51

登場作品 《笑傲曇天》、《無限住人》、《關原之戰》、《神劍闖江湖》、《源氏物語》、《火天之城》

藤井彥四郎邸

●ふじいひこしろうてい ➡P.72

登場作品 《日本最長的一天》

水鄉（西之湖）

●すいごう（にしのこ） ➡P.19

登場作品 《武士的菜單》、《投靠女與出走男》

近江神宮

●おうみじんぐう ➡P.53

登場作品 《花牌情緣》

三井寺（園城寺）

●みいでら（おんじょうじ） ➡P.53

登場作品 《無限住人》、《武士的菜單》、《幕末高校生》、《柘榴坂的復仇》、《投靠女與出走男》

邁阿密海濱

●マイアミはま

登場作品 《信長協奏曲》、《偉大的咻啦啦碰》

八幡堀

●はちまんぼり ➡P.62

登場作品 《神劍闖江湖》、《柘榴坂的復仇》、《投靠女與出走男》、《大奧～永遠～》

地圖地名：近江鹽津、マキノ、竹生島、近江今津、長濱、米原、近江高島、琵琶湖、彥根城、彥根、近江舞子、堅田、水鄉（西之湖）、邁阿密海濱、八幡堀、藤井彥四郎邸、能登川、近江八幡、日吉大社、守山、近江神宮、草津、三井寺、大津、米原JCT、北陸本線、東海道新幹線、湖西線、東海道本線、名神高速道路、新名神高速道路

Mission 9 挑戰暢快登山小旅行！

擁抱絢麗花朵

夏天的山頂有五彩繽紛的花朵綻放

想來趟輕度健行的話，四季花卉美麗綻放的伊吹山、箱館山是最佳地點。
山上每個季節的風景各異其趣，絕對值得走一遭。

春 鵝掌草
山上春天最具代表性的花卉之一，會開出清純的白色花朵。
開花時期 3～5月

來看看伊吹山有哪些花卉！

夏 蚊子草
生長於山地的薔薇科多年生草本植物，會綻放許多淺紅色（偶爾有白色的）的小花。
開花時期 7月下旬～8月上旬

秋 龍膽
龍膽科的多年生草本植物。只有晴天時會綻放出吊鐘狀的美麗花朵。
開花時期 9～10月

健行INFO
- 西登山道與中央登山道穿著輕裝即可
- 東登山道不適合輕裝行走
- 山頂氣溫較山腳低約8～10℃，記得準備外套
- 4、5、10月需準備禦寒衣物

米原
滋賀最高峰的健行之旅
伊吹山 MAP附錄12D-1
●いぶきやま

伊吹山標高1377m，聳立於滋賀縣與岐阜縣交界處。山上生長著約1300種高山植物及藥草，山頂的花田更被指定為天然紀念物。從伊吹山Driveway山頂停車場通往山頂的登山道有3條，可以選一條適合自己的路線。

開車到山頂附近欣賞沿途美景♪
伊吹山Driveway
●いぶきやまドライブウェイ

伊吹山Driveway是從山腳通往山頂，全長17km的汽車道路，沿途可看到四季變化出不同風貌的美景。車輛僅能通行至山頂停車場，接下來則要走登山道前往山頂的花田。

☎0584-43-1155 MAP附錄12E-1
⏰8:00～20:00（視時期而異）休11月下旬～4月上旬 來回通行費3090日圓（一般車輛）所米原市大久保（山頂停車場），岐阜縣関ケ原町寺谷1586（入口）交名神高速道路関ケ原IC車程2km P免費

迎風馳騁於絕景中，開起來暢快極了

登山道路線介紹

從登山口走到山頂大概要3小時半。從9合目的停車場走登山道的話，約30分鐘就能到達山頂。

スカイテラス伊吹山
位在山頂停車場的休息區，有展望露台。
⏰10:00～16:00（夏季為9:00～18:00，美食區為～15:30）休11月下旬～4月上旬

伊吹山Driveway
山頂停車場(1260m)

日本武尊像
えびす屋
一等三角點
宮上荘
雲上荘
対山館

9合目(1300m)
／往伊吹山登山口

西 登山道路線
走到山頂約40分。路較寬、坡度和緩，走起來較輕鬆。
所需時間 距離約1km 時間約40分

東 東登山道路線（下山專用）
從山頂走下來約要60分鐘。路較窄，而且有些地方為石灰岩裸露的地形。
所需時間 距離約1.5km 時間約60分

中央 登山道路線
到山頂約20分，距離雖短，但坡度陡，一路上都是階梯。
所需時間 距離約500m 時間約20分

高島
觀光、健行一舉兩得
箱館山 P.110
●はこだてやま

箱館山標高690m，並有百合、掃帚草打造出各具特色的季節美景。這裡在夏天與秋天還會推出花朵藝術裝置，搭纜椅、步行欣賞都很棒。

健行INFO
- 前往山頂建議搭乘纜椅。步行下山的話可以看到眼前有整片的百合園

一窺箱館山的四季變化！

秋 箱館山掃帚草公園
掃帚草在11月上旬開始變色

冬 箱館山滑雪場
滑雪場會從12中旬起開放

→百合的最佳觀賞時期為7～8月上旬。屆時還會舉行相關活動，別忘了先查一查

伊吹山順道景點

享受山林佳餚與藥草浴的饗宴
若いぶき
●わかいぶき

在這間餐廳可以吃到使用當令山菜等製作的鄉土料理。也可以單純來泡使用伊吹產藥草的藥草浴（500日圓）。

MAP附錄12D-1
☎0749-58-8080
⏰10:00～21:00（17:00以後需預約，餐廳、浴池為～20:00）休不定休 所米原市伊吹1840 交北陸自動車動米原IC車程20km

在發源地大啖風味十足的蕎麥麵
伊吹野そば
●いぶきのそば

這間蕎麥麵店就位在相傳是日本蕎麥麵發源地的伊吹山山麓。使用在地栽種的蕎麥自行磨粉，並以天然湧泉揉麵。

MAP附錄12D-1
☎0749-58-1712
⏰11:00～17:00（週六、日、假日為～18:00）休無休（6、12月各有1天公休）所米原市伊吹516 交北陸自動車動米原IC車程20km P免費

Mission 10 穿梭鄉間的悠閒電車之旅

近江鐵道 & SL北琵琶湖號

近江鐵道北起米原，南至貴生川，
行駛於湖東安祥閒適的景色中。
一起來看看沿線有哪些值得駐足的景點吧。

近江八幡站～武佐站間
秋天會有許多波斯菊綻放

冬天時以雪山為背景奔馳於綿間

外型古樸的電車行駛於恬靜的田間內，懷舊的景象療癒極了

搭乘古早味電車體驗在地風情
近江鐵道「GACHAKON」
●おうみてつどう「ガチャコン」

近江鐵道使用的黃色車輛，是從西武鐵道接收而來。由於行駛時會發出「喀鏘喀鏘」的聲音，因此被當地人暱稱為「GACHAKON電車」。

●預約受理
近江旅行預約中心
☎0749-24-8103
⏰10:00～18:00（週六為～13:00，週日、假日休）
※需在搭車6日前預約
※費用可能會有變動

近江鐵道吉祥物
站長
がちゃこん

除了風景還有其他樂趣
企劃列車好好玩
※費用為2018年度之金額

夏 近江啤酒電
在特別裝飾的電車內，可以無限暢飲冰到透心涼的啤酒，而且還附下酒的近江特產料理。
行駛時期 7月上旬～9月上旬
費用 3800日圓

秋 葡萄酒列車
除了有豐富酒款可盡情品嘗，還能喝到剛解禁的薄酒萊新酒。
行駛時期 11月下旬～12月上旬
費用 4900日圓

冬 近江在地酒列車
從滋賀縣內的酒裝精選眾多酒款，還貼心提供了熱呼呼的關東煮、充滿近江特色的小菜。
行駛時期 1月下旬～3月上旬
費用 5500日圓

這個也不可錯過！滋賀特色列車

期間限定的蒸汽火車
SL北琵琶湖號 ●エスエルきたびわこごう

從米原出發，途中行經有戰國時代古戰場和城堡遺址等的長濱、能遠眺伊吹山的田園地帶，最後抵達木之本。對號座車票從搭乘日前1個月開始發售。由於十分熱門，建議及早預約。

行駛區間	米原 → 長濱 → 虎姬 → 河毛 → 高月 → 木之本

※僅從米原站起單程行駛（1日2班）。各站皆可上車。回程請搭一般電車。

MAP 附錄13C-2

☎077-528-3684（滋賀縣土木交通部交通戰略課）
⏰2018年3月25日、5月27日，另有其他季節性行駛。行駛日需洽詢
¥搭乘區間之車票＋對號座車票全票520日圓（需預約）

客車車廂的藍色
讓人聯想到琵琶湖

近江鐵道彥根站 即到
近江鐵道博物館
●おうみてつどうミュージアム
展示近江鐵道過去使用的車輛、資料等。站長がちゃこん也會亮相。
MAP 97B-2
☎0749-22-3303（近江鐵道）
⏰10:00～16:00 ⏰開館日請於官網確認
¥免費 ⏰彥根市古沢町40-1

近江鐵道彥根站 步行15分

彥根城 ➡P.92
●ひこねじょう
井伊直繼、直孝所建，是獲指定為國寶的古蹟。

近江鐵道市邊站與平田站之間 由車窗欣賞

萬葉之森 船岡山
●まんようのもりふなおかやま
刻有《元曆校本萬葉集》中，額田王與大海人皇子的相聞歌歌碑，吸引了萬葉集粉絲前來朝聖。
MAP 附錄17A-2

近江鐵道多賀大社前站 步行10分
多賀大社 ➡P.99
●たがたいしゃ
供奉天照大神的雙親，可保佑長壽、戀愛姻緣等。

近江鐵道太郎坊宮前站 步行20分

太郎坊宮（阿賀神社）
●たろうぼうぐう（あがじんじゃ）
本殿供奉了保佑勝利之神，是座大有來頭的神社。神社所在的赤神山自古以來便是民眾心目中的靈山。
➡附錄P.7

位在 近江鐵道愛知川站與五箇莊站之間
愛知川橋梁
●えちがわきょうりょう
明治時代興建的鐵道用桁架橋。獲指定為登錄有形文化財。
照片：公益社團法人琵琶湖遊客中心
MAP 附錄17B-1

新八日市站
●しんようかいちえき
車站建築建於1913（大正2）年，原本作為八日市口站使用。早晨及傍晚為人工剪票。
MAP 附錄17A-2

近江鐵道沿線MAP

米原
彥根城
彥根
彥根口
多賀大社
多賀大社前
彥根・多賀大社線
熱海湖
湖東近江路線
豐鄉
愛知川
五箇莊
JR琵琶湖線
長命寺
八幡堀
萬葉茜線
近江八幡
武佐
平田
市邊
太郎坊宮前
八日市
新八日市
長谷野
京セラ前
水口・蒲生野線
日野
水口
貴生川

La Collina限定
年輪夾心餅乾
1個302日圓~
年輪酥餅中間夾著奶油。有經典的原味、牛奶等4種口味

La Collina限定
必吃排行榜 No.2
年輪霜淇淋 420日圓
年輪酥餅搭配牛奶或奶油口味霜淇淋而成的美食

鬆 嘗到美麗的自然風景，讓人放

→主商店2樓的咖啡廳可欣

在咖啡座享用剛出爐的年輪蛋糕！

恰到好處的火候帶出絕妙口感

必吃排行榜No.1
現烤
年輪蛋糕套餐
896日圓
剛烤好的年輪蛋糕吃起來口感濕潤鬆軟。套餐搭配的飲料，就選口味與年輪蛋糕最搭的年輪咖啡吧

Patisserie & Bakery

滋賀當紅的
甜點店 & 麵包店

甜點店篇

たねや集團精心打造的旗艦店

近江八幡

たねや CLUB HARIE
La Collina近江八幡
●たねやクラブハリエラコリーナおうみはちまん

主商店1樓有「たねや」、「CLUB HARIE」的店面，2樓附設能品嘗現烤年輪蛋糕的咖啡廳。用地內綠意盎然，還有長崎蛋糕專賣店、販賣甜點及麵包的貨櫃屋商店等。

MAP附錄18F-1
☎0748-33-6666
🕘9:00~18:00(視店鋪、季節而異)
休無休 近江八幡市北之庄町615-1 La Collina JR近江八幡站搭近江鐵道巴士9分，北之庄 ラ コリーナ前下車，步行3分 P免費

↑主商店1樓CLUB HARIE的工房可以看見職人烤年輪蛋糕的情景

用地內還有廣大的農田，充滿大自然氣息的景觀療癒極了

從享譽全國的人氣店到在地名店所精心呈現，種類五花八門的甜點也是滋賀的一大亮點。不論是たねや集團以自家品牌推出的各種日式、西式甜點，或老字號蛋糕店的自信之作、咖啡輕食，都讓人讚不絕口！

屋頂上種滿了青草的建築外觀十分有特色，出自建築師、建築史家・藤森照信之手。他以運用自然素材設計建築著稱。

有店鋪限定、季節性商品等

除了最著名的ふくみ天平，還

必買排行榜！

No.1
年輪蛋糕1080日圓~
由職人以精湛手藝製作而成。據說學徒要訓練3~5年才能烤出上得了檯面的年輪蛋糕。還能買到現烤年輪蛋糕(648日圓~)

No.2
年輪酥餅
10片裝1188日圓
麵糰中加入了年輪蛋糕做成的酥餅，有香草與巧克力2種口味

No.3
ふくみ天平
6個裝1080日圓
要吃之前用餅皮夾住求肥紅豆餡的手工最中餅。可以吃到現做的酥脆口感

2017年7月OPEN
フードガレージ紀念品店
店內打造得宛如一間車庫。商品以最具代表性的倫敦巴士為概念，包括各種CLUB HARIE兒童商品、當令果醬等。

→紀念品店限定包裝的果醬1836日圓

別忘了去たねや的現做工房看看！

以濕潤紅豆餡、鮮奶油搭配當令素材製作的季節生銅鑼燒深受好評。能吃到職人當場現做的美味成品。

↑季節生銅鑼燒(內容物及價格視季節而異)

還有這些！

たねや、CLUB HARIE的直營店

30

嚴選素材將傳統經典甜點提升至更高境界

生起司蛋糕
540日圓
使用「古株牧場」的起司做成的慕斯與莓果醬非常對味

奶蛋蛋糕
432日圓
交疊著卡士達醬與奶油的4層烤起司蛋糕

歐培拉
475日圓
咖啡及白蘭地等風味香濃蛋糕體間夾著甘納許巧克力

出自名廚之手的西點店

守山

W.Bolero
●ドゥブルベ・ボレロ

曾赴「巧克力沙龍展」、黎展等，享譽國際的渡邊主廚所開的西點店。販售遵循傳統食譜，並融合永源寺的雞蛋、龍王町「古株牧場」的起司等嚴選食材做出的蛋糕、烘焙點心。附設咖啡沙龍。

MAP 附錄18D-3
☎077-581-3966
⏰11:00～20:00
休週二（逢假日則翌日休），每月1次週一 所守山市播磨田町48-4
🚃JR守山站搭近江鐵道巴士5分，新八代下車即到 P免費

陶窯所打造的私房咖啡廳

店面位在陶藝工房用地內，可以在這兒邊聽古典樂邊休息

甲賀

Gallery&Cafe ENSOU
●ギャラリーアンドカフェエンソウ

咖啡廳位在森林內，老闆是京都「嘉祥窯」這座陶窯的第4代經營者。老闆娘製作的塔類點心主要使用來自當地農園的新鮮水果，常態性提供約6種口味。店內附設藝廊，也可在此購買陶藝作品。

MAP 附錄22F-2
☎0748-83-1236
⏰11:00～16:00
休週日、一、五、不定休 所甲賀市信楽町牧15 🚃信楽高原鐵道紫香樂宮跡站步行5分 P免費

美麗的甜點宛如藝術品般精緻，讓人捨不得吃掉

季節塔類
多汁的果肉、滑順的奶油與塔皮的酥脆口感交織出絕妙美味

↑店面感覺有如南法的鄉間人家。 天氣好時坐在沙龍的露台座也不錯

在綠意盎然的景色中享用美味自製甜點

甲賀

pâtisserie MiA
●パティスリーミア

過去的農業學校舊校舍改裝成的咖啡廳。店內除了咖啡廳，還附設甜點店、藝廊。可以在讓人感受到木頭暖意的空間中，品嘗甜點師美愛小姐帶來的自製甜點。

☎0748-86-1552 **MAP 附錄21A-2**
⏰12:00～16:00（外帶與藝廊為11:00～17:00）
休週一、二 所甲賀市甲南町野川835
🚃JR寺庄站車程8分 P免費

草莓塔
529日圓
使用於塔類的水果會隨季節而異

覆盆子牛奶
626日圓
牛奶中加入自製覆盆子果醬而成的飲料

店主的丈夫是位木工藝術家，藝廊有販售他的作品

在老屋咖啡廳以閒適田園風景療癒身心

比良捲
（近江羽二重）蛋糕套餐
540日圓
使用滋賀縣近江羽二重糯米粉做成的蛋糕搭配鮮奶油，滋味雋永，是咖啡廳的招牌美食

和三盆糖口味甜而不膩

想吃日式甜點就來這兒

品嘗在地風土孕育出的好滋味

堅田

近江藤齋 本店
●おうみとうさいほんてん

除了堅持使用在地食材外，還將近江八景融入商品之中，製作甜點的同時也不忘傳承滋賀文化。總店還附設咖啡廳「fransis kuper」，可以吃到瑞士捲及近江藤齋的和菓子。

還附設咖啡廳！

MAP 60A-1
☎077-573-5225
⏰9:00～17:00（咖啡廳為10:00～16:30）
休無休 所大津市真野2-24-1
🚃JR堅田站步行15分
P免費

也可以外帶喔

No.1
藤齋最中餅 1個195日圓
以手工將僅用冰糖煮成的紅豆餡填進一個個餅皮內製作而成，是這裡最具代表性的商品。除了原味外還有3種口味

No.2 おちごさん
1個152日圓
銅鑼燒餅皮間夾著濕潤柔軟的大顆粒紅豆餡

甜點店&麵包店

麵包店篇

從知名在地麵包店「つるやパン」開的新店，到和菓子店推出的麵包專賣店等，滋賀有許多充滿特色與魅力的麵包店值得一探究竟。

口味五花八門的吐司
讓火忍不住狂拍照

明太子
200日圓

↑午餐三明治每一個都是在點餐後手工製作而成

火腿烤起司
200日圓

披薩吐司
200日圓

法式吐司
150日圓

長濱

まるい食パン專門店

●まるいしょくパンせんもんてん

以滋賀在地麵包「沙拉麵包」聞名的つるやパン所開的第一家分店，專門販賣圓形吐司。此外還販售以圓形吐司製作的餐點，有各式甜鹹口味，種類豐富。也可以在內用區享用。

☎0749-62-5926　**MAP** 87B-2
🕖7:00～17:00　休週三　所長浜市朝日町15-31
🚉JR長濱站步行4分　P免費

↑7時起提供「晨間吐司」，11時起則有使用剛出爐的圓吐司做的「午間三明治」

一片片圓圓的吐司 掀起在地麵包新風潮！

也別錯過美味和菓子！

寿長生の郷還有能吃到叶 匠壽庵和菓子的甜點店，順道造訪一下吧。

↑在茶房可以吃到使用紅豆、麻糬、葛等，以和菓子重要原料做成的甜點及輕食（10:00～16:15）

紅豆麻糬湯
864日圓

以慢火燉煮淺井大納言紅豆，並放了烤得焦香的麻糬與栗子

製作和菓子的理想國度

叶 匠壽庵 寿長生の郷

●かのうしょうじゅあんすないのさと

這座運用自然景觀打造的廣大園區內，有數寄屋樣式的三德苑及茶室，可以在此散散步、享用和菓子賣場獨家的甜點。

☎077-546-3131　**MAP** 附錄23C-2
🕙10:00～17:00　休週三（3、11月無休）

2樓咖啡廳還有能讓人自在放鬆的沙發座

深入山林探訪
極品和風素材麵包

匠紅豆麵包
249日圓

使用和菓子職人專為麵包製作的滋賀縣產紅豆餡

紅豆奶油麵包
238日圓

麵包間夾著與紅豆超對味的奶油，是這裡的人氣商品

豆漿法國麵包
162日圓

使用豆漿奶油口感外酥內Q彈

石山

Bakery&Café「野坐」

●ベーカリーアンドカフェ「のざ」

叶 匠壽庵在製作和菓子的基地「寿長生の郷」新打造的麵包店&咖啡廳。1樓的麵包店販售約19種麵包，2樓的咖啡廳則能品嘗到使用麵包店的麵包所做的輕食，以及現煮的虹吸式咖啡。

MAP 附錄23C-2
☎077-546-3131
🕙11:00～16:00（咖啡廳為10:00～16:15）　休週三（需洽詢）　所大津市大石龍門4-2-1　🚉JR石山站車程20分（有接駁巴士接送）　P免費（3月梅花祭期間1輪1000日圓，但可獲得1000日圓的消費券）

感受四季美景與大自然賜予的美味

五花八門的硬式麵包帶有巴黎的滋味

草津

Boulangerie 6
●ブーランジュリー・シス

麵包都是曾在巴黎習藝的老闆所製作，不僅安心、安全，還經過改良，更合乎日本人口味。常態性提供以硬式麵包為主的40～50種商品，店裡有內用區可搭配飲料和麵包一起享用。

MAP 59-B
☎077-598-6790
🕐8:00～19:00　休週一
🏠草津市渋川1-1-60
🚃JR草津站東口即到

洛代夫麵包
280日圓
僅在週末限定販售，抓準時機來買吧

奶油可頌
220日圓
口感酥脆，而且個頭不小，讓人吃得開心

薄荷綠的可愛外牆十分醒目

撲鼻而來的麵包香讓人感覺彷彿置身巴黎

所有麵包都是職人一個個手工製作而成

安心美味的麵包每天吃也不會膩

在地耕耘多年講究素材的老字號麵包工房

坂本

西洋軒 本店
●せいようけんほんてん

創業於1923（大正12）年。使用滋賀縣產小麥，並以坂本著名的石砌牆為意象開發商品等，堅持地產地消的理念，深愛著這片土地。附近學校的營養午餐也使用這裡製作的麵包，讓人吃得安心。

MAP 附錄19C-3
☎077-578-0111
🕐7:30～18:30
休週二、假日　🏠大津市坂本4丁目14-11
🚃京阪松之馬場站步行4分　P免費

上下學途中的小朋友們也會順道前來光顧

石塊麵包
150日圓
靈感來自當地所保存的雄偉石砌牆，是該店的招牌商品

PAPILLO麵包
113日圓
甜鹹奶油霜的滋味吃了會讓人上癮

堅田

パン工房 MoguMogu
●パンこうぼうモグモグ

精心選用甜味高雅的本和香糖、天然鹽等，不對身體造成負擔的材料製作麵包。商品包括了自製酵母麵包、減少了糖分的丹麥麵包、鹹麵包等，種類豐富。

MAP 60A-1
☎077-574-1717
🕐7:00～18:30
休週二
🏠大津市本堅田5-14-17
🚃JR堅田站步行3分
P免費

使用嚴選素材製作出美味麵包

松鼠餅乾
2片裝259日圓
使用無添加成分的人造奶油與糖粉製作，口感酥脆

自製酵母葡萄乾核桃麵包
712日圓
使用全麥麵糰、葡萄乾、核桃製作而成

石山

pancafe SUZU-ya
●パンカフェスズヤ

散發香自然氣息的麵包店。有法國麵包、甜麵包、鹹麵包等約80種商品，也可內用。麵糰中加了牛奶，打造出獨特Q彈口感麵包很有人氣。

MAP 57A-1
☎077-533-1223
🕐8:00～19:00
休週一、第3週日
🏠大津市松原町4-23
🚃京阪石山站步行5分　P免費

在店內就能品嘗種類豐富的麵包

起司蛋糕般的麵包
162日圓
吃冷的也同樣美味

堅果焦糖脆餅
151日圓
可頌麵糰上點綴著核桃

彥根

CLUB HARIE J'oublie le temps
●クラブハリエジュブリルタン

使用自製酵母、石窯等，對麵包的製法十分講究。店內販售從硬式麵包到甜麵包等，約80種各具特色的麵包。2樓的咖啡廳還能吃到使用在地食材做的燉鍋料理。

MAP 附錄13B-3
☎0749-21-4477
🕐9:00～（售完打烊），週六、日、假日為8:00～（咖啡廳為9:00～）
休週二不定休
🏠彥根市松原町1435-83
🚃JR彥根站車程7分
P免費

位在琵琶湖畔的麵包專賣店

大福紅豆麵包
162日圓
裡面包了一整個「たねや」的大福

年輪蛋糕球
378日圓
麵包內包著「CLUB HARIE」的年輪蛋糕

滋賀美食

帶你吃遍人氣名店！

出產近江牛、近江米等享譽日本全國的著名食材，並有深具湖國特色的知名料理等獨特飲食文化，是滋賀的一大亮點。以下網羅了各類型的人氣名店，讓你品嘗到五花八門的滋賀美味。

滋賀美味INDEX

什麼是近江牛？

近江牛是育肥期間中在滋賀縣內育肥最久的黑毛和牛，以霜降般的細緻油花及軟嫩肉質著稱。其中，符合等級、生產者等規定要件者，會頒發認證書及標籤。

伴隨近江牛一同走過122個年頭

近江牛Restaurant Tiffany

近江八幡
●おうみぎゅうレストランティファニー

從1896（明治29）年開幕至今，已有122年歷史，是對近江牛有透徹了解的老字號肉鋪『カネ吉山本』的直營店。上等的近江牛採購自位在鈴鹿山山腳下的合作牧場。除了牛排、燉牛肉等經典美食外，還有菲力生切片、味噌醃牛肉等豐富的創意料理。

MAP 附錄18F-2
☎0748-33-3055
⏰11:30～15:00、17:00～20:30 休週二（逢假日則營業）
🏠近江八幡市鷹飼町558 🚃JR近江八幡站即到 P免費

全餐料理「ティファニー」7992日圓

以里肌牛排、菲力生切片、炙烤肥牛壽司等著名美食組成的全餐

高雅而居家的氣氛讓人感覺舒適自在

這些也值得一試

- ●優惠午餐⋯⋯（平日）1400日圓
- ⋯⋯（週六、日、假日）2160日圓
- ●近江牛牛排午餐⋯⋯4536日圓

近江牛

經典必吃篇

來滋賀就是要吃這個！

來到滋賀一定要吃近江牛，它是最具知名度與代表性的滋賀美食。
若想充分品嘗近江牛的軟嫩肉質，就鎖定經典必吃篇；
如果想在輕鬆氣氛中來點不一樣的味道，就看新潮創意篇。

美味秘訣就在低溫熟成

近江牛 れすとらん松喜屋本店

大津
●おうみぎゅうれすとらんまつきやほんてん

為明治時代初期，將近江牛之名推廣到日本全國的老字號肉鋪直營。以低溫熟成帶出極致鮮美滋味的近江牛讓人讚不絕口。除了滋滋作響的肉汁與香氣刺激食慾的牛排吧檯座外，還有能自在品嘗壽喜燒、涮涮鍋的桌席與包廂。

☎077-534-2901 MAP 57A-2
⏰11:30～14:00、17:00～20:30 休無休（有臨時休）
🏠大津市唐橋町14-17 🚃京阪唐橋前站即到 P免費

這些也值得一試

- ●松喜屋御膳（午餐）4860日圓～
- ●近江御膳（午餐）5400日圓～

牛排「松喜」菲力全餐 16200日圓～

主餐為近江牛的極上牛排，並附3種近江牛前菜及炙烤近江牛壽司等

34

在和風空間中享用嚴選優質牛肉

彦根 ●千成亭別館 華見
●せんなりていべっかんはなみ

創業以來堅持僅選用未生育過的雌近江牛，無與倫比的軟嫩口感絕對令人感動。可以在日本庭園景緻的陪伴下享用涮涮鍋或壽喜燒，絕佳的店面位置也是這裡深受歡迎的原因之一。

在城下町彦根一隅，享用別緻的近江牛晚餐

📞0749-26-4129　MAP **97A-3**

🕐11:30～14:30，17:00～20:30
🈺週三（逢假日則營業）　📍彦根市河原2-2-25　🚉JR彦根站步行20分　🅿免費

這些也值得一試
- ●近江牛牛排盒便飯 …… 3300日圓
- ●近江牛牛排飯三吃 … 4000日圓

近江牛壽喜燒
（2人～），1人份
6600日圓～
（服務費另計）
以不會過甜的壽喜燒醬汁搭配切得稍厚的霜降肉

各年齡層都說讚的名店

近江八幡 ●近江牛毛利志満
●おうみうしもりしま

明治時期於東京淺草開業的牛肉鍋專賣店「米久」造成大轟動。「近江牛毛利志満」繼承前人將近江牛的美味廣傳於世的驕傲，是滋賀首屈一指的名店，在此能以石烤、涮涮鍋、鐵板燒的方式品嘗到在自家農場育肥的近江牛。

店內在2016年重新裝潢，打造為無障礙空間

📞0748-37-4325　MAP 附錄18F-2

🕐11:00～20:00　🈺週三　📍近江八幡市東川町866-1　🚉JR近江八幡站搭近江鐵道巴士8分，東川下車即到　🅿免費

這些也值得一試
- ●涮涮鍋全餐 ……（2人～）1人份6480日圓
- ●雅會席（需預約）8640日圓～

石烤全餐
（2人～）1人份
6480日圓～
包括了油花細緻的里肌，以及滋味清爽高雅的菲力兩種肉，還附牛肉握壽司

涮涮鍋的始祖名店

草津 ●近江スエヒロ本店
●おうみスエヒロほんてん

從在大阪北新地創業的涮涮鍋始祖「スエヒロ永樂町本店」獨立出來，並繼承了「スエヒロ」的名號。除了具備傳承自前人，挑選近江牛的深厚功力外，耗費超過10小時製作的秘傳芝麻醬也是一絕，吸引了涮涮鍋老饕造訪。

MAP **59B**

📞077-562-3651

🕐11:00～14:00，17:00～21:00
🈺無休　📍草津市大路3-1-39　🚉JR草津站步行10分　🅿免費

2樓以包廂為主，讓顧客脫下鞋子在房間內自在享用

近江牛壽喜燒
5400日圓
將沾滿了自製壽喜燒醬汁的近江牛送進口中，便能感受到細緻的油花逐漸融化。一人份有130g，分量十足

近江牛涮涮鍋
（2人～，需預約）
1人份**10800日圓～**
突顯和牛鮮美滋味的芝麻醬配方不傳外人。搭配收尾的烏龍麵也超對味

這些也值得一試
- ●近江牛沙朗150g …………（套餐）7290日圓
- ●季節晚餐全餐（需預約）………5000日圓

在自家牧場為美味把關

近江八幡 ●まるたけ近江西川
●まるたけおうみにしかわ

牛隻在位於日野的牧場自在生活，從繁殖到育肥都是自行管理。近江牛的油脂甘甜，油花分布細緻，以實惠的價格將如此講究的肉品提供給顧客。近江牛壽喜燒蓋飯、漢堡排等，適合午餐時間享用的餐點也非常誘人。

📞0748-32-6494　MAP **66B-2**

🕐11:00～20:00（最終入店為～19:00，需預約）　🈺週二（逢假日則營業）
📍近江八幡市仲屋町中17　🚉JR近江八幡站搭近江鐵道巴士6分，大杉町八幡山口ープウェイ下車即到　🅿免費

除了桌席外，也有圍著圓桌一起享用的和室

這些也值得一試
- ●近江牛壽喜燒御膳 ………3780日圓
- ●近江牛漢堡排 ………1620日圓

滋賀美食

近江牛

新潮創意篇

以高湯襯托出近江牛的鮮美滋味

近江牛 牛肉飯三吃（中）
2640日圓
使用精心製作的醬汁燒烤近江牛與近江米，造就奢華美味

龍王 近江牛 岡喜本店
●おうみうしおかきほんてん

由於為自家牧場直營的餐廳，因此能吃到豐富多樣的近江牛料理。13時前供應的優惠午餐也很受歡迎，每個月會更換菜色，可輕鬆品嘗近江牛美味的餐點。
☎0748-57-0568　MAP附錄17A-3
🕐11:30～14:00，17:30～20:30（週六、日、假日為11:00～14:30，17:00～21:00）　休週三　所竜王町山之上5294　🚃JR近江八幡站搭近江鐵道巴士19分，山之上下車，步行3分　P免費

店內空間寬敞，氣氛寧靜

近江八幡 近江かね安
●おうみかねやす

近江牛專賣店的老闆為肉品職人，燒肉蓋飯深受好評。採購整頭雌牛，並使用肉質軟嫩的部分，提供能品嘗到甜美油脂的餐點。
MAP附錄18F-2
☎0748-33-2628
🕐10:00～22:00　休週三（逢假日則營業）　所近江八幡市鷹飼町747-1　🚃JR近江八幡站步行5分　P免費

除了和式座位外，也有吧檯座

近江牛燒肉蓋飯
1200日圓
能吃到滿滿近江牛的鮮美滋味。附沙拉等5道配菜的定食為1800日圓

彷彿在口中融化般遠近馳名的燒肉蓋飯

近江八幡 中国料理 沙羅
●ちゅうごくりょうりさら

堅持選用無添加食材、不使用化學調味料的正統中菜餐館。午餐可以從30種主菜中挑選自己喜歡的。
MAP66C-2
☎0748-32-2299
🕐11:30～15:00，17:30～22:00　休週四　所近江八幡市西庄町2036-1　🚃JR近江八幡站車程10分　P免費

能在充滿亞洲風情店內享用餐點

不使用添加物的蠔油炒近江牛

蠔油炒近江牛
1650日圓
以蠔油拌炒鬆軟可口的雞蛋與近江牛而成的獨家菜色

近江八幡 久ぼ多屋
●くぼたや

位在あきんど道商店街內的近江牛專賣店，主廚自豪的創意料理是最大賣點。深受在地人喜愛的美食還包括了漢堡排等餐點，價格實惠。
☎0748-32-2121　MAP66B-2
🕐10:30～17:00（週六、日、假日為～19:00）※可預約營業時間外之時段　休週四（逢假日則營業）　所近江八幡市仲屋町中14　🚃JR近江八幡站搭近江鐵道巴士6分，大杉町八幡山ロープウェイ口下車即到　P免費

除了光線明亮的桌席，也有和式座位、包廂

大啖火烤風味的多汁厚切牛肉

近江牛 元祖 網烤御膳
2300日圓
使用厚切里肌肉，能充分享受牛肉風味。附白飯等4道配菜

堅田 近江牛バル居酒屋 Zushism
●おうみぎゅうバルいざかやズシズム

以「氣氛輕鬆，不會讓人卻步的店」為理念，可以在這裡吃到向老字號肉舖購買的近江牛做成的料理，而且各種餐點的價格都很實惠。
☎077-575-5533　MAP60A-1
🕐11:30～13:00，18:00～24:00（假日翌日之午餐時段不營業）　休週日、不定休　所大津市今堅田2-1-5　🚃JR堅田站步行8分　P免費

摩登的瓷磚打造出有別於其他居酒屋的風格

在簡單料理中吃到近江牛的美味

Zushi蓋飯
1620日圓
將臀骨肉、牛腿霜降等部位炙烤至5分熟，再淋上韓式風味的醬汁

大津 NIKU BAR MODERN MEAL

●ニクバルモダンミール

位在舊大津公會堂內，氣氛絕佳的肉類料理酒吧。由於是肉鋪直營，能以驚人的划算價格品嘗到優質近江牛。別忘了搭配葡萄酒一同享用。

MAP 55C-1

☎077-522-1630

🕐11:00～13:30，17:00～22:30

休週二

🏠大津市浜大津1-4-1 旧大津公会堂1F

🚃京阪琵琶湖濱大津站即到

Ｐ免費

在被指定為有形文化財、歷史悠久的建築物中用餐

CP值超高的近江牛牛排

近江牛
赤身牛排午餐
1400日圓

淋上自製葡萄酒醬汁，分量有100g的牛排。附白飯、沙拉、湯品

咖啡廳風格的美食 讓人輕鬆享用近江牛

OMI牛漢堡
1300日圓

獨家的麵包夾著100%近江牛粗絞肉漢堡排與蔬菜

座位寬敞，讓人感覺舒適自在

草津 WHITE RAINBOW

●ホワイトレインボウ

3種口味的漢堡及每週變換菜色的午餐很有人氣。來份鬆餅等自製甜點，搭配精心製作的咖啡當作下午茶也不錯。

☎077-596-5716 **MAP** 59B

🕐11:00～15:00，18:00～24:00 休週四、第1、3週三 🏠草津市大路1-17-5 2F 🚃JR草津站步行5分

還有吃到飽

信樂 松茸屋魚松 信樂店

●まつたけやうおまつしがらきてん

特選近江牛任你品嘗

可盡情享用特選近江牛與松茸，超奢侈的名產暴食全餐十分受歡迎。帶有美麗油花的近江牛在口中融化，堪稱極品。而且一整年都能吃到松茸。

☎0748-83-1525 **MAP** 附錄22F-2

🕐11:00～20:00 休無休 🏠甲賀市信樂町牧1795 🚃信樂高原鐵道紫香樂宮跡站步行10分 Ｐ免費

店內有地板席及別具風情的涼亭席

暴食全餐
1人7560日圓

90分鐘內可無限享用近江牛與松茸壽喜燒、近江米的松茸飯。附土瓶蒸與甜點

可以帶著吃的美食

龍王 MITSUI OUTLET PARK 滋賀龍王 近江牛 岡喜

●みついアウトレットパークしがりゅうおうおうみうしおかき

☎0748-58-0246 **MAP** 附錄18F-3

🕐11:00～20:30 休不定休 🏠竜王町薬師砂山1178-694 🚃JR野洲站、近江八幡站搭近江鐵道巴士30分，三井アウトレットパーク下車即到 Ｐ免費

鮮美牛肉與飯糰的完美結合

近江牛肉捲飯糰
1個 400日圓
（內用為480日圓）

捲上了薄切近江牛的飯糰經過燒烤，表面沾滿了特製燒肉醬

甲賀 近江スエヒロ土山茶屋

●おうみスエヒロつちやまちゃや

☎0748-66-8104 **MAP** 附錄21C-2

🕐8:00～20:00 休無休 🏠甲賀市土山町南土山尾卷1122-74 新名神高速道路土山SA內 🚃新名神高速道路土山SA內 Ｐ免費

美味肉串是兜風的最佳良伴

近江牛 牛肉串
1串 500日圓

厚切牛肉與濃郁醬汁的甜味超合拍。店家會盡可能提供剛烤好的肉串給顧客

不僅介紹代代相傳的鄉土料理、溫馨樸實的家常滋味、現在最熱門的平民美食等，深受當地喜愛的知名美食起源、特色等相關資訊也一網打盡。

可飽覽余吳湖的自然美景，在此度過悠然自得的時光

這裡也是熱門的民宿餐廳，僅限定4組旅客住宿

起司、番茄與鯖魚熟鮓（發酵壽司）的風味形成完美搭配

午10800日圓～，夜16200日圓～之全餐參考圖

鮒壽司可依喜好搭配蜂蜜享用。還能吃到豬肉生火腿等野味料理

湖魚料理

透過生魚片、天麩羅、佃煮等五花八門的烹調手法，盡情品嘗在琵琶湖捕撈的香魚、鯽魚、溪蝦等各種湖魚吧。

品嘗發酵食品與山湖特產的饗宴

余吳 德山鮓（●とくやまずし）

修習日本料理多年的老闆在余吳湖畔經營的餐廳。由於深受滋賀名產鮒壽司等發酵食品的博大精深所吸引，因此醉心其中。老闆還會親赴山、湖找尋余吳的大自然孕育出的食材，並善加運用，製作出突破日本料理框架的餐點。享用以「這片土地才有的味道」為理念呈現的佳餚時，別忘了順便來杯在地美酒。

☎0749-86-4045 **MAP附錄11C-2**
🕐12:00～14:30，18:00～21:00（僅預約）🚫不定休
🏠長浜市余吳町川並1408 🚃JR余吳站車程3分（有接送服務※需洽詢）Ｐ免費

琵琶湖八珍
你知道是哪些嗎？

「琵琶湖八珍」指的是8種琵琶湖著名的魚類。

真馬口魚
鹽烤十分美味，滋味淡雅的白肉魚

杜父魚
蝦虎魚科的小魚，日文又名「ウロリ」

鯵魚
小型鰕虎魚的一種。冬季至春季最為美味

條紋長臂蝦
做成佃煮或炸物食用的小型蝦

似五郎鮒
以鮒壽司的食材為人熟知的魚

本諸子魚
據說是鯉科魚類中最美味的一種

小香魚
指的是長約10cm的琵琶湖香魚

琵琶鱒
琵琶湖特有種，做成生魚片也好吃的鮭科魚類

老店的傳統手藝打造極致料理

高島 湖里庵（●こりあん）

江戶時代創業的料理旅館「魚治」所經營的日本料理餐廳，能在此品嘗到著名的鮒壽司、時令湖魚料理等，運用琵琶湖特產及當令食材製作的懷石料理。作家遠藤周作十分喜愛這裡的美味及寧靜祥和的氣氛，店名也是由他命名。

☎0740-28-1010 **MAP附錄11B-3**
🕐11:30～13:00，17:00～19:00（需預約）
🚫週二（逢假日則營業）🏠高島市マキノ町海津2307 🚃JRマキノ站搭計程車5分（有接送服務，需預約）Ｐ免費

將似五郎鮒裝在桶中熟成兩年做成的鮒壽司懷石茶泡飯1包(2份)864日圓是伴手禮的好選擇（圖為調理範例）

店內可望見遠藤周作也喜愛的奧琵琶湖景色

鮒壽司懷石 9504日圓～

能吃到包括主角鮒壽司在內的各種湖魚料理。起司包鮒壽司等創意料理也備受好評

一次吃遍琵琶湖八珍

近江八幡 休暇村近江八幡（●きゅうかむらおうみはちまん）

位在琵琶湖畔擁有天然溫泉的住宿設施。即使不是住宿的房客也可以在能欣賞琵琶湖壯麗景色的餐廳用餐。除了湖魚料理，還附設專賣近江牛的餐廳，吃到飽晚餐可以無限享用安心安全的近江牛，十分熱門。

近江牛壽喜燒與琵琶湖八珍全餐 3300日圓

無比豪華的全餐，能同時吃到使用琵琶湖八珍製作的傳統料理與近江牛

MAP附錄18F-1
☎0748-32-3138
🕐入浴15:00～21:00，用餐17:30～20:00（需預約）
🚫不定休 🏠近江八幡市沖島町宮ヶ浜 🚃JR近江八幡站搭近江鐵道巴士43分，休暇村下車即到 Ｐ免費

綠頭鴨料理

綠頭鴨在過去由於是珍貴的蛋白質來源，因此對滋賀人而言是十分熟悉的存在。一年之中，肉質緊實又帶有油脂的冬季是最適合品嘗的時節。

湖北的極品鴨肉料理

長濱 千茂登

●ちもと

提供近江牛、鰻魚、香魚等琵琶湖美味食材的湖北名店。冬季限定的鴨肉料理，僅選用產自東北地區，野味十足的天然雄綠頭鴨。在雅緻的榻榻米房間品嘗佳餚更是享受。

創業約80年，氣氛別具韻味

☎0749-62-6060 ⅯAP 87B-1
⏱11:30～14:00，17:00～22:00 休週一（逢假日則翌日休）
所長浜市朝日町3-1 地長濱站步行3分 ℗免費

天然鴨肉鍋御膳 4000日圓

融合了鴨肉的香醇滋味，口味偏甜的湯汁也十分美味。推薦以烏龍麵作收尾

在地人也愛吃的 BEST5
知名麵&飯類料理

彥根 ちゃんぽん亭総本家 彥根站前本店

●ちゃんぽんていそうほんけひこねえきまえほんてん

在滋賀縣內有超過30間分店的近江強棒麵專賣店。黃金高湯使用嚴選日本國產食材製作，再搭配滿滿的蔬菜及自製麵條，而且每碗都是職人用單柄鍋細心烹煮而成。

☎0749-23-1616 ⅯAP 97B-2
⏱11:00～22:30 休無休（有臨時休）
所彥根市旭町9-6 地JR彥根站即到

香醇滋味引人入勝 是美味關鍵 自豪的黃金高湯

1日蔬菜強棒麵 842日圓

僅使用日本國產蔬菜。放了一日所需的蔬菜，最適合想多吃點蔬菜的人

彥根 あゆの店きむら京橋店

●あゆのみせきむらきょうばしてん

講究食材的香魚專賣店。能在此品嘗由香魚所呈現出，充滿湖國特色、富含深度的美味。也有賣紅燒琵琶湖產天然小香魚、鮒壽司等各式各樣的伴手禮。

☎0749-24-1157 ⅯAP 94
⏱11:00～14:30（商店夏季為10:00～18:00，冬季為10:00～17:00） 休週二（逢假日則不定休）
所彥根市本町2-1-5 地JR彥根站步行15分 ℗免費

使用香魚精心製作的著名美食

香魚雜炊膳 1512日圓

包括了以香魚高湯煮成的雜炊、鹽烤整條香魚及小菜等

烤鯖魚麵線 900日圓

炭火慢烤並燉煮2天的鯖魚帶有美味油脂、肉質軟嫩。也可選擇附白飯（1340日圓～）

長濱 翼果楼

●よかろう

發現家常料理的好滋味

烤鯖魚麵線的麵線上放有厚切烤鯖魚，濃郁的重口味也很適合配飯。還提供搭配飯糰或烤鯖魚壽司的套餐。

ⅯAP 80

☎0749-63-3663
⏱10:30～17:00（售完打烊） 休週一（逢假日則翌日休）
所長浜市元浜町7-8 地JR長濱站步行5分

能平烏龍麵 1100日圓

麵條為自製，還放了關西風高湯煮得十分入味的特大香菇、紅葉麩、魚板等材料

吃得到大朵香菇與滿滿配料

長濱 茂美志ゞや

●もみじや

提供各式各樣湖北料理的餐廳。夏天還吃得到醃琵琶鱒壽司飯，冬天則有天然綠頭鴨的鴨肉火鍋。能平烏龍麵有近江牛、什錦豆皮等多種口味可選擇。

☎0749-62-0232 ⅯAP 80
⏱10:30～19:00 休週二（逢假日則翌日休）
所長浜市元浜町7-15 地JR長濱站步行5分

野洲 比良暮雪

●ひらぼせつ

位在琵琶湖畔的「鮎家の鄉」內的餐廳。能一面欣賞近江八景之一的比良暮雪，一面愜意品嘗豐富多樣的餐點所呈現出的近江美味。

ⅯAP 附錄18D-2

☎077-589-3999（鮎家の鄉）
⏱11:30～15:30 休1月底的3天
所野洲市吉川4187 地JR野洲站車程15分 ℗免費

清澈湖水孕育出的美食

琵琶鱒蓋飯 1200日圓

豪邁地鋪上了帶有些許獨特風味、吃得到鮮味與甘甜滋味的琵琶鱒

蜆肉釜飯咖哩
1296日圓
以招牌釜飯搭配帶有近江牛鮮甜與和風高湯滋味的咖哩醬，加上在地時令蔬菜更是美味

另一種美味吃法！
將鍋裡剩下的飯加上咖哩及起司，加熱做成焗烤風咖哩

店內也有販售當地特產的伴手禮區

香醇味美的知名釜飯

石山 志じみ釜めし 湖舟●しじみかまめしこしゅう

1961（昭和36）年創業，是石山寺門前的知名美食—蜆肉釜飯的始祖。點餐後現做的釜飯是使用近江米、蜆高湯與鐵釜烹煮，造就了美味的鍋巴。另外還吃得到近江的家常菜、鮒壽司等滋賀著名的料理。

☎077-537-0127 **MAP** 57B-3
🕐10:00〜17:00 休不定休 所大津市石山寺3-2-37 🚃京阪石山寺站步行12分
Ｐ1日600日圓（石山寺觀光停車場）

在石山寺門前經營多年的老字號餐廳

彥根蓋飯

彥根蓋飯是以近江米煮的飯，搭配近江牛、紅蒟蒻等在地食材做成的蓋飯，彥根市內有11間餐廳吃得到這道美食。

ひことろ蓋飯
880日圓
飯上放了紅白蒟蒻絲，以及老闆娘一個個親手綁起來的紅蒟蒻

在地人也愛光顧的站前食堂

彥根 麵·食処 八千代●めんしょくどころやちよ

創業108年的餐廳。提供烏龍麵、蕎麥麵、蓋飯等豐富餐點，以代代相傳的手法使用利尻昆布與柴魚熬煮的高湯是美味關鍵。ひことろ蓋飯中放了煮到軟嫩的近江牛筋肉、溫泉蛋，與清爽的紫蘇葉激盪出絕妙滋味。

☎0749-22-1159 **MAP** 97B-2
🕐10:00〜20:30 休不定休 所彥根市旭町9-1 🚃JR彥根站即到
Ｐ免費（使用契約停車場）

大津 近江米咖哩飯

大津的咖哩飯不僅使用了近江米、近江牛、蔬菜等各種在地食材，吃到一半還可以換種吃法，品嘗不一樣的味道，直到最後一口都充滿樂趣。來看看大津市內有哪些特色咖哩飯吧。

滑嫩蛋包起司鯉魚咖哩
1000日圓
米飯使用的是減農藥的近江米。鬆軟蛋包與香辣咖哩堪稱絕配

美味咖哩是拍照、打卡的首選

大津 Bistro Chicci●ビストロチッチ

提供鹿肉、鴨肉等野味料理及洋食餐點的餐廳。再搭配油炸琵琶湖產鯉魚的魚頭，視覺效果更是驚人。招牌美食豬排蛋包飯1000日圓也很有人氣。

MAP 55B-3
☎080-5343-0689
🕐11:30〜14:00，17:00〜21:00（週六僅晚餐時段）
休週日、假日 所大津市松本1-3-5 森田ビル5 1F
🚃JR大津站步行7分

店內四處都有可愛的小東西裝飾

紅色招牌與大張的餐點圖片十分醒目

另一種美味吃法！
淋上特製醬汁，增添了香醇風味與酸度，變化出不一樣的味道

彥根紅蓋飯
880日圓
可以像鰻魚飯三吃一樣，依喜好隨時加入高湯或山葵一同享用

在輕鬆氣氛中享用在地美食

彥根 たちばな食堂●たちばなしょくどう

位在ひこね食賓館 四番町ダイニング內的餐廳。彥根紅蓋飯裡可以吃到甜鹹口味的燉近江牛筋肉與紅蒟蒻，十分下飯。也可外帶。

☎0749-24-3330 **MAP** 94
🕐10:00〜14:30（週六、週日、假日為〜15:30）
休無休 所彥根市本町1-7-34 四番町スクエア1F 🚃JR彥根站步行20分

湖國名產

[彥根] あらびか

在當地經營超過40年，深受在地人喜愛的洋食餐廳。提供使用創業以來不斷添加補充的醬汁製作的獨家餐點等，能吃到舊日時光的滋味。

MAP 附錄13B-4
☎0749-28-3416
🕐11:00～17:00（外帶～19:30）
休週三
所彥根市川瀨馬場町1082-6
🚃JR河瀨站步行5分
🅿免費

ブールライス蛋包飯
730日圓

蛋包奶油飯上淋有滿滿醬汁，是這裡最出名的美食

還有好多等你品嘗！
滋賀在地美食

滋賀的美食可不只這些！在地人最愛的人氣名店美食、運用當地特有食材變化出的佳餚…等，快來看看還有哪些不可錯過的滋賀美食！

[湖南] みくりやうどん

使用15種嚴選素材熬煮的高湯為最大賣點的烏龍麵店。口味偏辣的特製咖哩粉與濃郁高湯搭配成的咖哩烏龍麵很有人氣。

MAP 附錄18F-4
☎0748-72-4411
🕐11:00～21:30 休無休
所湖南市夏見639-1
🚃名神高速道路栗東湖南IC車程5分

炸蝦天麩羅、
炸蝦咖哩烏龍麵
1177日圓

豪邁地放了大尾的炸蝦與炸蝦天麩羅，是這裡的招牌美食

スヤキ 中300日圓

1球麵300日圓起，價格經濟實惠，吃起來輕鬆無負擔

[甲賀] 谷野食堂

●たにのしょくどう

製麵廠經營的食堂，據說「スヤキ」當初是瞄準學生族群所想出來的餐點，味道簡單樸實，可以用桌上的醬汁與胡椒自行調味。

MAP 附錄21A-1
☎0748-62-2488
🕐11:00～18:00 休週日、假日
🚃近江鐵道水口城南站步行5分

[瀨田] らー麺鉄山靠 本店

●らーめんてつざんこう ほんてん

使用冠上了當地名號的瀨田蜆製作的拉麵蔚為風潮。一碗拉麵的湯頭使用了多達約100g的蜆高湯，溫醇的鮮味與爽口餘韻讓人百吃不厭。

瀨田蜆拉麵
850日圓

自製麵條，混合了北海道產的小麥「春戀（春よ恋）」，彈牙的口感與湯頭超合拍

MAP 附錄19C-4
☎077-548-9756
🕐11:00～14:30、18:00～22:00
休週一（逢假日則翌日休） 所大津市萱野浦25-1 1F
🚃JR瀨田站搭近江巴士8分，萱野浦北通り下車即到 🅿免費

[長濱] 茶しん 站前本店

●ちゃしんえきまえほんてん

明治時代創業的老店。能吃到以自家工廠製作的麵及餡料製作的原創洋食、煎餃，甚至是甜點等具突破性的料理。

☎0749-62-0414 **MAP** 80
🕐11:00～14:00，17:00～18:30（週六、週日、假日為11:00～18:30） 休週二（逢假日則翌日休） 所長浜市元浜町5-3 🚃JR長濱站步行5分 🅿免費

義大利肉醬麵
500日圓

自製肉醬與炒麵的組合出人意料地合拍

[大津] Lobby Lounge Port NIO

●ロビーラウンジポートニオ

位在琵琶湖大津王子大飯店1樓的咖啡廳，提供甜點、輕食等。精心沖泡的紅茶還讓這裡獲得了日本紅茶協會的「美味紅茶家」認證。

☎077-521-5523 **MAP** 55C-3
🕐9:30～18:00 休無休 所大津市におの浜4-7-7 琵琶湖大津王子大飯店1F
🚃京阪錦站步行15分（有JR大津站出發的免費接駁巴士）🅿於飯店餐廳消費最多可免費4小時

早午餐套餐
2420日圓

除了以唐橋燒器皿裝盛的當令三明治外，還附滋賀縣產蔬菜的沙拉、湯品等

[大津] 丸二果実店

●まるにかじつてん

創業超過百年的老字號水果店。三明治使用了草莓等4種水果，並搭配向蛋糕店採購的特級鮮奶油，也提供客製化服務。會根據季節選用滋賀縣產水果。

☎077-526-0444 **MAP** 55B-1
🕐9:00～18:00 休週三 所大津市長等2-10-7 🚃京阪琵琶湖濱大津站步行3分 🅿收費

水果三明治
400日圓

有注意到三明治是怎麼切的嗎？為了方便顧客食用，老闆特地統一了水果的切法，設想非常周到

とんちゃん焼き 860日圓
（午餐定食為1000日圓）

幼雞的雞腿、雞胸肉浸泡味噌口味醬之後，在鐵板上燒烤而成

[高島] お食事処まさ

●おしょくじどころまさ

親子2代一同經營的餐廳，餐點以鮮魚料理為主，也能靈活因應顧客的各種需求。在地美食「とんちゃん焼き」的做法是創始店「鳥中」直接傳授。

☎0740-32-2181 **MAP** 112A-2
🕐11:30～13:30、17:00～22:00
休週一（逢假日則翌日休） 所高島市安曇川町西万木8-2 🚃JR安曇川站步行10分（有接送服務，需預約）🅿免費

午餐、晚餐時段皆
僅供應全餐

充分表現蔬菜特色的法國料理

午餐全餐 3024日圓
包括開胃小點、前菜、湯、可挑選的主菜（若選擇肉類料理則+550日圓～）、甜點、手作麵包，附咖啡或紅茶

契約農家送來的新鮮蔬菜

窗外有著豐沛綠意的大窗戶讓人印象深刻

Menu	
午 全餐3024日圓／4320日圓	
晚 全餐4536日圓／6480日圓	

這間有著白色外牆的獨棟餐廳讓人想到了法國的普羅旺斯

帶你吃遍人氣名店！滋賀美食

栗東 **violette stella**
ヴィオレットステラ

蔬菜主要是老闆在店隔壁的自家菜園親自耕種，以及向契約農家採購。此外並使用橄欖油調理，讓蔬菜的特色更加突顯。

☎077-552-7136 **MAP** 附錄18D-4
⏰11:30～13:30、18:00～19:30（需預約） 休週四（逢假日則為前日休），週三不定休 所栗東市中沢3-5-11 交JR草津站步行20分 P免費

使用這些蔬菜
★紅圓蕪菁
★彥根產白蘆筍
★信長蔥 ★近江蕪菁
※視收穫狀況、時期而異

下田茄子
收種時期 7月中旬～10月中旬
栽種於湖南市，外型小巧的茄子。水分多、肉質柔軟、皮薄，吃起來帶甜味

伊吹白蘿蔔
收種時期 11～1月
栽種於伊吹山山麓，葉與莖呈紫紅色，與一般白蘿蔔相比，外型較圓。刺激的辛辣味為其特色

鮎河菜
收種時期 3月上旬～4月上旬
僅栽種於甲賀市土山町的鮎河聚落，從葉、莖到花苞等，所有部分皆可食用的葉菜

什麼是近江的傳統蔬菜？
由滋賀縣的美食品牌推進課挑選出，從江戶時代或明治時代起栽種至今，滋賀當地特有的14種蔬菜。在地人對於這些蔬菜充滿特色的味道及外型都很熟悉。

近江蔬菜

感受大地氣息 品嘗當令美味！

來看看在哪些地方能吃到使用自古以來在滋賀栽種的「近江傳統蔬菜」等，在地生產的新鮮蔬菜，讓你細細品嘗優質食材造就的美味料理。

實現地產地消理念的休閒風義大利餐廳

門口有花草樹木迎接顧客到來

PREGO全餐午餐 1980日圓
包括了義大利麵、湯、菜園沙拉、甜點、飲料。義大利麵有9種可挑選

能吃到多種在地蔬菜的人氣全餐

使用這些蔬菜
★淺小井町產朝戀番茄
★信長蔥
★愛汪町產紅蘿蔔
※視收穫狀況、時期而異

栗東 **イタリアンレストラン PREGO**
イタリアンレストランプレーゴ

以Made in 滋賀，也就是地產地消為理念，老闆親自走訪各地，尋找優質食材，並發揮深厚鑑賞功力選購正值美味的蔬菜，製作成道地義大利菜呈現給顧客。

店內空間寬敞，可以舒適自在地用餐

MAP 附錄18D-3
☎077-553-7553
⏰11:00～21:30（週五、六、假日前日為～23:00） 休不定休 所栗東市下鈎1147-6 交JR栗東站步行5分 P免費

Menu	
午 商業午餐	1380日圓
晚 PREGO晚餐全餐	
（2人起）2980日圓～（晚間有單點菜色）	

理念為"自然而不做作的美味"

彥根 **洋食SHIMADA**
ようしょくシマダ

老闆在一流的法式餐廳等地習藝後，回到故鄉開業。店名中的「洋食」二字，是希望能貼近顧客，讓人感到親切。所有料理使用的蔬菜以自家菜園栽種的為主。以炭火烹調的手法，展現和風元素的洋食也是一大特色。

MAP 附錄13B-3
☎0749-33-0637
⏰11:30～15:00、17:30～21:30 休週日 所彥根市後三条町288 Nasu23B 交JR彥根站車程10分 P免費

Menu	
午 全餐	1500日圓～
晚 全餐	3500日圓～

主菜在上桌前會以珪藻土炭爐烤出香氣

使用這些蔬菜
★彥根產油菜花
★東近江產芥菜
★多賀產羅馬花椰菜
※視收穫狀況、時期而異

採收的新鮮在地蔬菜

使用彥根及東近江等地早晨採收的新鮮在地蔬菜

午餐 1500日圓
前菜、可選擇肉或魚的主菜及麵包或白飯搭配成的組合。加點湯為200日圓，甜點為300日圓

以白色為主的店內裝潢打造出沉著穩重的氣氛

★每週午餐 1698日圓
有主菜、2道小菜、沙拉、湯、麵包或雜糧飯，附甜點與飲料

使用還帶著土就送來的紅蘿蔔等新鮮食材

使用這些蔬菜
★大津產紅蘿蔔
★大津產花椰菜
★大津產菠菜
※視收穫狀況、時期而異

有如自家一般讓人心情平靜的空間

煮到幾乎一入口就化開的紅酒燉牛肉

即使一個人來，感覺也自在舒適

uchi café*
雄琴溫泉 ●ウチカフェ

單庫改裝而成，有如秘密基地般的小巧咖啡廳。包括午餐提供的無添加現烤麵包等，堅持使用無農藥栽種及在地食材，不僅味道沒話說，吃起來也安心、對身體無負擔。

☎077 515 4731　MAP 附錄19C-2
🕙10:30～17:00(午餐為11:00～15:30)
🈺週日(每月1次週六休)　🚉大津市仰木の里1-22-3　JR雄琴溫泉站步行12分　🅿免費

Menu
🐮辣味美乃滋炸雞套餐 ……… 1698日圓
🐮鬆滑蛋包飯套餐 ……… 1480日圓

Natural Kitchen Cure'l
東近江 ●ナチュラルキッチンキュルル

屋齡100年的老宅整修而成的咖啡廳。店裡充滿了木頭的暖意，可在此享用以在地新鮮蔬菜烹煮的配菜及雜糧飯。除了健康養生的餐點外，自製甜點也備受好評。

品嘗健康美味料理

MAP 附錄17A-1
☎0748-48-5702
🕙11:00～15:00(週六、週日、假日為～17:00)　🈺週三、假日之翌日(週六、週日以外)　🚉東近江市五個莊木流町535-1　近江鐵道河邊之森站步行20分　🅿免費

★健康套餐 1620日圓
包括二選一的主菜及配菜、雜糧飯、甜點。午餐時段提供，數量有限，一份能吃到30種食材

Menu
🐮下午茶套餐 ……… 1295日圓
🐮甜點 ……… 380日圓～

店內寧靜安祥，也有露臺座

★東近江產高麗菜
★東近江菠菜
※視收穫狀況、時期而異

有時還會使用少見的蔬菜

Blueberry Fields 紀伊國屋
堅田 ●ブルーベリーフィールズきのくにや

位在山腰上，置身大自然之中的餐廳。使用自家農園種植的藍莓、香草，以及契約農家的有機蔬菜等，製作出保留了食材本身美味的高雅法國料理。

完美融入周遭綠意之中的獨棟餐廳

☎077-598-2623　MAP 附錄19C-1
🕙午餐11:30～15:30(僅供應午餐全餐)，下午茶15:30～16:30，晚餐為週六、日、假日之17:30～20:30※午餐與晚餐需預約　🈺週四(8月無休、1、2月不營業)　🚉大津市伊香立上龍華町673　JR堅田站車程20分(車站接送服務，需2天前預約)　🅿免費

可以邊欣賞田園景觀邊用餐

★午餐全餐 3780日圓
本月午餐有開胃小點、前菜、主菜，並附甜點及花草茶等。為11:30起與13:30起的2場制(需預約)

Menu
🐮下午茶套餐 ……… 1620日圓
🌙新鮮花草茶 ……… 648日圓

享受安祥恬適的景色與精心製作的全餐料理

使用這些蔬菜
★泰山寺產白蘿蔔
★泰山寺產紅蕪菁
※視收穫狀況、時期而異

能充分品嘗蔬菜風味的全餐料理

高島ワニカフェ
高島 ●たかしまワニカフェ

屋齡約100年的老宅改裝而成的咖啡廳。秉持「用餐就是重新認識生命」的理念，運用食材製作出各式餐點，能吃到以在地農家精心栽種的有機蔬菜、近江牛、野味所呈現的料理。

MAP 111A-1
☎0740-20-2096
🕙11:30～17:00(週五～週日為～20:00)　🈺週一、不定休　🚉高島市勝野1401びれっじ6号館　JR近江高島站步行5分　🅿免費

黑板上寫滿了店家對食材所懷抱的心意

Menu
🐮近江牛蛋包飯套餐 ……… 1680日圓
🐮檸檬風味起司蛋糕 ……… 450日圓

對所有食材都用心看待的咖啡廳

★午餐義大利麵套餐 1780日圓
包括可挑選的每日義大利麵、前菜拼盤、麵包、湯、甜點，附飲料

使用這些蔬菜
★高島產京紫蘿蔔
★高島產長青花菜
※視收穫狀況、時期而異

在溫馨療癒的空間

滋賀伴手禮

A
「和た与」的
丁稚羊羹
1條 280日圓

1863（文久3）年創業的老店的著名商品。混合了紅豆泥、砂糖、麵粉揉製、蒸熟而成的羊羹，據說在江戶時代是商家學徒返鄉時的伴手禮。

B
「うばがもちや本店」的
姥餅
12個裝500日圓

以紅豆泥包著草津在地「滋賀羽二重糯米」做成的麻糬。姥餅的起源有一說為源自戰國時代末期，是一款歷史悠久、口味樸實的知名和菓子。

從長年來建立起家喻戶曉的名聲、在地人引以為傲的珍品，到運用名產做成的甜點、近來引發熱烈討論的商品等，琳瑯滿目的美味伴手禮每種都讓人心動。

人氣歷久不衰的傳統逸品

C
「いと重菓舗」的
埋れ木
6個裝864日圓

創業超過200年的老店。這款著名的彥根伴手禮，是以求肥包住滑順的白豆沙餡，表面再裹上和三盆糖與抹茶。

D
「MONREVE」的
鮒壽司派
10個裝1250日圓

將鮒壽司揉進麵糰中，烤得酥脆可口做成的派，讓人用不一樣的方式品嘗滋賀的代表性美食。帶有獨特的酸味與鹹味。

E
「乃利松食品 吉井商店」的
調味紅蒟蒻
（右）200g 380日圓

蒟蒻因摻入了鐵質而呈現紅色，是近江八幡的傳統食材。口感Q彈，常用在燉煮料理等菜色中增色。八幡蒟蒻（圖左）2塊435日圓。

熱門人氣商品

F
「茶のみやぐら」的
大人味煎茶瑞士捲（左）
抹茶瑞士捲（右）
各1條 1405日圓

生產信樂町名產—朝宮茶的農家使用自家種植茶葉製作的煎茶瑞士捲，吃得到茶的澀味，是成熟的大人口味。於農家的直售所販售。

G
「工房しゅしゅ chou-chou」的
頂級湖國生起司蛋糕
6個 附酒糟義式脆餅 3910日圓
塑膠杯裝 1個 299日圓

向縣內的6間酒窖採購酒糟，製作出表現了各家特色的起司蛋糕。6個裝組合的容器為陶瓷製，吃完後可以當酒杯使用。

H
「湖華舞 本店」的
つやこ起司
800日圓

使用自家牧場新鮮牛乳製作的熟成式天然起司。不論是直接吃，或搭配沙拉、法國麵包等享用都美味。

I
「長濱浪漫ビール」的
精釀啤酒
伊吹白啤酒（左）、
長濱艾爾啤酒（右）
各330mℓ 530日圓

以非加熱製法釀造，喝得到酵母風味的啤酒。有特色為啤酒花的苦味與水果味的長濱艾爾啤酒等，不同口感與風味的4款。

J
「針江のんきぃふぁーむ」的
近江針江古代米
各150g648日圓

生長於「生水之鄉 針江」的有機純種古代米，以瓶裝方式販售。注重健康的人，不妨選擇藥膳等也會用到的黑米、紅米。瓶身設計也相當有特色。

A 和た与
近江八幡 ●わたよ
☎0748-32-2610 **MAP** 66B-2
⏰9:00～18:00（逢假日則營業） 🚫週二 📍近江八幡市玉木町2-3 🚃JR近江八幡站搭近江鐵道巴士5分，小幡町資料館前下車即到 🅿免費

B うばがもちや本店
草津 ●うばがもちやほんてん
☎077-566-2580 **MAP** 59B
⏰8:30～18:00 🚫無休 📍草津市大路2-13-19 🚃JR草津站步行15分 🅿免費

C いと重菓舗
彥根 ●いとじゅうかほ
☎0749-22-6003 **MAP** 94
⏰8:30～18:00 🚫週二 📍彥根市本町1-3-37 🚃JR彥根站步行15分 🅿免費

D MONREVE
守山 ●モンレーブ
☎077-583-4116 **MAP** 附錄18D-3
⏰9:00～19:00 🚫無休 📍守山市勝部1-4-11 🚃JR守山站即到

E 乃利松食品 吉井商店
近江八幡 ●のりまつしょくひんよしいしょうてん
☎0748-32-2475 **MAP** 66B-2
⏰8:00～19:00 🚫週二 📍近江八幡市為心町21 🚃JR近江八幡站搭近江鐵道巴士6分，大杉町八幡山口ープウェイ口下車，步行3分 🅿免費

F 茶のみやぐら
信樂 ●ちゃのみやぐら
☎0748-84-0405 **MAP** 附錄22D-3
⏰10:00～18:00（瑞士捲售完打烊） 🚫週二、第3週三 📍甲賀市信樂町下朝宮39-1 🚃信樂高原鐵道信樂站車程15分 🅿免費

G 工房しゅしゅ chou-chou
東近江 ●こうぼうしゅしゅ
☎0748-20-3993 **MAP** 附錄17A-2
⏰10:00～19:00 🚫週一、四 📍東近江市上羽田町786-1 🚃JR近江八幡站搭近江鐵道巴士14分，羽田下車即到 🅿免費

H 湖華舞 本店
龍王 ●こかぶほんてん
☎0748-58-2040 **MAP** 附錄18F-3
⏰10:30～18:00（8月為10:00～） 冬季為10:30～17:00 🚫週三 📍竜王町大小口不動山1183-1 🚃JR近江八幡站搭近江鐵道巴士19分，松が丘口下車，步行10分 🅿免費

I 長濱浪漫ビール
長濱 ●ながはまろまんビール
☎0749-63-4300 **MAP** 87A-2
⏰11:30～14:30、17:00～21:15（週六為11:30～21:15，週日為～20:15） 🚫週二（逢假日則營業） 📍長浜市朝日町14-1 🚃JR長濱站步行5分 🅿免費

J 針江のんきぃふぁーむ
高島 ●はりえのんきぃふぁーむ
☎0740-20-5067 **MAP** 112A-1
（需事先洽詢）
⏰9:00～17:00 🚫不定休 📍高島市新旭町針江417-1 🚃JR新旭站步行15分

歷史悠久的名山古剎林立
滋賀的精華之地

比叡山
大津

ひえいざん・おおつ

過去因是東海道的驛站而盛極一時的大津是比叡山
延曆寺、石山寺、三井寺等著名寺院的所在地。
大津港則可以搭乘密西根遊覽船，飽覽湖上風光。
造訪知名景點之餘，也別忘了去美食餐廳雲集的
大津市區逛逛，或前往溫泉旅林立的雄琴溫泉泡個湯。

必訪景點 BEST 1
比叡山延曆寺 P.46
世界遺產比叡山延曆寺是最澄開創的天台宗之總本山。根本中堂目前維修中

必訪景點 BEST 3
搭乘密西根遊覽船近距離體驗琵琶湖的壯闊之美 P.16

必訪景點 BEST 2
造訪紫氏部也曾佇足之地 石山寺 P.56

ACCESS

從京都前往大津

🚆電車
京都站 ━━━ 大津站
JR琵琶湖線新快速 約10分 200日圓
京都站 ━━━ 堅田站
JR湖西線新快速 約20分 410日圓

🚗開車
京都南IC
名神高速道路 13.2km 約10分 580日圓
大津IC
縣道56、103號 1.7km 約5分
大津站

從名古屋前往大津

🚆電車
名古屋站
新幹線希望號 約35分 6000日圓
京都站
JR琵琶湖線新快速/普通 約10分
大津站

🚗開車
小牧IC
名神高速道路 127.6km 約1小時25分 3370日圓
大津IC

詳細交通方式說明與
該地區路線圖　　▶ 請見 P.120·121

洽詢單位
大津市觀光振興課 ········· ☎077-528-2756
琵琶湖大津觀光會 ········· ☎077-528-2772
草津市觀光物產協會 ······· ☎077-566-3219
草津市商工觀光勞政課 ····· ☎077-561-2351

吸引各地信眾造訪的世界遺產
比叡山延曆寺

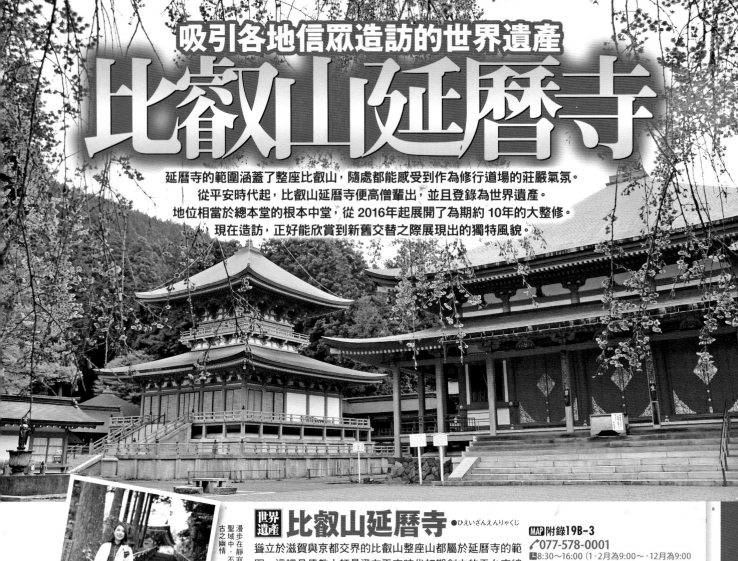

延曆寺的範圍涵蓋了整座比叡山，隨處都能感受到作為修行道場的莊嚴氣氛。
從平安時代起，比叡山延曆寺便高僧輩出，並且登錄為世界遺產。
地位相當於總本堂的根本中堂，從 2016年起展開了為期約 10年的大整修。
現在造訪，正好能欣賞到新舊交替之際展現出的獨特風貌。

漫步在靜寂氛圍繚繞的聖域中，不禁讓人發思古之幽情。

世界遺產 比叡山延曆寺 ●ひえいざんえんりゃくじ

聳立於滋賀與京都交界的比叡山整座山都屬於延曆寺的範圍。這裡是傳教大師最澄在平安時代初期創立的天台宗總本山，有日本佛教發源的母山之稱。山上有東塔、西塔、橫川三個區域，林立著超過100處的堂宇伽藍。

MAP 附錄19B-3
☎077-578-0001
🕐8:30～16:00（1、2月為9:00～、12月為9:00～15:30）※西塔、橫川為30分前終止入場
休無休 ¥三塔巡拜共通券700日圓，國寶殿參觀費500日圓 🅿大津市坂本本町4220
🚗名神高速道路京都東IC車程15km Ｐ免費

延曆寺的總本堂根本中堂正進行大整修

根本中堂從2012年4月起，進行了為期10年的天台宗祖師先德鑽仰大法會。以讚揚開祖最澄為首，對天台宗發展有貢獻之歷代高僧的法要，其中最大的事業便是根本中堂的平成特別大整修。由於距離前一次大整修已有約60年，建築逐漸老化，因此採用傳統工法進行屋頂重鋪等工程。雖然這次整修從2016年起預計進行10年，但施工期間仍可前往參拜。

如何暢遊三塔

比叡山延曆寺是由東塔、西塔、橫川，合稱為三塔的區域構成，由於彼此間都隔了一段距離，若全部都想參拜的話，最少需要半天。建議先以總本堂—根本中堂所在的東塔為中心參觀，時間充裕的話再前往西塔與橫川，逛起來會比較有計畫性。在各區域間移動不妨多利用接駁巴士。

■接駁巴士
1日自由乘車券800日圓
（行駛期間：3月20日～12月4日，每年度不同）

纜車延曆寺站
↓ 步行10分
東塔
↓ 約1km／接駁巴士5分
西塔
↓ 約4km／接駁巴士10分
橫川

比叡山延曆寺平面圖

周邊圖 附錄19B-2、3

46

比叡山・大津

比叡山延曆寺

近江八幡、五個莊、近江

長濱、湖北

彥根

信樂、甲賀

湖西、比叡山

3大區域帶你一次看個夠
延曆寺三塔的必訪亮點

比叡山延曆寺分為東塔、西塔、橫川3個區域，由於佔地十分遼闊，先做好功課，了解每一區的重點所在，能逛得更省時省力。另外，延曆寺有多達14間堂宇可蒐集御朱印，別忘了帶上朱印帳喔。

聚集了主要堂塔的天台宗發源之地
東塔 とうどう

為比叡山三塔十六谷的中心，國寶根本中堂等重要堂塔皆集中在此。也別忘了造集精華的國寶殿。

MAP 附錄19B-3

大講堂 だいこうどう　重要文化財

為僧侶進行學問修行的道場，堂內供奉著本尊大日如來，以及曾在比叡山修行的各宗派宗祖木像。前庭有一座開運之鐘，前來參拜的遊客也可以敲。

山麓的讚佛堂在1963（昭和38）年時遷建至此，成為現在的大講堂。

阿彌陀堂 あみだどう

1937（昭和12）年時，為紀念比叡山開創1150年的大法要所建的祖先回向之道場。本尊為一丈六尺高的阿彌陀如來。前庭有2處水琴窟，能聽到美妙的音色。

參拜者即為進行念佛回向的施主

文殊樓 もんじゅろう

位在根本中堂東側，石階盡頭處的山門，為慈覺大師圓仁仿照中國五台山的文殊菩薩堂所建，樓上供奉者文殊菩薩。這裡的文殊菩薩被視為學問之神，吸引許多考生前來參拜。

萬拜堂 まんばいどう

為祈求和平與人們的平安，於平成年間新建，合祀了日本全國神社、寺院的神佛。堂內有代表人類各種煩惱的108顆佛珠，參拜時運用手轉動這些佛珠，邊沿順時鐘方向繞行一圈。

靜下心來，邊轉動佛珠邊在堂內走一圈吧

也可以到樓上參拜

根本中堂 こんぽんちゅうどう　國寶

※整修中（可參拜）→參閱P.46

為延曆寺的總本堂，本尊是出自傳教大師最澄之手的密佛藥師如來。根本中堂最初的起源為最澄在788（延曆7）年創建的一乘止觀院，在一次次受災重建後，規模也更加雄偉。目前的建築物為德川家光於1642（寬永19）年重建。

根本中堂是三塔各有的中堂中規模最大者

不滅的法燈

本尊前懸吊著3個六角形的燈籠，裡面安放了自延曆寺創始以來，持續點亮超過1200年的「不滅的法燈」。僧侶們每天都會增添菜籽油，像這樣一路守護至今。有一說是日文中的「油斷大敵」（輕忽是大忌之意）這句話便是由此而來。

燈火表現了最澄「照亮一隅」的精神

百花之圖

格狀的天井上，有多達200種繪以繽紛華麗色彩的花草。這是德川家光時代的諸侯下令畫師作畫並進贈給廟方，象徵在佛前供奉不會枯萎的鮮花。

繪有四季繁花的天井

在根本中堂的本尊藥師如來前燈火不曾中斷的「不滅的法燈」

橫川（よかわ）

許多著名高僧都曾在此修行的聖地

第3世天台座主慈覺大師圓仁所開創，源信、親鸞、日蓮、道元等名僧皆曾在此修行。這裡同時也是神籤的起源地。

MAP 附錄19B-2

過去曾遭織田信長燒毀、雷擊失火，現在的橫川中堂是在1971（昭和46）年重建。

橫川中堂（よかわちゅうどう）

創建於848（嘉祥元）年，是橫川的本堂，舞台造樣式及鮮豔的朱紅色外觀讓人印象深刻。堂中央高度僅約2m，此處供奉著相傳出自慈覺大師之手的本尊聖觀音菩薩。

外觀為鮮豔的朱紅色，在杉木林間十分顯眼

元三大師堂（四季講堂）（がんざんだいしどう（しきこうどう））

有修行多年的僧侶在此細心解說籤文

元三大師（良源）居住處的遺址，一般認為現在的神籤最初就是由他構想出來的。967（康保4）年，因奉村上天皇的敕令，春夏秋冬在此論議法華經，所以也被稱作四季講堂。

根本如法塔（こんぽんにょほうとう）

典故為慈覺大師在杉木根部的樹洞中如法寫經的事蹟。這座塔為安放慈覺大師抄寫的佛教經典、進行祈禱，以流傳後世的多寶塔。現在的建築是於1925（大正14）年重建。

神籤的始祖

若來此詢問婚姻、求職等具體的煩惱，僧侶會向元三大師祈禱、抽籤，提供詳細的解說並給予建議。

☎ 077-578-3683（需預約）
🕒 9:00～16:00　奉獻金2000日圓

擔堂（にないどう）
重要文化財

供奉阿彌陀如來的常行堂與供奉普賢菩薩的法華堂這兩座堂造型相同，中間以走廊連接。由於傳說弁慶曾將走廊當作扁擔將兩座堂挑起，因而被稱為擔堂。

走廊的正中間一帶剛好是滋賀與京都的縣界

相輪橖高度超過10m

相輪橖（そうりんとう）
重要文化財

位於釋迦堂北的山林中，是一座青銅製的佛塔。這座塔為經幢的一種，塔內收納了法華經、大日經等22部58卷的經典、銘文。現在的相輪橖是在1895（明治28）年改建時所遺留下來的。

釋迦堂（しゃかどう）
重要文化財

正式名稱為轉法輪堂，由於供奉本尊釋迦如來，因此被稱作釋迦堂，是西塔的本堂。現在的建築物原為三井寺的金堂，是豐臣秀吉在1595（文祿4）年遷建至此。

西塔（さいとう）

綠意與靜寂氣氛中佇立著重要文化財

有美麗杉木林圍繞的西塔一帶，為第2世天台座主寂光大師圓澄所開創。除了釋迦堂、擔堂外，還有能進行正式修行體驗的研修道場—居士林。

MAP 附錄19B-3

釋迦堂是從三井寺的園城寺遷建至此，為比叡山最古老的建築

認識延曆寺的歷史

① 最澄在靈山比叡山創建的佛寺

比叡山自古便是民眾崇尚的靈山，而正式在此開山立教的，便是傳教大師最澄。最澄在788（延曆7）年創建了一乘止觀院（現在的總本堂根本中堂）。奉藥師如來為本尊。因朝廷期待這裡成為護國之寺，便將桓武天皇時代的年號「延曆」賜為寺號。

大師堂供奉了曾在比叡山修行的各宗祖之像

② 以高僧輩出著稱的佛門聖地

最澄建立了在比叡山閉關12年，專注於修行的教育制度，造就了眾多高僧。尤其是鎌倉時代以後，更孕育出了法然、親鸞、一遍、榮西、道元、日蓮等，日本佛教各宗派的祖師。比叡山不僅是天台宗的總本山，更獲得了日本佛教的母山之名。

③ 延曆寺的全盛時期有眾多大小寺院林立

延曆寺在全盛時期曾有多達3000座的寺院，但由於藏匿了淺井、朝倉家的軍隊，因而遭織田信長攻打，並燒毀整座山。後來在豐臣秀吉、德川家康的庇護，以及慈眼大師天海大僧正的努力下再興。這裡眾多歷史建築的價值皆備受肯定，因而被登錄為世界文化遺產。

聖地的御守

裝有彌陀五尊，並經過祈禱的御守700日圓〈橫川中堂〉

印有本尊藥師如來圖案的根付神500日圓〈根本中堂〉

梵字守600日圓是高人氣的避邪御守〈根本中堂〉

印有將元三大師描繪為角大師圖案的避邪符紙500日圓〈元三大師堂〉

沉澱心靈與自身對話

挺直背部、運用腹式呼吸讓心靜下來

遠離俗世與自己的內心進行對話
宿坊修行體驗

比叡山自古以來曾有許多高僧在此修行。時至今日，延曆寺會館提供了適合初學者的坐禪、抄經體驗，居士林也有正統的研修讓人接觸佛道修行。

坐禪止觀
●ざぜんしかん

透過調整身體、呼吸、心靈的修行，屏除雜念，與自己的內心對話。在聽取住持進行坐禪的說明之後開始進行。

體驗DATA
●開始時間 11:00～、14:30～
●約60分
●有指導1080日圓
●需預約，2人～

抄經讓身、心合而為一

抄經
●しゃきょう

將般若心經的每一個字都視為佛，誠心磨墨抄寫。專注於抄寫的過程中不僅淨化了身心，同時也是在作功德。

合掌誦唸般若心經後進行抄寫

體驗DATA
●開始時間自由
●約90分
●無指導1080日圓
●不需預約

感受生命的可貴

素食料理
●しょうじんりょうり

基於對生命的重視，完全不使用動物性食材，以一湯一菜為原則的料理。延曆寺會館提供使用當季食材製作的素食料理

比叡御膳2200日圓。能吃到使用比叡山湧泉烹煮的燉煮料理、米飯

體驗DATA
●用餐 11:30～13:30、18:00～19:00

沒經驗的人也可以來體驗
延曆寺會館
●えんりゃくじかいかん

位在東塔的根本中堂附近，配備現代化的住宿設施。預約住宿或用餐者，可在此進行坐禪、抄經體驗（費用另計）。會館的氣氛就像旅館般，初次接觸的人也能輕鬆進行體驗。

☎ 077-579-4180（需預約）
⌂ IN15:00，OUT10:00 休無休 ¥1泊2食12400日圓～

客房環境舒適，也有西式客房

這裡也有輕鬆的體驗！
飯店所企劃的早課體驗
星野集團 羅特爾德比叡飯店
●ほしのリゾートホテルどひえい MAP附錄19B-3

星野集團旗下的美食飯店，融合了琵琶湖的食材與近江飲食文化所呈現的高級法國料理深受好評。住宿的旅客辦理入住手續時只要向櫃檯報名，就能在不對外開放的早晨時段，參加於延曆寺本堂進行的早課。 DATA➡P.114

雙手合十聆聽誦經

可以在清晨參拜寧靜的本堂

挑戰更加正式的佛道修行
居士林研修道場
●こじりんけんしゅうどうじょう

位在西塔，為開放一般民眾使用的修行道場。除了有不過夜的坐禪、抄經體驗，還提供2天1夜、3天2夜的研修課程，能在僧侶指導下進行正統佛道修行。

MAP附錄19B-3
☎ 077-578-0314（需預約）
⌂ 3月10日～11月30日
¥修行體驗2天1夜課程8640日圓等
※詳情需洽詢

位在氣氛莊嚴的西塔，可在此潛心體驗修行

選擇喜歡的方式前往比叡山

坂本纜車
●さかもとケーブル

行駛於延曆寺與山麓的坂本間，長約2km、車程約11分，是日本最長的地軌式纜車。西洋風的車輛也很受歡迎。延曆寺站與坂本站為國家的登錄有形文化財。

搭乘古典風格的車輛上山

MAP附錄19B-3
☎ 077-578-0531
休無休 ¥單程860日圓，來回1620日圓

叡山纜車、架空索道
●えいざんケーブルロープウェイ

叡山纜車往返於纜車八瀨站與纜車比叡站間，是全日本高低差最大的地軌式纜車。從纜車比叡站轉乘架空索道前往比叡山山頂。

☎ 075-781-4338 MAP附錄19B-3
休冬季（行駛期間內無休）¥單程540日圓，來回1080日圓（空中纜車單程310日圓，來回620日圓）

享受視野絕佳的美景

比叡山Driveway
●ひえいざんドライブウェイ

連接大津的田之谷峠與比叡山頂、延曆寺，長約8km的收費道路。從延曆寺再繼續開可通往奧比叡Driveway。

☎ 077-529-2216 MAP附錄19B-3
⌂ 7:00～22:00（23:00關閉，視時期而異）
休無休（積雪時會暫時禁止通行）¥單程840日圓，來回1670日圓 所大津市山上町長等山776-30 P免費

可眺望琵琶湖與大津市區景色

奧比叡Driveway
●おくひえいドライブウェイ

起自大津的仰木門，連接延曆寺的東塔、西塔、橫川3個區域，長約12km的收費道路，可以在美麗的綠意中暢快兜風。

☎ 077-578-2139 MAP附錄19C-2
⌂ 7:00～23:00（視時期而異）休無休（積雪時會暫時禁止通行）¥單程1540日圓，來回3080日圓 所大津市坂本本町4220 P免費

春天可賞櫻，秋天有鮮豔的紅葉

周邊的精選推薦景點

比叡花園博物館
●ガーデンミュージアムひえい

重現了莫內、雷諾瓦等印象派畫家45幅畫作景色的庭園美術館，能同時欣賞到季節花卉與陶板畫。置身視野開闊的咖啡露台，在周圍玫瑰花的簇擁下，享受優雅浪漫的時光吧。

MAP附錄19B-3
☎ 075-707-7733
⌂ 10:00～17:00（夏季為～20:00）休12月上旬～4月中旬 ¥入館費1200日圓 所京都市左京區修學院尺羅ヶ谷四明ヶ獄4比叡山頂 P免費

咖啡露台可眺望琵琶湖與京都市區

可一併欣賞名畫與庭園。也提供語音導覽（1日300日圓）

蛋糕套餐750日圓

漫步坂本

自在悠遊於延曆寺的門前町

坂本是比叡山延曆寺與日吉大社的門前町，過去曾十分熱鬧。這一帶保留了許多年邁的僧侶度過晚年的住處（里坊），當地還被選定為國家重要傳統建造物群保存地區。穴太眾積石垣與白牆完美融入街景之中，呈現出別具韻味的在地風情，值得細細品味。

check!
穴太眾積石垣
在坂本現存的延曆寺里坊及神社等地方看到的石牆，是名為穴太眾的石匠集團所建造的。所謂的穴太眾積，是指運用未加工的天然石塊巧妙砌築起來的野面積工法，被評為傑出的職人技藝。

展示了各種民眾工藝品，重現江戶時代的生活情景。

一窺掌管延曆寺寺務的官員所過的生活

1 公人屋敷（舊岡本邸）
●くにんやしき（きゅうおかもとてい）

雖然是僧侶，但被允許娶妻、冠姓佩刀的江戶時代基層官員的住處。在這類宅邸之中，僅有這座「舊岡本邸」還保留了過去的風貌。在這裡可以看到主屋、米倉、馬廄等，與寺務相關的民宅所具備的特色。

☎077-578-6455　MAP 50C-1
🕐9:00～16:30　休週一（逢假日則翌日休），假日翌日
¥100日圓　所大津市坂本6-27-10　交京阪坂本比叡山口站即到　P免費（坂本觀光協會停車場）

在延曆寺美食指名光顧的老店品嘗美味手擀蕎麥麵

2 本家鶴㐂そば
●ほんけつるきそば

繼承了初代鶴屋喜八的口味，堅守創業300餘年之傳統的老字號蕎麥麵店，氣味芳香的手擀蕎麥麵深受好評。約有130年歷史的店面建築風格沉穩，已登錄為有形文化財。

MAP 50B-2
☎077-578-0002
🕐10:00～17:30　休第3週五（1、6月為第3週四、週五、8、11月無休）所大津市坂本4-11-40　交京阪坂本比叡山口站即到　P免費

在這裡午餐♪
人氣美食天麩羅蕎麥涼麵1760日圓，可搭配炸得酥脆可口的5種天麩羅一起享用

在雅緻建築中品嘗美食

ACCESS
京阪琵琶湖濱大津站搭石山坂本線16分，坂本比叡山口站下車。JR比叡山坂本站步行至京阪坂本比叡山口站15分

洽詢單位
坂本觀光服務處
☎077-578-6565

自行車也很方便！
觀光服務處提供自行車租借服務。因數量有限，建議事先預約。
☎077-578-6565
🕐9:30～16:30　休無休　¥電動輔助自行車1小時250日圓，1日1000日圓（4小時以內）

坂本　1:8,000
周漫圖附錄19C-3

●參觀　●玩樂　●美食　●咖啡廳　●溫泉　●購物　●住宿　●活動、祭典

這些景點也值得順道造訪

在神官舊宅品嚐美味釜飯
拾穗庵 ●（しゅうほあん）　🍴美食

過去為日吉大社的神官所居住的雅緻日式民家，現在則作為咖啡廳對外開放，綠意盎然的庭園與店家自豪的釜飯深受好評。入口處還有展示、銷售當地藝術家的大津繪作品。

MAP 50B-1
📞090-7093-3488
🕐11:00~16:30
休週四（逢假日則營業），週二、三不定休（可預約）
¥釜飯950日圓、近江牛釜飯1200日圓
所大津市坂本5-24-79
🚃京阪坂本比叡山口站步行5分

可一面欣賞日本庭園，一面享用剛煮好的釜飯

提供口味菜色皆豐富的日本料理
芙蓉園本館 ●（ふようえんほんかん）　🍴美食

坐擁國家指定之名勝庭園的料亭，可在此品嚐使用湖魚、當令食材、腐皮等做成的懷石料理。石積御膳（3024日圓）及門前湯豆腐（2160日圓）值得推薦。

MAP 50A-2
📞077-578-0567
🕐11:00~16:00(17:00以後僅接受10人以上之預約，咖啡廳為9:30~17:00)
休不定休
¥午餐1620日圓~
所大津市坂本4-5-17
🚃京阪坂本比叡山口站步行10分 P免費

用完餐後還可以在庭園散個步

以手工精心呈現出高雅滋味
比叡・三九良 ●（ひえいさんくろう）　🛍購物

艾草麻糬的專賣店。使用春天採收的新鮮艾草製作出氣味芳香的麻糬，裡面包著甜味高雅的紅豆餡，口味天然而不人工，不論大人小孩都喜愛。

MAP 50C-1
📞077-578-1720
🕐10:00~17:00
休週一、第3週二（逢假日則翌日休）
¥艾草麻糬2個320日圓~
所大津市坂本6-28-3
🚃京阪坂本比叡山口站步行3分 P免費

焙茶套餐500日圓。可在有庭園風景的和室享用

販售充滿在地元素的和菓子
鶴屋益光 ●（つるやますみつ）　🛍購物

創業約100年的老字號和菓子店。猿猴自古以來便被視為日吉大社的守護神，這裡的最中餅也做成猿猴造型，裡面還塞滿了碎栗子的紅豆餡，是高人氣伴手禮。

MAP 50B-2
📞077-578-0055
🕐9:00~19:00
休週三
所大津市坂本4-11-43
🚃京阪坂本比叡山口站即到

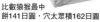

比叡猿猴最中餅141日圓、穴太眾積162日圓

在這裡小歇片刻♪
可以在庭園內享用抹茶（附和菓子，400日圓）

在恬靜風雅的景緻中來杯道地抹茶

從主屋2樓的簷廊也可以欣賞庭園景色

③ 舊竹林院 📷參觀
●（きゅうちくりんいん）

為延曆寺僧侶隱居之地的里坊，以借景八王子山所打造的國家指定名勝庭園著稱。庭園內巧妙利用地形設計了瀑布、人造山，變化出四季各具魅力的風情。

MAP 50A-1
📞077-578-0955
🕐9:00~16:30
休週一（逢假日則開園），假日翌日（11月無休）
¥320日圓
所大津市坂本5-2-13
🚃京阪坂本比叡山口站步行10分 P免費

山王鳥居的造型為罕見的合掌形

這裡也是著名的紅葉勝地

鎮守在京都鬼門方位
歷史悠久的神社

西本宮本殿的建築樣式十分特殊，被稱為日吉造

④ 日吉大社 📷參觀
●（ひよしたいしゃ）

日本全國3800多座日吉神社的總本宮。除了被指定為國寶的東西本宮之本殿外，還有神明使者「神猿」雕刻所在的西本宮樓門、以山為意象建造的山王鳥居等許多重要文化財，整座神社的範圍都是國家指定史蹟。

MAP 50A-1
📞077-578-0009
🕐9:00~16:30
休無休
¥300日圓
所大津市坂本5-1-1
🚃京阪坂本比叡山口站步行10分 P免費

---

⑤ 日吉東照宮 📷參觀
●（ひよしとうしょうぐう）

天海僧正所創建，是供奉德川家康的東照宮之一。權現造樣式的社殿有著彩華麗的雕刻，並以金箔及裝飾配件點綴得金碧輝煌，歷史較日光東照宮更為悠久。

MAP 50A-2
📞077-578-0009（日吉大社）
🕐自由參觀（內部參拜為9:00~16:00，僅週五、六、日、假日）
¥內部參拜200日圓
所大津市坂本4-2-12
🚃京阪坂本比叡山口站步行10分 P免費

細膩的裝飾很有看頭

以絢麗色彩雕刻裝飾的權現造樣式社殿令人讚嘆

穴太眾積石垣與白牆構成的外觀看起來十分氣派

石垣與白牆所圍繞規格不凡的里坊

⑥ 滋賀院門跡 📷參觀
●（しがいんもんぜき）

為延曆寺門跡寺院（皇族、公卿居住的寺院）之一，院內佔地遼闊，座落著內佛殿、宸殿、二階書院等建築。此外還有相傳為小堀遠州設計的泉池迴遊式庭園，可以從宸殿的簷廊欣賞庭園風景。

📞077-578-0130　**MAP 50B-2**
🕐9:00~16:00
休無休
¥450日圓
所大津市坂本4-6-1
🚃京阪坂本比叡山口站步行10分 P免費

椰子黑醋栗 518日圓
以黑醋栗慕斯包住椰子牛軋糖與樹莓凍，口感滑順的一道甜點

大津從車站周邊的市區到寧靜閒適的湖岸邊，有各式各樣能品嘗美食的好所在。除了味覺上的享受，細心周到的服務也讓人感到賓至如歸。

膳所　甜點店

有如寶石般的蛋糕 賞心悅目又可口
pâtisserie bonSOUVENIRS
●パティスリ ボンスヴニール

老闆曾在法式餐廳工作，造就了豐富的創意。鮮豔的用色與充滿原創性的設計凸顯美感，並以濃郁慕斯搭配各式各樣食材為一大特色。由於使用了大量洋酒，也讓這裡的甜點有大人的蛋糕之稱。

各式各樣風格的甜點　有正統到獨創等

用心呈現的待客之道
店內提供的熱咖啡是在顧客點餐後才磨豆、沖泡，最適合搭配蛋糕一同享用

☎077-524-5528　**MAP** 55C-3
🕐11:00～20:00（週日為～18:30）
休週一，不定休　大津市馬場1-8-5
JR膳所站步行6分

MENU
熱咖啡⋯⋯⋯⋯486日圓
櫻桃蛋糕⋯⋯⋯594日圓

店裡也有內用區

石山　和食

吃得到精湛手藝與用心 以細膩的料理表現四季
coctura桜井
●コクトゥーラさくらい

老闆曾在京都的名店修習日本料理超過30年，有時還會在料理中融入法國菜、中菜的手法，勇於嘗試新挑戰，呈現出不受框架限制的和食。秉持地產地消的理念，堅持選用在地食材，每月推出不同的全餐讓顧客品嘗當令美味。

季變化　景色讓人感受到四季
大片落地窗外的庭院
帶有暖意的空間
利用古材打造出

用心呈現的待客之道
不僅料理本身，器皿、擺設等每個細節，都將款待的精神發揮到極致

☎077-533-3002　**MAP** 57A-2
🕐12:00～13:00、18:00～19:00（需預約）
休不定休　大津市国分1-217-10
JR石山站搭京阪巴士8分，仏神寺下車即到　P免費

MENU
午間全餐⋯4500日圓～
晚間全餐⋯5940日圓～

午間全餐 4500日圓～
全餐共8道菜，包括了前菜、燉煮料理、以魚烹調的主菜等，能吃到各種運用當令食材的菜色。圖為前菜、近江蕪菁葛粉凍

大谷　鰻魚

玉子燒與鰻魚的絕配 吸引了絡繹不絕的顧客
逢坂山かねよ
●おうさかやまかねよ

1872（明治5）年創業的老字號鰻魚料理店。「きんし蓋飯」（逢坂山かねよ的註冊商標）使用國產日本鰻鱺的蒲燒鰻，加上以3顆雞蛋製作的玉子燒，是這裡的著名美食。厚玉子燒的溫和軟嫩口感與鰻魚的芳香滋味搭配出絕妙好味道。

這一帶在夏天也十分涼爽，有「關西的輕井澤、箱根」之稱

MAP 附錄19B-4
☎077-524-2222
🕐11:00～20:00　休週四（餐廳為週二），每月1次不定休
大津市大谷町23-15　京阪大谷站即到　P免費

用心呈現的待客之道
可以在從店內望出去所看到的庭園散步，各式植物綠意盎然，打造出療癒的空間

MENU
きんし蓋飯⋯2376日圓
鰻魚⋯⋯⋯⋯918日圓
※另收10%服務費

上選きんし蓋飯 2592日圓
※另收10%服務費
玉子燒、鰻魚、米飯和裹上了創業以來不斷添加補充的蒲燒醬。附鰻魚內臟湯、醃漬物

IL CUORE午餐盤
（僅午餐）1285日圓
集結漢堡排、蛋包飯、鮮蝦奶油可樂餅等人氣美食於一盤

石山　洋食

在輕鬆自在的氣氛中 享用洋食與義大利菜
IMAMURA KITCHEN IL CUORE
●イマムラキッチンイルクオーレ

除了鮮蝦奶油可樂餅、漢堡排等經典人氣洋食外，還能吃到拿坡里風披薩、義大利麵等正統義式料理。午餐分量十足，讓人吃得無比滿足。還提供卡布奇諾、拿鐵等各種咖啡飲品。

空間設計十分講究，營造出時尚感

☎077-533-0305　**MAP** 57A-1
🕐11:30～22:00（午餐為～13:30，下午茶為14:30～17:00，晚餐為17:00～）　休週二　大津市粟津町8-21　JR石山站即到　P使用特約停車場（用餐可享優惠）

用心呈現的待客之道
IL CUORE為義大利文的「真心」之意。不論料理或充滿心意的服務都能感受到店家的誠意

MENU
起司燉漢堡排特製牛肉燴飯午餐⋯⋯⋯⋯⋯⋯972日圓
粉紅醬蟹肉蘆筍義大利麵⋯⋯⋯⋯⋯⋯⋯⋯⋯972日圓

比叡山・大津

近江神宮
●おうみじんぐう　077-522-3725

供奉天智天皇的神社

此處供奉的神明是建設大津京的天智天皇，並附設時計館寶物館，以紀念天智天皇製作了日本第一座水鐘。每年6月10日都會舉辦漏刻祭。另外，這裡也以舉辦競技歌牌大賽而聞名。

6:00～18:00／無休／參觀免費，時計館寶物館為300日圓／大津市神宮町1-1／京阪近江神宮前站步行9分／免費（12月31日晚～1月5日為500日圓）

1940（昭和15）年創建，走過朱紅色樓門後，出現在眼前的是外拜殿

暢遊琵琶湖就從這裡出發！

大津
●おおつ　MAP P.55、附錄19

大津有比叡山延曆寺、三井寺等眾多古剎，自古以來便是繁榮的精華地帶，同時也是熱門美食名店的大本營。

詳細攻略看這裡！
比叡山延曆寺→P.46
漫步坂本→P.50

三井寺（園城寺）
●みいでら（おんじょうじ）　077-522-2238

以近江八景的「三井晚鐘」著稱

天台寺門宗的總本山。因天智、天武、持統三位天皇出生時用來沐浴的水取自這裡的「御井（音同三井）」，所以被稱為三井寺。飛鳥時代創建後逐漸衰敗的伽藍，到了平安時代在圓珍努力下又復興。寺內有鐘樓、國寶金堂、三重塔等文化財，觀音堂則是西國三十三所中順序居第14的札所。

8:00～17:00／600日圓／大津市園城寺町246／京阪三井寺站步行約10分／1日500日圓

展現非凡氣勢的國寶金堂

付費300日圓可敲三井晚鐘

國寶

重要文化財三重塔據說是德川家康進贈

觀音堂是著名的觀音靈場，吸引絡繹不絕的信眾前來參拜

西教寺
●さいきょうじ　077-578-0013

寂靜清幽的天台真盛宗總本山

西教寺是相傳為聖德太子創建的古剎，天台宗的良源及源信後來將這裡打造為念佛道場。寺內有全櫸木建造的本堂，以及從伏見桃山城遷建至此，並保留了狩野派障壁繪的客殿等建築。

9:00～16:30　門票500日圓，菊御膳料理2500日圓（僅11月／不含稅，需預約，門票另計）／大津市坂本5-13-1／京阪坂本比叡山口站步行20分／免費

重要文化財

本堂散發莊嚴肅穆的氣氛

義仲寺
●ぎちゅうじ　077-523-2811

整座寺院皆為國家指定史蹟

平安時代末期在這一帶壯烈而死的木曾義仲長眠於此，所以取名為義仲寺。而深愛當地民眾與景色的俳人松尾芭蕉也在生前指定要下葬於此。寺內有芭蕉的句碑及「史料觀」。

9:00～17:00（11～2月為→16:00）／週一（假日、4、5、9～11月開放）／300日圓／大津市馬場1-5-12／JR膳所站步行7分

寺內立有許多俳句史蹟，是著名的俳句名勝

採訪memo　別錯過近江神宮的歌牌大賽！近江神宮是歌牌的聖地，1月舉辦的競技歌牌祭及歌牌名人、女王賽十分有名。以歌牌為題材的電影《花牌情緣—結—》（→P.26）也曾在此取景。

＝賞櫻名勝　＝紅葉名勝　＝賞花名勝

義大利料理　MAP 55B-3

ANCHOVY打出濱店
●アンチョビうちではまてん　☎077-522-1811　美食

在湖畔餐廳品嘗義式美味

位在有4間餐飲店的「なぎさのテラス」。店內氣氛輕鬆，料理雖然只是基本款的義大利菜，但都展現了店家獨到特色。還有款式豐富的葡萄酒。

⏰11:30～14:30，17:30～21:30(週日、假日為～21:00)　休無休　💴番茄辣醬義大利麵(筆管麵)1188日圓　🚶大津市打出濱15-3 大津湖岸なぎさ公園內　🚃京阪石場站步行3分　Ｐ使用市營停車場(用餐消費2160日圓以上可免費停車2小時)

義大利麵附前菜等的B午餐1944日圓(平日限定)

煙燻料理　MAP 55B-3

Colony
●コロニー　☎077-524-5223　美食

品嘗煙燻料理與洋食的好所在

位在大津湖岸なぎさ公園的「なぎさのテラス」，是一間可欣賞湖景的咖啡餐廳，提供種類豐富的自製煙燻食品。晚間附飲料喝到飽的煙燻全餐料理(3000日圓～)深受好評。

⏰11:00～22:00　休週一　💴每日午餐750日圓～　🚶大津市打出浜15-2 大津湖岸なぎさ公園內　🚃京阪石場站步行3分　Ｐ使用市營停車場(用餐消費2000日圓以上可免費停車2小時)

9種自製煙燻料理+麵包(麵包)1350日圓

德國料理　MAP 55C-3

WURZBURG
●ヴュルツブルク　☎077-526-3500　美食

位在琵琶湖畔的德國菜餐廳

面對著なぎさ公園陽光沙灘的餐廳，能在此邊欣賞琵琶湖景色，邊享用以在地食材製作的德國料理。還提供德國產白啤酒、葡萄酒、香腸。

⏰11:00～21:00　休無休(12～2月不定休)　💴午餐1404日圓，德國香腸885日圓～　🚶大津市由美浜5　🚃京阪錦站步行10分　Ｐ使用市營停車場(用餐顧客停車3小時內免費)

純正德國啤酒(896日圓～)與香腸超對味

咖啡廳　MAP 55C-1

mado cafe
●マドカフェ　☎077-525-5516　咖啡廳

窗外的絕美景色為一大賣點

位在大津市民會館2樓，內行人才知道的咖啡廳。店內不論哪個座位都能透過大片窗戶欣賞窗外的琵琶湖景色，因而造就了高人氣。可以一面享用甜點或午餐，一面沉浸在療癒的湖景之中。

⏰11:00～17:00(週六、日為～18:00)　休週一、第3週二(遇假日則翌日休)　💴蛋糕套餐880日圓　🚶大津市島之關14-1 大津市民会館2F　🚃京阪島之關站步行5分　Ｐ免費

窗邊可欣賞湖景的沙發座是欣賞湖景的特等席

豆腐料理　MAP 55C-1

だいず屋
●だいずや　☎077-527-6456　美食

以豆腐&大豆打造出健康餐點

提供自製朧豆腐、豆渣可樂餅等，以腐皮及豆腐做成的健康創意料理。吃得到濃郁大豆香的豆腐尤其受歡迎，配菜可外帶。

⏰11:00～13:30，17:00～21:00　休不定休　💴午餐盤900日圓～，だいず屋特選膳2000日圓　🚶大津市中央2-5-18　🚃JR大津站步行5分　Ｐ免費

豆渣可樂餅與豆腐漢堡排午餐盤900日圓(不含稅)

複合設施　MAP 55C-2

THE CALENDAR
●ザカレンダー　☎077-526-9090(餐廳)　☎077-526-9080(旅館)　複合設施

集多種功能於一身的便利設施

集結了餐廳、書店、膠囊旅館等，位在JR大津站內的複合設施。從用餐、喝咖啡到住宿等，能滿足旅行中的各種需求。1樓還有「大津站觀光服務處OTSURY」。

⏰7:00～翌日4:30　休無休　🚶大津市春日町1-3 Vierra大津　🚃JR大津站即到

位在店內與露台合計有240席座，空間寬敞

和菓子　MAP 55C-1

三井寺力餅本家
●みいでらちからもちほんけ　☎077-524-2689　購物

販售以弁慶的神力為典故的力餅

1869(明治2)年創業的老字號和菓子店。靈感來自三井寺「弁慶引摺鐘」故事的力餅(7支770日圓～)，將小麻糬沾滿白糖蜜與綠黃豆粉，懷舊的滋味深受好評。

⏰7:00～19:00　休無休　💴麥落雁湖都景色10個裝756日圓　🚃京阪琵琶湖濱大津站即到

是熱門的內用餐點抹茶套餐650日圓

近江牛料理　MAP 55C-3

かね吉
●かねきち　☎077-522-3744　美食

大啖高品質的近江牛

1897(明治30)年創業的近江牛餐廳。可以在和室包廂內享用近江牛壽喜燒、涮涮鍋、牛排、油煎近江牛等，搭配近江米米飯更是美味。

⏰11:30～21:00　休不定休　💴涮涮鍋、壽喜燒6300日圓、7300日圓，近江牛牛排150g 8200日圓(皆不含稅，服務費另計)　🚶大津市馬場1-10-18　🚃JR膳所站步行5分　Ｐ免費

近江牛壽喜燒讓人食指大動

蛋糕　MAP 附錄19B-3

Pâtisserie BéBé
●パティスリーベベ　☎077-510-0331　購物

低調的私房法式蛋糕店

位在住宅區的小巧蛋糕店，老闆娘兼甜點師曾在法國習藝，堅持使用日本國產及在地產食材，精心製作出各式蛋糕及烘焙點心。

⏰11:00～19:00　休週三、四　💴草莓鮮奶油蛋糕388日圓，香草鑽石餅乾(3片裝)172日圓　🚶大津市高砂町26-12　🚃JR大津京站搭計程車5分　Ｐ免費

卡士達麵糰烘焙成的玫瑰造型可麗露1個216日圓

採訪memo 「大津SA的美食」也值得留意！在這座人潮川流不息的服務區，有將鱸魚做成美味漢堡的おうみ屋大津SA(下行)店(附錄P.24)等，使用近江牛、近江米及各種在地食材製作出美食的店家，最適合在開車途中前來休息。

大津區域導覽

近江八幡・五個莊・東近江

長濱・湖北

彥根

俱樂・甲賀

湖西・比良山

噴泉　　　　　　　　　　MAP 55B-2

琵琶湖花式噴泉
●びわこはなふんすい
☎ 077-521-6016
（大津港指定管理者琵琶湖汽船）
參觀

綻放於湖面的水之花朵

將大津港防波堤化為華麗表演舞台的大噴泉。噴射的水柱高達40m，有如一座大樓般，寬度則有440m，為全世界最大規模。每次表演可以欣賞到數十分鐘的壯觀水舞。
🕐視季節、日期而異　🈚第2、4週三、天候不良時
🏠大津市浜大津5 大津港
🚃京阪琵琶湖濱大津站步行3分

夜間點燈襯托下的噴泉

傳統工藝品　　　　　　　MAP 55A-2

大津繪の店
●おおつえのみせ
☎ 077-524-5656
購物

大津特有的傳統民畫是伴手禮好選擇

大津繪在江戶時代初期因佛教畫而走紅，當時往來於東海道的旅人間相當流行，並更進一步成為全國知名的大津伴手禮。這裡有製作、販售鬼怪念佛、藤娘等各種題材的大津繪。
🕐10:00~17:00　🈚第1、3週日
💴版畫3240日圓~、紙板（手工繪製）10800日圓~
🏠大津市三井寺町3-38　🚃京阪三井寺站步行10分

明信片5張組648日圓

腐皮　　　　　　　　　　MAP 55C-2

比叡ゆば本舖ゆば八
●ひえいゆばほんぽ
ゆばはち
☎ 077-526-2689
購物

比叡山延曆寺愛用的腐皮專賣店

比叡山延曆寺也來採購食材的腐皮專賣店，使用滋賀縣產大豆以傳統工法製作。除了刺身腐皮、生腐皮、乾燥腐皮等商品外，口感滑順的「滑溜腐皮」還可以做成甜點來吃，深受好評。
🕐10:00~17:00　🈚週日、假日、週六不定休
💴本刺身腐皮648日圓　🏠大津市中央4-3-10
🚃京阪島之關站即到　🅿免費

比叡滑溜腐皮648日圓是人氣商品

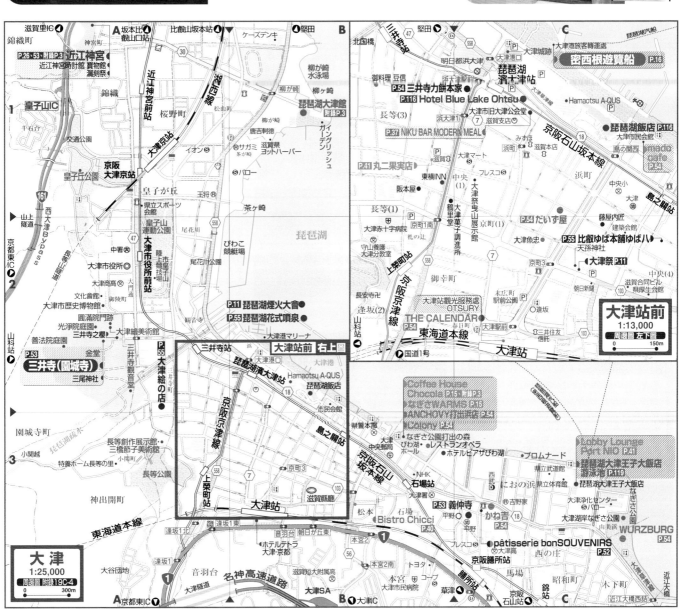

●參觀　●玩樂　●美食　●咖啡廳　●溫泉　●購物　●住宿　●活動、祭典

國寶　西國三十三所　賞花名勝

石山

●いしやま　**MAP** P.57・附錄19・23

大津的瀬田、石山不僅是琵琶湖的門戶，自古以來也是許多歷史故事的舞台。石山座落著與紫式部有深厚淵源的山寺等古剎，而瀬田川畔也有許多值得造訪的景點。

區域導覽

石山寺參拜之旅

享譽日本全國的觀音靈場

石山寺是東大寺的僧侶良弁在747（天平19）年所創建，同時也是西國三十三所中排在第13的札所。1096（永長元）年重建的本堂，以及相傳為紫式部動筆寫下《源氏物語》之地的「源氏之間」等處都值得一看，五彩繽紛的四季花卉也美不勝收。造訪這座知名古剎時，別忘了好好欣賞風光明媚的美景。

被指定為國寶的本堂等所有建築，都是建在矽灰石上，成了寺名的由來

📷參觀 ## 石山寺
●いしやまでら **MAP** 57B-3
📞077-537-0013
🕐8:00～16:00　💴600日圓，內陣特別參觀費500日圓　🏠大津市石山寺1-1-1　🚃京阪石山寺站步行10分　🅿1日600日圓

被指定為國家天然紀念物的矽灰石。上面建有多寶塔

入母屋屋造樣式、瓦葺屋頂的東大門外型渾厚穩重，為本堂進獻。所建於1194年，相傳為源賴朝5年所進獻。

這座日本最古老的多寶塔

重點活動check!

每月18日所舉辦的市集

石山觀音 牛玉さん
MAP 57B-3

販賣骨董、二手衣、新鮮蔬菜、魚、點心等各式商品的廟會。還能品嘗到著名的蜆湯（100日圓）及「牛玉饅頭」（6個裝500日圓）。
📞077-537-1105（石山觀光協會）
🕐9:00～15:00

從2016年展開為期5年的盛大企劃

西國三十三所札所草創1300年紀念特別公開

由於西國三十三所在2018年迎接草創1300年，因此開放為期達5年的特別參觀。

可臻化境的維摩居士之像（入場費500日圓）

已臻化境的維摩居士之像（入場費500日圓）

可參拜雖然沒有出家，但佛法修行

參拜後就買這個當伴手禮！

茶丈藤村　●さじょうとうそん

MAP 57B-3

招牌商品「たばしる」是以麻糬包住耗費三天三夜煮成的丹波大納言蜜紅豆與核桃製作而成。
📞077-533-3900
🕐9:00～18:00　💤週二（逢國定假日則營業）　💴袋裝丹波大納言蜜紅豆（70g）410日圓，丹波大納言中餅「藤紫」185日圓　🏠大津市石山寺1-3-22　🚃京阪石山寺站步行6分　🅿免費

たばしる 1個185日圓

就在門前！附設咖啡廳的和菓子店

大津 風月堂　●おおつふうげつどう

MAP 57B-3

做成屋形船造型且歷史悠久的和菓子，以及包裝盒上有源氏物語人物的圖案，讓人印象深刻的烤饅頭是最著名的商品。
📞077-537-1819
🕐9:00～17:00　💤不定休　💴あみ舟7個裝540日圓　🏠大津市平津1-2-11　🚃京阪石山寺站搭京阪巴士4分，滋賀大前下車即到　🅿免費

創業77年的創意和菓子名店

沾有生薑砂糖的船形煎餅「あみ舟」

「近江帖 源氏物語姫繪卷」9個裝1404日圓

鄉土料理 MAP 57B-3	**神社** MAP 57B-2	**寺院** MAP 附錄23C-1

洗心寮
●せんしんりょう　**美食**
📞077-537-0066

於瀬田川畔享用美味湖國料理

1927（昭和2）年創業的老字號餐館，提供以蜆肉釜飯為主的各式湖國特色料理。在1樓餐廳還能邊欣賞瀬田川的潺潺流水邊享用餐點。
🕐9:00～17:00　💤不定休　💴湖國貝味1620日圓，腐皮臘月1728日圓　🏠大津市石山寺3-1-9　🚃京阪石山寺站步行11分　🅿免費

建部大社
●たけべたいしゃ　**📷參觀**
📞077-545-0038

超過1300年歷史的古老神社。供奉的日本武尊，自古以來被視為武運、開運之神，受到民眾虔誠信仰。
🕐5:00～17:00（寶物殿9:00～16:00），寶物殿需預約　💴寶物殿200日圓　🏠大津市神領1-16-1　🚃京阪唐橋前站步行15分　🅿免費

岩間山正法寺（岩間寺）
●いわまさんしょうほうじ（いわまでら）　**📷參觀**
📞077-534-2412

位在岩間山山腰的真言宗佛寺，為西國三十三所中排在第12位的札所。同時也以保佑頭腦清醒、避雷、避邪著稱。
重要文化財　西國三十三所
🕐9:00～16:30　💴500日圓　🏠大津市石山內畑町82　🚗京滋Bypass石山IC上行出口車程5km　🅿免費

蜆肉飯、鯉魚生魚片等

湖國唐橋 壽庵橋 2160日圓包括了

寺院 MAP 附錄23C-2	**橋** MAP 57B-2

立木觀音（安養寺）
●たちきかんのん（あんようじ）　**📷參觀**
📞077-537-0008

位在立木山山腰，前來參拜要登上約800級石階。這座寺院與弘法大師有深厚淵源，並以避邪觀音著稱。
🕐9:00～16:30（週六為8:30～，週日、假日為8:00～）　🏠大津市石山南郷町奧山　🚌JR石山站搭京阪巴士20分，立木觀音前下車，攀登石階20分　🅿免費

瀬田唐橋
●せたのからはし　**📷參觀**
📞077-534-0706（石山站觀光服務處）

因近江八景之一的「瀬田夕照」而聞名，是日本三大名橋之一。舊橋的擬寶珠造型優美。
🕐自由參觀　🏠大津市瀬田、唐橋町　🚃京阪唐橋前站步行5分

採訪memo　造訪「叶 匠壽庵 寿長生の郷」！位在瀬田川流域的山間，是叶 匠壽庵生產和菓子的園區，並吸引了絡繹不絕的遊客前來品嘗抹茶、生菓子與季節懷石料理。特輯請見P.32。

=賞櫻名勝　=紅葉名勝　=賞花名勝

56

比叡山・大津

石山區域導覽

越江八幡·五個莊·東近江

長濱·湖北

湖東

倶樂·甲賀

湖西·比良山

中國茶咖啡廳 　　　　MAP 57A-2

茶館喫茶去
● さかんきっさこ　　📞 077-537-3022　咖啡廳

各式藥膳料理讓人感覺超療癒

位在瀨田川畔的中國茶與藥膳料理專賣店，提供融入了五行元素、有益身體的藥膳料理與約60種的中國茶。使用岩間山麓湧泉泡的中國茶氣味芬芳。

🕙11:00～17:00　🈺週四、第2、3週三　💴藥膳粽膳1080日圓、中國茶600日圓　🏠大津市螢谷4-45　🚃京阪石山寺站步行3分　🅿免費

➡依季節變換食材及藥材的藥膳飲茶膳1620日圓

法國料理 　　　　MAP 附錄19C-4

GASTRONOME
● ガストロノーム　　📞 077-548-3851　美食

提供來自南法的鄉村風味料理

附設甜點咖啡廳與麵包店的餐廳。選擇義大利麵或披薩等主餐後，能以自助式無限享用麵包、沙拉、湯、無酒精飲料的午餐深受好評。

🕙11:00～21:00(午餐為～14:30)　🈺週一(逢假日則翌日休)　💴義大利麵1360日圓～，主廚推薦午餐1522日圓　🏠大津市一里山3-14-6　🚃JR瀨田站步行16分　🅿免費

➡可在採光良好的店內品嘗以新鮮食材製作的料理

湖魚料理 　　　　MAP 57A-2

うおい
● うおい　　📞 077-537-0181　美食

位在瀨田川畔的湖魚專賣店

位於瀨田唐橋旁的湖魚專賣店，2樓為餐廳。著名美食「蔥花鰻魚蓋飯」使用的是近江米，並吃得到蒲燒鰻與滿滿的京都九條蔥蔥花。甜鹹醬汁與蒲燒鰻、蔥花搭配出絕妙好滋味。

🕙12:00～20:00(鰻魚售完打烊，販售為9:00～18:00)　🈺週二　💴鰻魚盒飯2808日圓、蔥花鰻魚蓋飯(松)4536日圓　🏠大津市唐橋町16-4　🚃京阪唐橋前站步行4分　🅿免費

➡鰻魚是以紀州備長炭直火烘烤

石山 1:25,000
⋯⋯⋯⋯19C-4、23C-1
300m

● 參觀　● 玩樂　● 美食　● 咖啡廳　● 溫泉　● 購物　● 住宿　● 活動、祭典

甜點店 　　　　MAP 57A-1

伽藍堂
● からんどう　　📞 077-537-7433　咖啡廳

在滋賀也能品嘗到八女茶的滋味

能吃到使用老闆的故鄉─福岡縣的八女茶製作的甜點。除了綠茶聖代、蜜豆外，夏天的綠茶冰等刨冰、冬天的麻糬類甜點也都深受好評。也有販售茶葉。

🕙10:00～16:30　🈺週二、週三　💴綠茶聖代720日圓、綠茶冰(夏季限定)520日圓　🏠大津市松原町9-29　🚃京阪石山站步行5分

➡散發傳統日式風情的低調咖啡廳

咖啡廳 　　　　MAP 57A-1

Organic cafe Liliana
● リリアーナ オーガニックカフェ　　📞 077-576-5108　咖啡廳

讓人由體內開始變美的咖啡廳

經營美容沙龍的老闆，思索適合美容療程後飲用的飲品，推出了完全沒有添加物或水，只以有機栽種的蔬果製作的果昔。不僅外觀可愛，具有呵護身體功效的美味也令人感動。

🕙10:00～19:30(10～3月為～18:30)　🈺週二　💴巴西莓果碗1620日圓、有機咖啡540日圓　🏠大津市榮町13-14　🚃JR石山站步行5分

➡果昔1080日圓，也可以看IG上的照片點餐

鮒壽司、佃煮 　　　　MAP 57B-3

至誠庵
● しせいあん　　📞 077-534-9191　購物

鮒壽司派是伴手禮好選擇

製造、販售湖魚佃煮與特產鮒壽司。藉著細膩的手工作業，守護了湖國的傳統美味，因此培養出許多忠實顧客。降低了鮒壽司的獨特氣味，並帶出鮮味的鮒壽司派也很有人氣。

🕙10:00～17:00　🈺不定休　💴鮒壽司1080日圓，溪蝦黃豆(100g)540日圓　🏠大津市石山寺3-2-30　🚃京阪石山寺站步行10分

➡鮒壽司派(原味、香辣、肉桂)各540日圓

資料館／草津　　MAP 59A

草津宿街道交流館
●くさつじゅくかいどう
こうりゅうかん　　☎077-567-0030　參觀

重現草津驛站昔日的榮景

展示了草津宿過去曾位在東海道與中山道之分歧點，而曾極盛一時的相關資料。除了解說草津歷史及街道外，還可以在2樓的旅行體驗區穿著道中合羽等旅行服裝。

🕐9:00～17:00　休週一（逢假日則改平日休）、假日之翌平日（逢週六、日則開館）　¥入館費200日圓　所草津市草津3-10-4　🚉JR草津站步行15分　Ｐ免費

→建築表現出江戶時代町家的風格

史蹟／草津　　MAP 59A

草津宿本陣
●くさつじゅくほんじん　　☎077-561-6636　參觀

唯一完整保存了昔日之姿的東海道驛站

草津宿本陣是從1635（寬永12）年至1870（明治3）年間，供各地諸侯、公卿、幕府官員等住宿的設施，為現存的本陣中規模最大者。住宿紀錄上還得得到淺野內匠頭、吉良上野介等人的名字。

🕐9:00～16:30　休週一（逢假日則翌日休）、假日翌日　¥240日圓　所草津市草津1-2-8　🚉JR草津站步行10分　Ｐ免費

→史蹟草津宿本陣完整保留了江戶時代的樣貌

滋賀的人氣美食名店大集合！

草津・栗東・野洲
●くさつ・りっとう・やす　　MAP　P.59・附錄18・19

區域導覽

草津過去是東海道與中山道的驛站，造訪位在舊街道上草津宿本陣遺址，可追憶往日的榮景。此外，草津、栗東還有許多隱密低調的餐廳、咖啡廳等時髦的店家。

植物園／草津　　MAP 附錄18D-3

草津市立水生植物公園水之森
●くさつしりつすいせいしょ
くぶつこうえんみずのもり　　☎077-568-2332　參觀

認識各式各樣水生植物的好所在

能看到蓮花、睡蓮等花卉的植物公園。蓮花館展示了日本國內外五花八門的水生植物及熱帶植物，一年四季都可觀賞。還附設能吃到蓮花烏龍麵、蓮花口味霜淇淋的餐廳。

🕐9:00～16:30（11～2月為9:30～15:30）　休週一（逢假日則翌平日休）　¥300日圓，與琵琶湖博物館之共通券850日圓　所草津市下物町1091　🚉JR草津站搭近江鐵道巴士24分，びわこ博物館下車，步行5分　Ｐ免費

華麗的水上花園「花影之池」

蓮花

神社／草津　　MAP 附錄18D-3

三大神社
●さんだいじんじゃ　　☎090-6247-2240（藤古木保存會）　參觀

以紫藤盛開的美景著稱的古老神社

位於志那街道，歷史悠久的神社，供奉志那津彥命與志那津姬命、大宅公主命等神明。本殿旁的石燈籠為鎌倉時代留存至今，是重要文化財。這裡以紫藤花聞名，垂下近2m的「掃地紫藤」十分壯觀。

🕐自由參觀　¥紫藤花季時協力金200日圓　所草津市志那町吉田309　🚉JR草津站搭近江鐵道巴士10分，北大萱下車，步行5分　Ｐ免費

→4月下旬至5月上旬會舉辦紫藤祭

紫藤

複合設施／草津　　MAP 59B

niwa+
●ニワタス　　☎077-564-5888（草津まちづくり株式會社）　玩樂

結合了休憩空間與餐飲店的設施

位在JR草津站東口外的複合設施。中央的自然庭園四周圍繞著和菓子店、義式料理餐廳、咖啡廳、麵包店（→P.33 Boulangerie 6）、家飾雜貨店等5間店鋪。

🕐休視店鋪而異　所草津市渋川1-1-60　🚉JR草津站即到

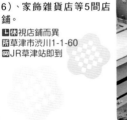

→廣場會舉辦各式各樣的活動

披薩／草津　　MAP 59A

SUNDAYS BAKE RIVER GARDEN
●サンデイズベイクリバーガーデン　　☎077-569-5291　美食

氣氛有如度假般悠閒的療癒空間

位在興建於草津川原址的「KUSATSU COCORIVA」內的披薩餐廳，提供各式使用滋賀縣產蔬菜製作的餐點，披薩及單盤料理很受歡迎。戶外區在夏天是BBQ露台，冬天則是暖桌席。

🕐11:00～22:00（週五、六為～22:30）　休無休　¥義大利麵午餐980日圓、披薩950日圓～　所草津市大路1-3-18-3　🚉JR草津站步行6分　Ｐ收費（使用KUSATSU COCORIVA內停車場）

→花園午餐盤1280日圓

採訪memo　「滋賀縣立琵琶湖博物館」也很有看頭！適逢開館20週年而進行了整修的滋賀縣立琵琶湖博物館，有棲息於淡水的貝加爾海豹等珍奇展示，深受好評。詳情請見附錄P.7。

✿=賞花名勝
花卉名勝

比叡山・大津

草津・栗東・野洲區域導覽

近江八幡／安土近江

奥琵琶湖湖北

彥根

住堅・平實

湖西・比叡山

拉麺／栗東
ドラゴンラーメン
☎077-551-1739　美食　MAP附錄18D-4

帶勁的辣味吃了會上癮

ドラゴン拉麺為招牌美食，醬油基底搭配豆瓣醬調成的湯頭喝過便會愛上。碗裡放著滿滿蔬菜與內臟，讓人吃了精力百倍。也有豚骨、味噌等不辣的拉麺。

⏰11:00～14:00，17:00～22:00
休週一、二
¥油麺750日圓，炒飯560日圓，煎餃290日圓
所栗東市安養寺1-9-25
交JR手原站步行10分
P免費

●有4種辣度可選的ドラゴン拉麺（大辣）890日圓

炸雞／草津
唐揚げ専門店とんちゃんくん
●からあげせんもんてん　とんちゃんくん
☎077-564-8329　購物　MAP附錄18D-4

大排長龍的滋賀鄉土料理

連續2年在炸雞大獎賽獲得金賞，並於滋賀平民美食爭霸戰中獲獎的「高島とんちゃん炸雞」專賣店。老店製作的調味雞肉炸雞塊是在地人也愛吃的美味。

⏰11:00～14:00，17:00～20:00售完打烊（週六、日、假日為11:00～20:00、售完打烊）
休週三
¥元祖高島とんちゃん炸雞（中）648日圓
所草津市野路2-23-5
交JR南草津站步行5分
P免費

●即使冷了也好吃的元祖高島とんちゃん炸雞

近江牛料理／野洲
れすとらん100年民家 黒釜
●れすとらんひゃくねんみんかくろがま
☎077-587-3191　美食　MAP附錄18E-3

佇老宅中大啖高品質近江牛

屋齡100年的老宅打造成的近江牛餐廳。從事牛肉生意的老闆嚴選的近江牛，以傳統爐灶炊煮的近江米堪稱極品。

⏰11:30～14:00，18:00～21:00（週六、日、假日為17:30～）
休週一（逢假日則翌日休），每月另有1次不定休
¥炙烤近江牛壽司（3貫）1280日圓
所野洲市小篠原2343-1
交JR野洲站步行5分　P免費

●近江牛三昧全餐（每日精選3種部位）5800日圓

蛋糕／草津
Cocok
●チョチョッ
☎077-565-7729　購物　MAP附錄18D-4

季節水果塔深受好評

使用當令新鮮水果製作的原創水果塔為最大賣點，充分表現出水果本身的甜味，吃起來十分清爽。包括經典款、季節限定口味等，店裡常態性準備了約24種口味的各式塔類。

⏰10:00～21:00　休無休
¥各種塔類567日圓～，烤甜甜圈216日圓
所草津市野路6-1-10
交JR南草津站步行15分　P免費

●特製水果塔1片567日圓，特製卡士達奶油是一大重點

山藥泥料理／草津
木波屋雜穀堂
●こばやざっこくどう
☎077-565-0142　美食　MAP 59A

隱身巷弄內的庭園景觀餐廳

店面位在屋齡超過110年的町家，使用山藥、雜糧米等健康食材製作料理。以七種雜糧飯搭配山藥泥、味噌湯等菜色的午餐很受歡迎。晚上則能喝到各地的在地美酒。

⏰11:30～14:00，18:00～22:30
休週一、第3週日
¥木波御膳1550日圓，全餐料理3240日圓
所草津市草津2-4-6
交JR草津站步行10分

●附紅蒟蒻、炸山藥泥等菜色的山藥泥御膳1250日圓

和洋菓子／守山
たねや CLUB HARIE 守山玻璃絵館
●たねやクラブハリエ　もりやまはりえかん
☎077-583-5111　咖啡廳　MAP附錄18D-3

座落在庭園之中的人氣和洋菓子店

販賣季節和菓子、西點的綜合店鋪。飄散著甜香氣味的店內，陳列著工房製作的各式糕點。在咖啡廳可以邊欣賞美麗的庭園，邊享用以當令素材製作的蛋糕、烘焙點心。

⏰9:00～19:00（咖啡廳為10:00～16:00）
休無休
¥年輪蛋糕1080日圓，ふくみ天平（6個）1080日圓～
所守山市吉身3-19-15
交JR守山站步行20分　P免費

●也可以在英式庭園中散個步，欣賞盛開的四季花卉

草津 1:20,000
周邊圖 附錄18D-4
0　300m

●參觀　●玩樂　●美食　●咖啡廳　●溫泉　●購物　●住宿　●活動、祭典

內有足湯咖啡廳

展現大津與雄琴的魅力

CLOSE UP

大津市雄琴溫泉觀光公園

●おおつしおごとおんせんかんこうこうえん

公園內有觀光服務處、足湯咖啡廳、在地特產商店等,花季來臨時還能賞花,也會在此舉行雄琴溫泉的活動。

☎ 077-578-3750　**MAP** 60A-2
🕐 8:00～18:00　休無休　所大津市雄琴1-2-17
🚃 JR雄琴溫泉站步行20分　P免費

→免費的足湯

↑從國道161號過來一下就到

←近江牛燒肉蓋飯1100日圓

資料館／堅田　**MAP** 60A-1

湖族之鄉資料館

●こぞくのさとしりょうかん

☎ 077-574-1685　**參觀**

認識堅田湖族過去的歷史

堅田湖族是從中世至江戶時代末期,掌管琵琶湖水運、漁業等湖上事業,因而興旺的在地族群。資料館內展示了與湖族生活及堅田的歷史、文化等相關的資料。

🕐 10:00～16:00　休週三　¥100日圓
所大津市本堅田1-21-27　🚃 JR堅田站搭堅田町內循環巴士5分,堅田出町下車,步行5分　P免費

與堅田湖族的足跡

館內介紹了堅田的歷史

走訪比叡山腳下的觀光勝地

堅田・雄琴溫泉

●かたた・おごとおんせん　**MAP** P.60・附錄19

鄰近湖西地方的堅田周邊,有近江八景之一的浮御堂等美麗的琵琶湖景色。雄琴溫泉則緊鄰比叡山延曆寺的門前町坂本,相傳為最澄所發現。

區域導覽

湖北　長濱
今津　彥根
牧野　湖西
雄琴溫泉　近江八幡
堅田　東近江
坂本　守山　中貴
草津　信樂
石山

豬肉蓋飯／坂本　**MAP** 附錄19C-3

炭火燒豚丼 信玄

●すみびやきぶたどん しんげん

☎ 077-578-0609　**美食**

炭火燒烤的芳香豬肉讓人食指大動

以直火燒烤糯米豬肉,搭配近江米白飯的豬肉蓋飯為人氣美食。精心製作的醬汁有特調醬油、黑胡椒鹽、醬油生薑等3種口味可選擇。草津也有分店。

🕐 11:00～21:30　休週三(逢假日則營業)　¥他人蓋飯(中)799日圓、生薑蓋飯(中)712日圓　所大津市下阪本6-13-19　🚃 JR比叡山坂本站步行7分　P免費

圖為特大864日圓

炭火烤豬肉蓋飯(中)712日圓

雞肉料理／堅田　**MAP** 60A-1

じどりや穩座

●じどりやおんざ

☎ 0120-003129　**美食**

品嘗鮮度一級棒的土雞

活土雞專賣店「かしわの川中」直營的雞肉料理店。養雞場就在隔壁,因此以鮮度與美味自豪,主要提供壽喜燒、水炊鍋等土雞鍋料理。對於手工鹽、米等素材也十分講究。

🕐 18:00～(需預約)
休週二、三、不定休
¥淡海土雞豪華全餐(吧檯座限定)4104日圓
所大津市真野4-9-50
🚃 JR堅田站搭計程車5分
P免費

→土雞鍋全餐4104日圓,圖為前菜的參考圖

真野　神田神社　P.60　真野　じどりや穩座
真野IC　近江藤齋 本店 P.31
附錄P.9
公路休息站 びわ湖
大橋米プラザ 附錄P.10・附錄P.3
琵琶湖大橋
近江牛バル酒廛 Zushism P.36
パン工房MoguMogu P.33
本堅田
Rcafe at Marina P.14
堅田
堅田港
天然図画亭
PECORINO P.115
湖族之鄉資料館 P.60
浮御堂 附錄P.3 (滿月寺)

堅田
1:35,000
居游圖 附錄19C-2
0　350m

戚風蛋糕／堅田　**MAP** 附錄19C-2

手づくりシフォンケーキ dimple

●てづくりシフォンケーキ ディンプル

☎ 077-573-4520　**購物**

鬆軟＆濕潤口感的絕妙搭配

每天會推出焦糖、香蕉、巧克力等,約8種不同口味的戚風蛋糕專賣店。使用在地產的「利助蛋」做出濕潤而軟綿的口感,吸引了許多遠道而來的顧客。

🕐 10:30～19:00 (商品售完打烊)
休週一(逢假日則翌日休)
¥戚風蛋糕(整個)1700日圓～、(單片)240日圓
所大津市衣川2-18-30　🚃 JR堅田站步行20分

↑可以購買單片,輕鬆品嘗各種不同口味

咖啡廳／堅田　**MAP** 附錄19C-2

What's The Life Style

●ワッツザライフスタイル

☎ 077-511-9429　**咖啡廳**

可自由自在享受店內空間與料理

店內空間寬敞,並區分出了有兒童區的樓層等,滿足不同顧客的需求。提供午餐、甜點、供2～3人一同享用的餐點等,不論什麼時段來都可用餐,便利性話說。

🕐 11:00～14:00、17:00～22:00　休週二　¥本日義大利麵1706日圓～、兒童餐302日圓～　所大津市衣川1-41-7 綠地公園北隣り　🚃 JR堅田站車程8分　P免費

←生火腿與嫩葉、番茄醬印度烤餅披薩1490日圓

真野IC　堅田站　琵琶湖大橋
仰木雄琴IC　雄琴北
雄琴IC口
ラ・ムー
湖西道路
雄琴川
558
315
寿白寺
マリーナ雄琴
161
近江おごと ハーブガーデン P.22
O'PAL P.21
雄琴神社
北雄琴
雄琴
雄琴温泉
アクティバ
比叡山坂本站
大津市雄琴温泉觀光公園 P.60
湯元館 P.115
琵琶湖大飯店
京近江
天然源泉の宿とゆう
スパリゾート雄琴あがりゃんせ P.117
雄琴温泉納涼煙火大會
琵琶湖緑水亭 P.115
湯の宿 木もれび
大津市區

雄琴温泉
1:30,000
居游圖 附錄19C-2
0　300m

●參觀　●玩樂　●美食　●咖啡廳　●溫泉　●購物　●住宿　●活動、祭典

採訪memo　考慮一下「雄琴溫泉的溫泉旅館」吧! 鄰近比叡山的雄琴溫泉是滋賀縣數一數二的溫泉勝地,擁有可眺望琵琶湖美景等迷人的特色。住宿特輯請見P.115。

近江八幡
五個莊·東近江

おうみはちまん・ごかしょう・ひがしおうみ

保留了近江商人宅邸的近江八幡，
以及五個莊別具韻味的街道都很適合悠閒地散步。
除了品嘗滋賀代表性的甜點
CLUB HARIE的年輪蛋糕外，
還有眾多人氣店家等你來造訪。

必訪景點 BEST 1
八幡堀
P.62
運河沿岸有一棟棟白牆倉庫建築，是近江八幡的代表性景點，悠閒的氣氛很適合散步。搭船遊覽也別有一番風味

必訪景點 BEST 2
古典異國風的
沃里斯建築
也不可錯過
P.64

CONTENTS

特輯

區域導覽

必訪景點 BEST 3
剛出爐的
年輪蛋糕超熱門！
たねや CLUB HARIE
La Collina近江八幡
P.30・附錄P.2

ACCESS

從大津前往近江八幡

電車 大津站 → 近江八幡站
JR琵琶湖線新快速 約25分 500日圓

開車 大津IC
名神高速道路 27.4km 約20分 890日圓
龍王IC
國道447、8號 縣道26號 約11km 約20分
近江八幡市區

從名古屋前往近江八幡

電車 名古屋站 → 米原站
新幹線光號、回聲號約25分
合計4190日圓
近江八幡站
JR琵琶湖線新快速 約20分

詳細交通方式說明與該地區路線圖 ▶ 請見 P.120・121！

洽詢單位
近江八幡觀光物產協會 ☎0748-32-7003
近江八幡站
北口觀光服務處 ☎0748-33-6061
東近江市觀光物產課 ☎0748-24-5662
安土站前觀光服務處 ☎0748-46-4234
日野觀光協會 ☎0748-52-6577
龍王町觀光協會 ☎0748-58-3715

白牆倉庫是近江八幡最具代表性的景觀

追尋商人的往日足跡

近江八幡歷史散步

近江八幡是豐臣秀次修築的城下町，當時為物流集散地的八幡堀、商人宅邸等景點，直到現在都還保留著昔日風情。不妨放慢腳步悠閒地散個步，沉浸在近江八幡的美景之中。

前往散步區域的交通方式

巴士　JR近江八幡站搭近江鐵道巴士6分，白雲館前的大杉町八幡山ロープウェイ口巴士站下車

開車　名神高速道路龍王IC經國道477及8號、縣道26號20分。車輛停放市營停車場（小幡停車場1日510日圓，多賀停車場1日500日圓）

從乘船處出發，來回約1.5km的距離，所需時間35分

乘著船惬意欣賞河岸風光

1 八幡堀巡遊

●はちまんぼりめぐり　參觀

步行即到

安土桃山時代的豐臣秀次為了讓往來於琵琶湖的貨船靠港，因而修築八幡堀。全長6km的運河沿岸，可看到有著白牆倉庫的商家林立，讓人在飽覽水鄉風情的同時，也感受到濃厚的歷史氣息。

MAP 66B-1

☎0748-33-5020

⏰10:00～15:30（視季節而異）

休 不定休

¥ 乘船費1000日圓

🚃大杉町八幡山ロープウェイ口巴士站步行3分 P免費

9月有2天會進行夜間點燈！

於9月中旬的週末舉行

近江八幡散步MAP

走完整條路線所需時間約**3小時半**

八幡山

有豐臣秀次修築的八幡城之遺址

八幡山空中纜車

近江八幡日牟禮Village CLUB HARIE 日牟禮館 ④

日牟禮八幡宮 ③

近江八幡日牟禮Village たねや 日牟禮乃舍 ④

「八幡堀石疊の小路」十分有情調

近江八幡市立瓦博物館 ②

① 八幡堀巡遊

市營多賀P

鍛冶屋町

這一帶被稱為池田町洋風住宅街

近江八幡市立資料館 ⑥

八幡堀

沃里斯像

新町

千成亭八幡堀店

八幡堀

大杉町八幡山ロープウェイ口

學園前

近江兄弟社學園海德紀念館

舊西川家住宅歷史民俗資料館鄉土資料館

白雲館

近江兄弟社メンターム資料館

觀光服務處

鍛冶屋町通

ダブルハウス

ウォーターハウス記念館

石橋邸

吉田邸

本町通

池田町通

小幡町通

WC

市營小幡P

近江商人的城鎮

近江八幡教會牧師館

魚屋町通

為心町通

仲屋町通

永原町通

八幡郵局

博勞町通

舊八幡郵局

村岡邸（舊岩瀬醫院）

⑤ 一柳紀念館（Vories紀念館）

慈恩寺町通

八幡小學校

八商前

八幡商業高校

アンドリュース記念館

保留了商人宅邸的老街

八幡中學校

路線

沃里斯建築

JR近江八幡站

美食TOPIC

午餐就決定吃近江牛了！

近江八幡地區有許多餐廳可以吃到滋賀著名的近江牛。別忘了把握這難得的機會，大快朵頤一番。

詳情請見P.34～37

CLUB HARIE 日牟禮館的司康（540日圓）

介紹屋瓦及創意瓦片的魅力
② 近江八幡市立瓦博物館 📷參觀
●おうみはちまんしりつかわらミュージアム

介紹從江戶時代傳承至今的在地產業—八幡瓦的製法，以及日本國內外的瓦片。博物館所在的八幡堀治岸有著瓦片屋頂與白牆交織出的美景，不可錯過。

ふくみ天平 6個裝 1080日圓
要吃之前才包起來的手工最中餅

伴手禮就在這裡買吧！

人氣和洋甜點齊聚一堂
④ 近江八幡 日牟禮Village 🛍購物
（CLUB HARIE 日牟禮館・たねや 日牟禮乃舍）
●おうみはちまんひむれヴィレッジ
（クラブハリひむれかん・たねやひむれのや）

集結了滋賀代表性的和菓子店「たねや」與西點店「CLUB HARIE」，兩邊都附設了咖啡廳。たねや的茶屋在中午時段還有提供午餐。 MAP 66B-1

紅磚打造的CLUB HARIE 日牟禮館

休無休 所近江八幡市宮內町 日牟禮Village 大杉町八幡山ロープウェイ口巴士站步行5分 P免費

●CLUB HARIE 日牟禮館　　●たねや 日牟禮乃舍
☎0748-33-3333　　☎0748-33-4444
🕐9:00～18:00(咖啡廳為～17:00)　🕐9:00～18:00(茶屋為～17:00，用餐11:00～15:00)

樹葉派 3片裝540日圓
使用大量奶油製作，吃起來芳香可口

步行即到

運用瓦片魅力所打造的外觀也值得留意

MAP 66B-1
☎0748-33-8567
🕐9:00～16:30 休週一(逢假日則翌日休)
💴門票300日圓 所近江八幡市多賀町738-2
大杉町八幡山ロープウェイ口巴士站步行3分

館內還展示了從豐臣秀次宅邸遺址出土的瓦片

本殿座落在八幡山的大自然中

步行8分

建築樣式融合了日式與西洋風格

深愛近江的建築師昔日舊居
⑤ 一柳紀念館（Vories紀念館） 📷參觀
●ひとつやなぎきねんかん（ヴォーリズきねんかん）

身為建築師，也是基督教傳教士的沃里斯，在近江八幡居住超過半世紀的舊家。現在則為資料館，展示他生前閱讀的書籍及遺物等。建築是由沃里斯本人設計，為滋賀縣的有形文化財。 MAP 66B-1

☎0748-32-2456(近江兄弟社)
🕐事前預約制 休週一、假日、不定休(12月～1月15日休) 💴300日圓
所近江八幡市慈恩寺町元11 鍛冶屋町巴士站步行3分 P免費

沃里斯建築詳細介紹請見P.64

適合帶著走的美食！

千成亭 八幡堀店的
近江牛可樂餅
1個100日圓
使用北海道產馬鈴薯與近江牛絞肉做成的可樂餅。放了更多肉的豪華可樂餅也很有人氣(250日圓)。 MAP 66B-2
☎0748-43-1129
🕐9:00～17:00(餐廳11:00～14:30) 休週二 所近江八幡市大杉町12 大杉町八幡山ロープウェイ口巴士站即到

近江商人所信仰的氏神
③ 日牟禮八幡宮 📷參觀
●ひむれはちまんぐう

過去被近江商人視為守護神虔誠信仰的古社。其佔地遼闊，生長著朴樹、糙葉樹等參天古木，並建有拜殿及本殿。左義長祭與八幡祭是滋賀縣內的兩大火祭，也是國家指定的選擇無形民俗文化財。

☎0748-32-3151 MAP 66B-1
🕐自由參觀 所近江八幡市宮內町257 大杉町八幡山ロープウェイ口巴士站步行5分 P免費

近江商人的詳細介紹請見P.72

4月的八幡祭會燃燒巨大的火炬

步行10分

一窺近江商人的真實生活
⑥ 近江八幡市立資料館 📷參觀
●おうみはちまんしりつしりょうかん

由歷史民俗資料館、鄉土資料館、舊西川家住宅3個館構成的資料館。聚焦於過去以近江國為起點，前往各地行商的近江商人其工作與生活，介紹當時的歷史。
MAP 66B-2
☎0748-32-7048
🕐9:00～16:00 休週一(逢假日則開館，翌日休)、5、6、10、11月無休 💴2館共通門票500日圓 所近江八幡市新町2-22 小幡町資料館前巴士站即到

建築本身也十分有韻味

各館本身都是極富歷史價值的建築，展出內容也各具特色

鄉土資料館
●きょうどしりょうかん
過去經營安南(越南)貿易事業有成的西村太郎右衛門宅邸遺址。

歷史民俗資料館
●れきしみんぞくしりょうかん
在這棟商家修復而成的建築內，重現了八幡商家的生活情景，並展示生活日用品及農具。

舊西川家住宅
●きゅうにしかわけじゅうたく
因經營蚊帳及草席生意致富的西川利右衛門之舊宅。從屋子的格局可看出他當時在商場上的活躍程度。

比叡山・大津

近江八幡・五個莊・東近江

近江八幡歷史散步

湖東・湖北

彥根

信樂・甲賀

湖南・比叡山

沃里斯建築徹底攻略！

在近江八幡邂逅近古典風格的優雅西式建築

特色① 拱形樣式

沃里斯建築的煙囪、門柱等地方，常能看到拱形設計。這種帶有流動感西班牙風格，展現了西洋建築特有的俐落簡約感。

特色② 大窗戶

為了讓室內能感受到溫暖的陽光及新鮮空氣，沃里斯建築都設計了大片的窗戶，空間也顯得更明亮寬敞。

上／天窗以自然光為照明的設計概念（舊八幡郵局）
下／為病患帶來新鮮空氣的窗戶（沃里斯紀念醫院）
左／光線柔和灑落室內（舊中田邸日牟禮カフェ）

特色③ 壁爐

沃里斯曾提到：「壁爐就像是日本和室裡的壁龕一般」（出自《吾家的設計》）壁爐的設計用意在於讓人們自然地聚集在一起，營造出和樂融融的氣氛。

上／營造出在和樂氣氛中招待訪客的空間（海德紀念館）
右下／煙囪是沃里斯建築的一大特色（一柳紀念館）
左下／有如呼喚人們前來的地標（アンドリュース記念館）

上／禮拜堂目前仍有在使用（沃里斯紀念醫院）
右下／圓形窗口也十分可愛（海德紀念館）
左下／依當時的設計圖及照片所復原的入口（舊八幡郵局）

特色⑤ 融合了東西元素

從瓦片、歇山式屋頂、參考了樓梯櫃設計出的樓梯下方收納空間等，都可以看出沃里斯納入了大量日本的建築風格。

上／樓梯下方的收納空間靈感來自於日本民家的樓梯櫃（海德紀念館）
下／歇山頂風的屋頂（一柳紀念館）

特色④ 體貼使用者的設計

坡度緩、梯面寬的樓梯、或是細心地消去了稜角的邊角處等，各種細節都能看出設計上對於孩童、高齡人士等的體貼，體現了沃里斯友愛他人的精神。

樓梯坡度和緩好走，爬起來不會累（海德紀念館）

樓梯的扶手沒有尖銳的稜角，即使撞到了也不會造成嚴重的傷勢（海德紀念館）

外型呈柔和的圓弧曲線（豐鄉小學校舊校社群）

日本國內許多地方都看得到沃里斯的建築作品，其別具魅力的風格至今仍為人稱頌。沃里斯打造的建築讓人覺得親切又具有包容力，而近江八幡則是他深愛的城市，不僅在此居住超過半世紀，也留下了20多件建築作品。以下就帶大家認識沃里斯的生涯，並深入他的建築世界。

沃里斯是何許人也？

威廉・梅瑞爾・沃里斯
（1880～1964）

1880（明治13）年生於美國。24歲時赴日擔任滋賀縣立商業學校（現為八幡商業高校）的英語教師，後來定居於近江八幡，並活躍於建築界。他在設計上發揮巧思配合日本的國土氣候及生活，打造出許多實用且具有設計感及親近感的建築。另一方面，他也投身基督教的傳教及社會公益，創辦了近江兄弟社。他在1941（昭和16）年取得了日本國籍，並改名為一柳米來留。1958（昭和33）年成為近江八幡市的第一位榮譽市民。

內部開放參觀 可以近距離觀察建築細節！

精選景點讓你探索沃里斯建築的特色

認識沃里斯建築精神的好所在

一柳紀念館(Vories紀念館)

●ひとつやなぎきねんかん(ヴォーリズきねんかん)

這棟洋房是舊沃里斯宅邸打造成的紀念資料館，木造外牆及紅色瓦片屋頂、白煙囪令人印象深刻。建築樣式雖然簡單，內部有寬敞的起居室與會客室、和室，沃里斯建築的特色隨處可見。還展示了他生前閱讀的書籍、遺物、鋼琴等。

DATA → P.63

當初是設計作為教師宿舍使用

西班牙風的玄關讓人印象深刻

舊八幡郵局 ●きゅうはちまんゆうびんきょく

建於1921（大正10）年的舊郵局，目前正由保存活動團體進行修復工作。正面牆壁呈曲線狀的西班牙風格玄關是在2004（平成16）年復元。

☎0748-33-6521（一粒の会） **MAP** 66B-2
🕐10:00～16:00(冬季為11:00～15:30)
休週二、不定休
¥免費
📍近江八幡市仲屋町中8
🚌JR近江八幡站搭近江鐵道巴士6分，大杉町八幡山ロープウェイ口下車即到

現在可免費自由參觀古色古香的內部

沃里斯學園的舊幼稚園校舍

海德紀念館 ●ハイドきねんかん

沃里斯之妻—滿喜子夫人設立的清友園幼稚園的校舍，建於1931（昭和6）年。名稱來自於捐贈興建費用的面速力達母（現為曼秀雷敦）創辦人海德夫婦。

☎0748-32-3444（沃里斯學園） **MAP** 66B-1
🕐10:00～15:30(週六、日、假日為13:00～)
休不定休，需洽詢 ¥200日圓(有團體優惠)
📍近江八幡市井町177
🚌JR近江八幡站搭近江鐵道巴士8分，ヴォーリズ学園前下車即到

右為紀念館，左為教育會館，皆被指定為登錄有形文化財

アンドリュース記念館 ●アンドリュースきねんかん

原為YMCA會館，是沃里斯的處女作。於1935（昭和10）年改建，並曾在2007（平成19）年整修。

MAP 66B-2

☎0748-33-6061
（近江八幡站北口觀光服務處）
📍近江八幡市為心町中31
🚌JR近江八幡站搭近江鐵道巴士6分，大杉町八幡山ロープウェイ口下車，步行5分

沃里斯紀念醫院 ●ヴォーリズきねんびょういん

建於1918（大正7）年，是供當時流行的肺結核病患療養用。現在僅禮拜堂開放參觀。

MAP 附錄18F-1

☎0748-32-5211
休禮拜堂為週三、日、假日休（需洽詢）
📍近江八幡市北之庄町492
🚌JR近江八幡站搭近江鐵道巴士10分，ヴォーリズ記念病院前下車即到
P免費

即使單看外觀也值得走一趟！
還有更多沃里斯建築

池田町洋風住宅街 ●いけだまちようふうじゅうたくがい

紅磚牆連綿的西洋風住宅區，有ダブルハウス、吉田邸等出自沃里斯之手的建築。

MAP 66B-2

☎0748-33-6061
（近江八幡站北口觀光服務處）
📍近江八幡市池田町5丁目
🚌JR近江八幡站搭近江鐵道巴士3分，八商前下車，步行3分

以主廚親自製作的器皿享用加州料理 別忘了先**預約**！

bistroだもん亭 ●ビストロだもんてい 美食

沃里斯建築打造成的餐廳。老闆兼主廚同時也是陶藝家，因此能以他製作的餐具享用手擀義大利麵、石窯披薩等自製料理。也會根據預約狀況使用小濱港直送的鮮魚、在地蔬菜等當令食材。

☎0748-36-3870 **MAP** 66A-2
需最晚3日前預約，時間可洽談 休不定休
¥午餐2500日圓～，晚餐3500日圓～ 📍近江八幡市西本町10 🚌JR近江八幡站搭近江鐵道巴士4分，小幡上筋下車，步行5分 P免費

有麵包、沙拉、湯、義大利麵、主菜（魚料理）、甜點等約8道菜的慢活午餐3500日圓。送上桌的天然酵母麵包都是剛出爐的

光線透過大片的窗戶照進店內。也可在此購買陶藝作品

建於1929（昭和4）年，為沃里斯建築中罕見的和風外觀

在沃里斯建築內享受雍容優雅時光♪

八幡山（八幡城遺址）
●はちまんやま
（はちまんじょうせき）
☎0748-32-0303
（八幡山空中纜車）　　參觀

從山頂眺望昔日的商人之都

豐臣氏的第2代關白──豐臣秀次修築的八幡城之遺址。標高271.9m的八幡山山頂留有石牆，本丸的遺址則有祭祀秀次的村雲御所瑞龍寺門跡。從山頂可眺望市區景色。

🕐自由參觀，瑞龍寺9:00～16:00前後
💴瑞龍寺參觀300日圓　🏠近江八幡市宮內町
🚃八幡山空中纜車4分，八幡城站站即到

位在八幡城遺址的村雲御所瑞龍寺門跡

●搭乘八幡山空中纜車直攻山頂！

八幡山空中纜車行駛於山腳的公園前站與八幡城址站間，全長543m，車程約4分。山頂可看到琵琶湖的四季景色與近江八幡的街景。

🕐9:00～16:30，每15分一班
🈶無休
💴來回880日圓，單程490日圓
🚃JR近江八幡站搭近江鐵道巴士6分，大杉町八幡山ロープウェイ口下車，步行5分
🅿免費

長命寺
●ちょうめいじ
☎0748-33-0031　　參觀

祈求健康長壽的西國觀音靈場

長命寺為天台宗系的寺院，也是西國三十三所中順序排在第31位的札所。本尊為千手觀音立像、十一面觀音像及聖觀音等3尊，寺內還有本堂、三重塔等重要文化財，集結了眾多值得一看的亮點。

🕐8:00～17:00
🏠近江八幡市長命寺町157　🚃JR近江八幡站搭近江鐵道巴士25分，長命寺下車，步行15分　🅿免費

| 重要文化財 | 西國三十三所 |

聖德太子在推古天皇的時代創建

遠久邑 八幡堀店
●おくむらはちまんぼりてん
☎0748-33-1184　　購物

安心安全的湖魚是伴手禮好選擇

販售使用在沖島捕獲的鯽魚、香魚、蜆等琵琶湖特有食材製造的加工食品。店裡也有內用區，能享用現炸的香魚與西太公魚天麩羅等美食。

🕐10:00～17:00　🈶不定休
💴抱卵香魚甘露煮864日圓，鮒壽司(抱卵)2160日圓
🏠近江八幡市大杉町27　🚃JR近江八幡站搭巴士6分，大杉町八幡山ロープウェイ口下車步行3分　🅿免費

旅途 PICK UP

溪蝦黃豆12094322g的黃豆味和煮得的蝦子與軟的口感高雅，十分受歡迎

水鄉巡遊與復古建築引人入勝
近江八幡
●おうみはちまん　　MAP P.66・附錄18

區域導覽

近江八幡是近江商人的故鄉。漫步於近江商人宅邸所在的新町通及八幡堀周邊，悠閒地散散步，最能感受這裡的風情。

精彩特輯！
★近江八幡的水鄉巡禮→P.19
★近江八幡歷史散步→P.62
★沃里斯建築→P.64

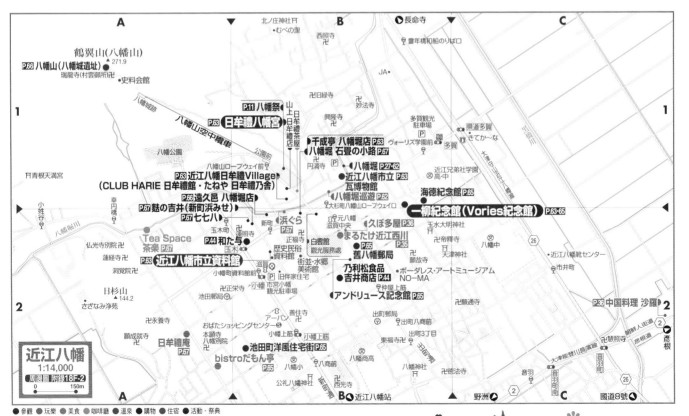

●參觀　●玩樂　●美食　●咖啡廳　●溫泉　●購物　●住宿　●活動、祭典

🌸=賞櫻名勝　🍁=紅葉名勝　❀=賞花名勝

比叡山・大津

近江八幡・五個莊・東近江

近江八幡區域導覽

長濱・湖北

彥根

信樂・甲賀

湖西・比良山

蕎麥麵　日牟禮庵

●ひむれあん　美食

☎0748-33-2368　MAP 66A-2

在氣派老宅內品嘗蕎麥麵

被指定為登錄有形文化財的富商宅邸打造成的蕎麥麵店。可以在店裡的和室悠閒欣賞中庭景色，並享用以信州產蕎麥粉製作、風味香醇的手揉蕎麥麵。建築本身也韻味十足，帶來尊榮奢華的感受。

⏰11:00～14:30（蕎麥麵售完即烊）　休週一、第3週二（逢假日則營業），假日翌日　💴蕎麥涼麵755日圓　🚃近江八幡站搭近江鐵道巴士5分，小幡町資料館前下車，步行5分　🅿免費

◎高湯中喝得到鴨肉鮮味的鴨肉蔥段蕎麥麵1400日圓

近江牛料理　浜ぐら

●はまぐら　美食

☎0748-32-5533　MAP 66B-2

在雅緻的空間中享用高品質近江牛

近江牛老店カネ吉山本的直營店。店面位在八幡堀畔，能吃到價格實惠且高品質的和牛、近江牛，深受好評。「カネ吉牛肉咖哩」（650日圓）也很適合當作伴手禮。

⏰11:00～15:00　休週三　💴溫泉蛋牛肉蓋飯1600日圓，和牛咖哩1150日圓　🚃近江八幡市大杉町24　🚌JR近江八幡站搭近江鐵道巴士6分，大杉町八幡山ロープウェイ口下車步行3分　🅿免費

◎和風烤牛肉蓋飯（2300日圓）分量十足，相當受歡迎

咖啡廳　アンデケン

☎0748-33-2100　MAP 附錄18F-2

軟綿的起司蛋糕為著名美食

創業50餘年的老字號西點店。招牌商品起司蛋糕是舒芙蕾式，彷彿要融化在口中般的口感深受好評。價格也十分親切，是一間貼近在地生活的店鋪，並隨時提供超過30種口味溫和的蛋糕。

⏰10:00～18:00（商店為9:00～19:00）　休週二　💴起司布丁367日圓、泡芙194日圓　🚃近江八幡市鷹飼町551　🚌JR近江八幡站步行3分　🅿免費

◎使用了荷蘭產豪達奶酪的起司蛋糕1片300日圓

咖啡廳　Tea Space茶楽

●ティースペースさらく　咖啡廳

☎0748-47-7980　MAP 66A-2

邊欣賞八幡堀景色邊喝下午茶

位於八幡堀畔，屋齡170年的倉庫改裝而成的咖啡廳。提供使用滋賀縣日野產全麥粉做的可麗餅，以及絞肉咖哩（870日圓）等來自各國的料理。肯亞產的紅茶也備受好評。

⏰11:30～16:00（週六、日、假日為～17:00）　休週一　💴肯亞產紅茶540日圓　🚃近江八幡市佐久間町17-1　🚌JR近江八幡站搭近江鐵道巴士6分，公園前下車，步行5分　🅿免費

◎口感Q彈的可麗餅（附香草冰淇淋500日圓）

複合設施　八幡堀石畳の小路

●はちまんぼりいしだたみのこみち　購物

（あゆの店きむら）　☎0748-32-1775　MAP 66B-2

面對著八幡堀，利用倉庫及老宅打造成的複合設施，裡面包括了和風雜貨店、湖魚專賣店、和風咖啡廳等。

⏰10:00～17:00（視店鋪而異）　休不定休　🚃近江八幡市大杉町12　🚌JR近江八幡站搭近江鐵道巴士6分，大杉町八幡山ロープウェイ口下車即到

雜貨　七七八

●ななや　購物

☎0748-32-1017（專用090-6822-3797）　MAP 66B-2

販售幕末到大正時代的器皿、漆器、布料，以及各種在地的老東西。大正浪漫時期的和服款式也很豐富。

⏰11:00～17:00（視季節而異）　休不定休　💴小碟300日圓～　🚃近江八幡市新町1-28　🚌JR近江八幡站搭近江鐵道巴士6分，新町下車即到

丁字麩　麩の吉井（新町浜みせ）

●ふのよしい　購物

（しんまちはまみせ）　☎0748-32-7773　MAP 66B-2

專門販售口感帶勁的丁字麩

四方形的丁字麩是近江八幡的名產，相傳為豐臣秀次構想出來的，特色是煮不爛，咬起來Q彈有勁。丁字麩最中餅（7個裝540日圓）及黃芥末拌丁字麩組合都值得推薦。

⏰10:00～17:00　休不定休　💴黃芥末拌丁字麩430日圓　🚃近江八幡市新町1-29　🚌JR近江八幡站搭近江鐵道巴士6分，新町下車即到　🅿免費

◎以丁字麩包住黑芝麻奶油做成的最中餅（紅豆餡為另加）

造訪安土 追憶織田信長

位於近江八幡市東北方的安土，是戰國時代的武將織田信長展開天下統一霸業的根據地。除了信長修築的安土城之遺址外，還有展示了珍貴文物的資料館等。

來到安土記得順便一起造訪
還有其他 **信長相關** 景點

觀賞20分之1尺寸的安土城
安土城郭資料館
◆あづちじょうかくしりょうかん 【參觀】

展示了被稱為「世界第一座木造高層建築」的安土城20分之1模型，以及安土城陶板壁畫。還能喝到以可可粉描繪出織田家家紋的卡布奇諾。

MAP 附錄17A-2
☎0748-46-5616
⏰9:00～16:30（週一（逢假日則翌日休）¥200日圓 近江八幡市安土町小中700 JR安土站即到 免費

位在JR安土站南側，外型讓人聯想到城郭

家紋卡布奇諾（550日圓）

學習安土城歷史的好所在
滋賀縣立安土城考古博物館
◆しがけんりつあづちじょうこかはくぶつかん 【參觀】

位在靠近安土城遺址的「近江風土記之丘」這座歷史公園內，展示了安土城遺址出土物品、信長的文件等珍貴文物。另外也以瓢箪山古墳為中心，介紹近江的歷史。

MAP 附錄17A-1
☎0748-46-2424
⏰9:00～16:30（週一（逢假日則翌日休）¥450日圓 近江八幡市安土町下豐浦6678 JR安土站步行25分 免費

外觀以安土城天主為概念

安土信長祭 【精彩活動 check!】

於每年6月的第一個週日舉行。除了有總數超過200人的武者隊伍在安土城周邊遊行，還有販售特產的安土樂市等活動，十分熱鬧。

集工藝與技術大成的劃時代名城 搖身一變成為國家指定特別史蹟

安土城遺址
◆あづちじょうせき 【參觀】

安土城是織田信長作為統一天下的基礎，耗時約3年所興建。由於靠近京都及北陸，又能利用琵琶湖的水運，因此信長選在安土築城。安土城雖然在本能寺之變後燒毀，但從剩餘的石牆及天主遺址、本丸遺址的基石等，仍能深刻感受到歷史的脈動。

MAP 附錄17A-1
☎0748-46-4234
（安土站觀光服務處）
⏰9:00～16:00（有季節性變動）休無休 ¥700日圓 近江八幡市安土町下豐浦 JR安土站步行至登山道入口25分 免費

通往位在標高約199m處的天主，多達400級的石階與壯觀的石牆透露出安土城的規模之雄大

安土城天主信長館
◆あづちじょうてんしゅのぶながのやかた 【參觀】

重新復原的豪華天主與VR影像帶你身歷其境

展示了安土城天主5、6樓部分的原尺寸大復原模型。狩野一門所畫的「金碧障壁畫」及使用了約10萬片金箔打造的外牆等，具體呈現了信長的美學意識，奢華絢麗的建築物壯觀極了。還會以200吋的大畫面放映VR（虛擬實境）影片。

以電腦動畫重現安土城與城下町。還能體驗從天主俯瞰的景色
圖片提供：近江八幡市

©內藤 昌復原監修

MAP 附錄17A-1
☎0748-46-6512
⏰9:00～16:30（VR劇場最終映16:20）休週一（逢假日則翌日休）¥600圓 近江八幡市安土町桑実寺800 JR安土站步行25分 免費

重現於世人眼前的天主5、6樓部分

注目!! 5樓是以天界為意向的正八角形，6樓則是表現道教、儒家思想的正方形。內裝及障壁畫都反映了信長企圖統一天下的強烈意志。不可錯過

摠見寺 的特別參觀

造訪位在安土城遺址內的摠見寺，可以享用織田信長也愛的抹茶。門票700日圓，茶資500日圓。僅週六、日、假日開放。

織田信長 年譜

1534（天文3）年	出生於尾張國（現在的愛知縣）
1546（天文15）年	元服禮
1548（天文17）年	與齋藤道三之女濃姬結婚
1559（永祿2）年	統一尾張國
1560（永祿3）年	於桶狹間之戰戰勝今川義元
1570（元龜1）年	於姉川之戰戰勝淺井、朝倉氏
1571（元龜2）年	火燒比叡山延曆寺
1573（天正1）年	繼朝倉氏後，於小谷城之戰殲滅淺井氏
	室町幕府於同年滅亡
1575（天正3）年	於長篠之戰戰勝武田軍
1576（天正4）年	開始修築安土城
1579（天正7）年	安土城天主完工
1582（天正10）年	於明智光秀謀反發動的本能寺之變中自盡，享年49歲
1585（天正13）年	安土城廢城

安土MAP 周邊圖 附錄17

琵琶湖
←琵琶湖大橋　さざなみ街道　彥根→
水車橋
下豐浦
縣道大津能登川長濱線　JA
セミナリヨ跡
安土小學校　安土站觀光服務處
安土城遺址
←大津　JR琵琶湖線　米原→
安土站
安土城郭資料館
滋賀縣立安土城考古博物館
安土中學校　安土城天主信長館
安土支所　圖書館　文芸の郷レストラン（P.69）
加賀団地口　國道8號
N

比叡山·大津

近江八幡·五個莊·東近江

造訪安土／安土·日野·龍王區域導覽

長濱·湖北

彥根

信樂·甲賀

湖西·比叡山

與聖德太子有淵源的古剎

觀音正寺 📷
●かんのんしょうじ　**MAP** 附錄17A-1　參觀

聖德太子奉用明天皇之令在西元605年所創建，是排在西國第三十二的札所。而奧之院也保留了聖德太子親自在巨岩的壁面上刻出的尊星王菩薩（妙見菩薩）等諸佛。

📞 0748-46-2549
🕐 8:00～17:00 ⏸無休 💴入山費500日圓，內陣參觀費300日圓 🚇近江八幡市安土町石寺2 🚕JR安土站搭計程車10分，再步行45分（開車至山頂約25分）🅿免費

西國三十三所

精彩活動check! 誠心祈禱、擦拭本尊身體

西國三十三所草創1300年紀念 特別公開

特別內陣參觀除了能見到於2017年發現的重要寺寶—中國明代的白衣觀音菩薩外，還可以擦拭本尊千手觀音菩薩像的身體。另外，內陣參觀可以用特別的散華觸碰觀音像。

●特別內陣參觀
（重寶 中國明代 白衣觀世音菩薩坐像 首度公開）
2018年10月20日～11月11日

自然美景與歷史景點豐富多元

安土·日野·龍王
●あづち·ひの·りゅうおう **MAP** 附錄17·18

區域導覽

安土曾是織田信長展開統一天下霸業的根據地，而日野則以近江商人輩出著稱，龍王的暢貨中心是人氣景點。

湖北 長濱
今津 彥根
牧野 安土 東近江
志賀 近江八幡 日野
草津 信樂
大津 甲賀

精彩特輯!
★造訪安土追憶
織田信長→P.68

甜點／安土　**MAP** 附錄18F-1

shop Madre
●ショップマドレ　📞0748-46-2158　購物

使用有益健康的米粉製作點心

以自製米粉製作甜點的專賣店。理念為建立在安心、安全、地產地消等基礎上的「用吃做環保」。做成圓圈狀的花林糖「コスクラン」300日圓等烘焙糕點是人氣點心。

🕐 11:00～12:00、13:00～17:00 ⏸週日、假日、8月、不定休 💴ぼりぼりこめこさん餅乾300日圓～ 🚇近江八幡市安土町上豊浦1397-11 🚃JR安土站步行5分 🅿免費

集合了約6種人氣烘焙點心

和菓子／安土　**MAP** 附錄17A-1

御菓子司 万吾樓
●おんかししまんごろう　📞0748-46-2039　購物

和菓了中也有織田信長的典故

堅持手工製作的老字號和菓子店。最中餅「まけずの鍔」（1個150日圓）做成信長愛刀的刀鍔造型是著名美食。滋賀縣羽二重餅燒烤成的餅皮包著雙色的自製內餡，堪稱極品。

🕐 8:30～18:00 ⏸不定休 💴信長軍派1個150日圓，丁稚羊羹「安土問答」380日圓 🚇近江八幡市安土町常樂寺420 🚃JR安土站即到 🅿免費

まけずの鍔象徵著信長的連戰連勝，因此許多人會買來求好采頭

餐廳／安土　**MAP** 附錄17A-1

文芸の郷レストラン
●ぶんげいのさとレストラン　📞0748-46-6555　美食
（安土文芸の郷）

品嘗「勝鬨湯」的美味

與「安土城天主信長館」為鄰的的餐廳。信長在出陣前為求吉利所喝的「勝鬨湯」裡放了乾燥白大豆、白蘿蔔、紅蘿蔔等蔬菜，就用這一碗來滋補元氣吧。

🕐 10:00～16:00（視季節而異）⏸週一（逢假日則翌日休）💴安土御膳1150日圓，信長烏龍麵670日圓 🚇近江八幡市安土町桑実寺800 🚃JR安土站步行25分 🅿免費

限定10份的信長漢堡排定食1100日圓（附勝鬨湯）

咖啡廳／日野　**MAP** 附錄17B-4

らっこや
●　📞090-8457-8848　咖啡廳

可吃到日野美味食材的咖啡廳

店面為屋齡150年的町家，自家烘豆咖啡每一杯都是現場磨豆沖泡。老闆娘做的手工甜點使用的是大地堂的斯佩耳特小麥，能吃到獨特的香醇風味。

🕐 10:00～18:00（週六、日、假日為11:00～，咖啡廳為～17:00）⏸週四、週五 🚇日野町大字大窪674 🚃JR近江八幡站搭近江鐵道巴士46分，越川町下車即到 🅿免費

鬆餅600日圓
大地堂

咖啡廳／安土　**MAP** 附錄18F-1

お菓子の家 Chèrie
●おかしのいえシェリー　📞0748-25-0305　咖啡廳

手工甜點與湖景都讓人讚不絕口

面向著西之湖的甜點店，使用木製桌椅等營造出充滿自然氣息的空間。露台座空間寬敞，可在此享用花草茶及使用自家栽種的水果製作的蛋糕等。

🕐 11:00～19:00 ⏸不定休 💴無花果塔368日圓，起司蛋糕324日圓 🚇近江八幡市安土町下豊浦5017-1 🚃JR安土站步行20分 🅿免費

十分醒目可愛的白色外觀

咖啡廳／安土　**MAP** 附錄18F-1

Petit CANAL
●プティキャナル　📞0748-46-3066　咖啡廳

西之湖畔的低調咖啡廳

位在西之湖畔一隅，有著美麗四季花卉的咖啡廳。欣賞景色之餘，還可享用午餐套餐（1922日圓～）或蛋糕套餐。2樓的吧檯座讓人感覺自己就像浮在湖面上般，還可以觀察野鳥。

🕐 11:30～21:00（18:00以後需預約）⏸週一、第1週二（逢假日則翌日休）💴小甜點蛋糕626日圓 🚇近江八幡市安土町下豊浦5405-26 🚃JR安土站搭計程車10分 🅿免費

邊欣賞湖景 景觀露臺可以邊感受涼風吹拂

採訪memo **JR安土站也有滿滿亮點!**
JR安土站在2017年11月整修完成，靈感來自於安土城天主閣的八角形設計別具特色，還有安土城遺址展望空間及觀光服務處。

農園／日野 　MAP 附錄17B-4
FARM KEI
●ファームケイ
📞090-5671-9645 購物

重新認識番茄的美味
可以採番茄的農園。除了以鈴鹿山脈的地下水栽種的新鮮番茄外，還販售以完熟番茄製作的果汁、果醬等。並會舉辦披薩製作體驗等各式各樣的活動。

⏰10:00～17:00
休不定休
¥S.JUISE 1000日圓、番茄果醬500日圓
地日野町三十坪2158
交近江鐵道日野站步行9分
P免費

↑農園前可以看到這裡的吉祥物「飛び出しケイちゃん」

資料館／日野 　MAP 附錄17B-4
近江日野商人館
●おうみひのしょうにんかん
📞0748-52-0007 參觀

介紹日野商人的歷史與經商之道
曾以日野商人之姿活躍商場，後來將據點遷至靜岡的山中兵右衛門將其宅邸捐贈給日野町，現在作為資料館對外開放。可在此認識近400年的近江日野商人歷史及其經商手法。

⏰9:00～16:00
休週一、二（逢假日則週三）
¥300日圓
交近江鐵道日野站搭近江鐵道巴士17分，大窪下車，步行3分
P免費

館內展示了行商用品、旅行服裝、家訓等珍貴文物

主題樂園／日野 　MAP 附錄17C-4
滋賀農業公園 BLUMEN之丘
●しがのうぎょうこうえんブルーメのおか
📞0748-52-2611 玩樂

↑4月中旬至5月上旬有13萬株鬱金香盛開的美景

↑可以和袋鼠這麼靠近

↑新加入的賈迪（左）與香草焦糖（右）

在大自然中近距離接觸可愛動物
充滿花卉與綠意的農業公園。整修之後在2018年春天重新開放，還多了新的動物在此與大家相見。在這裡可以和兔子、天竺鼠等小動物，以及袋鼠、水豚等珍奇動物親密接觸。另外還有體驗教室、遊樂器材，適合全家人一起來玩。

⏰9:30～18:00（視季節而異）
休週三（冬季為週三、週四）
¥門票1000日圓（體驗教室另計）
地日野町西大路843
交近江鐵道日野站搭近江鐵道巴士14分，幅野町下車，步行10分
P免費

↑高人氣的香腸製作體驗已有20年歷史

↑在一旁，可安心嘗試騎馬體驗有會騎馬的工作人員陪同

神社／龍王 　MAP 附錄17A-3
苗村神社
●なむらじんじゃ
📞0748-57-0160 參觀

座落在鎮守之森中的古老神社
曾出現在延喜式神名帳中、歷史悠久的神社。建於鎌倉時代的國寶西本殿供奉著國狹槌尊，重要文化財東本殿則供奉了那牟羅彥神。神社內還可見到不動明王像，訴說了過去神佛混合時代的歷史。

⏰自由參觀
地竜王町綾戸467
交JR近江八幡站搭近江鐵道巴士14分，川守下車，步行10分
P免費

↑散發莊嚴氣息的樓門。建築都被指定為國寶或重要文化財

重要文化財　國寶

神社／日野 　MAP 附錄17B-4
馬見岡綿向神社
●うまみおかわたむきじんじゃ
📞0748-52-0131 參觀

日野商人信奉的古老神社
被江戶時代的日野商人視為可保佑發達、開運的神明而虔誠信仰的神社。神社內有滋賀縣指定文化財的本殿、日野商人捐贈的拜殿等建築。每年5月2、3日舉辦日野祭期間十分熱鬧。

⏰自由參觀
地日野町村井705
交近江鐵道日野站搭近江鐵道巴士10分，向町下車，步行3分
P免費

↑神社內有繪馬殿、石燈籠、石橋等氣派的建築，神社內許多建築都被指定為國寶或重要文化財

資料館／日野 　MAP 附錄17B-4
日野町角感應館
●ひのまちかどかんのうかん
📞0748-52-6577（日野觀光協會） 參觀

可認識日野&小歇片刻的便利好所在
江戶時代的舊藥行打造成的資料館。以當地藥業的資料展示為主，並有咖啡座及觀光協會的辦公室，旅途中想稍作休息或取得相關旅遊資訊都可以來這兒。

⏰9:00～17:00
休週一（逢假日則翌日休）
¥免費
地日野町村井1284
交近江鐵道日野站搭近江鐵道巴士8分，西の宮下車即到
P免費

↑現在仍懸掛著舊藥行的招牌

採訪memo 「馬見岡綿向神社的日野祭」是一大盛事！
馬見岡綿向神社春祭的例祭──日野祭期間，會有過去日野商人製作的豪華山車在町內出巡。日野祭同時也是滋賀縣的無形民俗文化財，5月2日為宵祭，5月3日是本祭。

70

比叡山・大津

近江八幡・五個荘・東近江

安土・日野・龍王區域導覽

長濱・湖北

彥根

信樂・甲賀

湖西・比良山

咖啡廳／龍王　　　MAP 附錄18F-3

湖華舞 本店
●こかぶほんてん　　📞0748-58-2040　美食

讓起司愛好者失心瘋的專賣店
古株牧場直營的甜點專賣店，除了提供使用湖華舞的起司製作的甜點盤及布拉塔起司午餐，還能體驗製作起司及奶油。

🕙10:30～18:00(8月為10:00～)，冬季為10:30～17:00　🈳週三　💴布拉塔起司午餐1600日圓，起司、奶油製作體驗2200日圓(小學生1500日圓)　🏠竜王町大小口不動前1183-1　🚃JR近江八幡站搭近江鐵道巴士19分，松が丘口下車，步行10分　🅿免費

⊕外觀運用許多木材營造出暖意

餐廳／龍王　　　MAP 附錄17A-3

レストラン蒲生野
●レストランがもうの　📞0748-57-1426　美食

泡完湯後享用美食讓身心都滿足
位於溫泉設施「蒲生野の湯」內的餐廳。除了烏龍麵、蕎麥麵等經典美食外，還提供近江牛用起來毫不手軟的餐點。另外還有烤肉區、階梯式三溫暖等設施。

🕙11:00～14:00，17:00～20:30　🈳第3週四(逢假日則翌日休)　💴近江牛石燒膳1950日圓，豆皮烏龍麵550日圓　🏠竜王町山之上7104-1　🚃JR近江八幡站搭近江鐵道巴士19分，山之上下車到　🅿免費

⊕近江牛壽喜燒膳1800日圓

附小菜、白飯、味噌湯、醃漬物

近江牛料理／日野　　　MAP 附錄17B-4

レストラン岡崎
●レストランおかざき　📞0748-52-3232　美食

牧場直營的近江牛餐廳
由岡崎牧場直營，能吃到「近江日野牛」的餐廳，提供以頂級牛肉製作的牛排、漢堡排、近江牛肉蓋飯等各式美食。附設的肉店販售的手工牛肉可樂餅也是人氣美食。

🕙11:00～14:30，17:00～20:30　🈳週四(逢假日則翌日休)　💴頂級沙朗牛排150g6450日圓～，和風漢堡排定食1600日圓　🏠日野町河原2-11　🚃近江鐵道日野站搭近江鐵道巴士13分，日野河原下車到　🅿免費

⊕近江牛鐵板燒定食(2800日圓)讓人不用花大錢也能輕鬆享用美食

食品／龍王　　　MAP 附錄18F-3

鮒味
●ふなちか　　📞0748-58-2535　購物

傳統飲食文化孕育出新美味
販賣鮒壽司及湖魚加工品的商店。為讓顧客以不同方式品嘗鮒壽司的美味，店家與近江八幡的壱製パン所聯名推出法國麵包脆餅「ビワコッターテ」。材料使用的是近江米，力行地產地消的理念。

🕙9:30～18:00　🈳週日、假日　💴迷你燻製鮒壽司1080日圓，盤裝鮒壽司4000日圓　🏠竜王町橋本617-1　🚃JR近江八幡站搭近江鐵道巴士13分，橋本下車步行6分　🅿免費

⊕ビワコッターテ6片裝648日圓與白酒及起司非常搭

咖啡廳／龍王　　　MAP 附錄17A-3

SMILE KITCHEN
●スミレキッチン　📞090-6248-3149　美食

午餐CP值超高，令人心滿意足
午餐盤為人氣賣點的咖啡廳。店內裝潢走自然風格，可在此享用有自製手工漢堡排、分量十足的炸豬排等主菜供挑選的午餐盤。也有外帶餐點。

🕙10:00～17:00(週六、日、假日為18:00)　🈳週一　💴龍王午餐盤A1200日圓，甜點盤850日圓　🏠竜王町山之上2815-2　🚃JR近江八幡站搭近江鐵道巴士20分，アグリパーク竜王前下車即到　🅿免費

⊕スミレ午餐盤980日圓包括了每日配菜(3種)、白飯、湯、迷你甜點等

義大利料理／龍王　　　MAP 附錄18F-2

Trattoria Ciliegio
●トラットリア チリエージョ　📞0748-58-1339　美食

隱密低調的義式餐廳
位在國道旁的義大利料理餐廳，外觀仿佛獨棟民宅，一不小心就會錯過，但道地的義式口味讓人難以忽略。賞心悅目的甜點拼盤也值得推薦。

🕙11:30～14:00，18:00～20:30　🈳週二～四　💴Specchio 2300日圓，Mercato 1650日圓　🏠竜王町山2815-2　🚃JR近江八幡站搭近江鐵道巴士14分，道の駅竜王鏡の里前下車即到　🅿免費

⊕午餐1200日圓包括了本日義式麵、前菜拼盤、自製佛卡夏等

熱門品牌、商店看過來

LOGOS Shop
戶外用品

全方位的戶外用品店，販售種類豐富的高機能服飾及露營用品等。俐落簡約的設計十分受歡迎。
充氣式圓頂帳M-AH 52920日圓
📞0748-58-3520　🏠South Mall 2F

MACCHAHOUSE 抹茶館
美食

主要在新加坡、香港等亞洲國家、地區展店的咖啡廳。使用京都的森半抹茶製作的甜點及飲料很有人氣。
宇治抹茶提拉米蘇594日圓
📞0748-58-5210　🏠South Mall 2F

ABAHOUSE／Rouge vif la cle
服飾

在成熟可愛路線中融入強烈特色，打造出不同元素混搭風格的品牌。常態性提供2～7折的商品。
羅馬布(外套)9180日圓(長褲)7560日圓
📞0748-58-5152　🏠South Mall 1F

Francfranc BAZAR
雜貨

販售兼具時尚性、機能性之商品的家飾品商店，絕對能在平凡無奇的日常生活中，打造出歡樂舒適的空間。
(右)抗菌消臭室內噴霧／WHITE SAVON
(左)芳香凝膠WHITE SAVON
(右)1200日圓(左)750日圓
📞0748-58-3560　🏠North Mall 3F

交通超便利！人氣品牌齊聚一堂！

關西最大規模，聚集了約230間店鋪的outlet商場。除了服飾外，還有生活雜貨、餐廳等豐富多元的選擇。所離名神高速道路竜王IC約500m，交通十分便利。

龍王
MITSUI OUTLET PARK 滋賀龍王
●みついアウトレットパークしがりゅうおう
📞0748-58-5031　MAP 附錄18F-3

🕙商店10:00～20:00，餐廳11:00～21:00(視店鋪而異)，美食街10:30～20:30　🈳不定休　🏠竜王町大字薬師字砂山1178-694　🚃JR野洲站、近江八幡站搭近江鐵道巴士30分，三井アウトレットパーク下車即到(週六、日、假日有從京都站發車之收費接駁巴士)　🅿免費

以上刊登商品有可能售罄或更改價格。

CLOSE UP

外村宇兵衛邸的玄關
重現了結帳處

近江商人的發源之地

走訪五個莊的商人宅邸

認識近江商人的智慧與用心之處
五個莊近江商人舊住宅 📷參觀

★ごかしょうおうみしょうにんやしき

五個莊的金堂地區為重要傳統建造物群保存地區。外村繁邸、外村宇兵衛邸、中江準五郎邸與宮莊町的藤井彥四郎邸等處有對外開放。

📞0748-48-3399（中江準五郎邸）
🕙9:30～16:30 休週一、假日翌日
💴600日圓（近江商人舊住宅3館共通，藤井彥四郎邸為300日圓）🚉東近江市五個莊金堂町 🚌ぷらざ三方よし前巴士站步行5分

可入內參觀這些商人宅邸！

有著美麗白牆的外村宇兵衛邸

明治時代登上全國富豪排行榜的富商舊宅
外村宇兵衛邸 📷參觀
★とのむらうへえてい
MAP 73A-2

可參觀修復為明治時代樣貌的主屋及倉庫等。當時建有書院、米倉等十幾棟建築物，顯示了其事業之成功。也能見識到五個莊商人宅邸的構造、樣式。

宅邸內有寬廣的庭園，建築風格渾厚穩重

不負「百貨店王」之名
氣派的建築與庭園令人讚嘆
中江準五郎邸 📷參觀
★なかえじゅんごろうてい
MAP 73A-2

過去在中國大陸有二十餘間店鋪的三中井百貨店經營者—中江準五郎的舊宅，宅邸內有2棟倉庫與池泉迴遊式庭園。此外還展示了鄉土民藝品小幡人偶及全國各地的陶土人偶。

大庭園為東近江市指定名勝，構想出自彥四郎本人

從客殿眺望大庭園
感受充滿野趣的壯闊氣氛
藤井彥四郎邸 📷參觀
★ふじいひこしろうてい

創立藤井糸店，並成功致富的藤井彥四郎之宅邸。除了以仿照琵琶湖打造的水池為中心所設計池泉迴遊式大庭園外，宅邸內還有主屋、客殿、洋館、倉庫等建築。
MAP 73B-1
🚉東近江市五個莊宮莊町681 🚌近江鐵道五箇莊站步行12分 🅿免費

展示了外村繁創辦的同好雜誌《青空》相關資料

湖國的代表性作家
過去進行創作的宅邸
外村繁邸 📷參觀
★とのむらしげるてい
MAP 73A-2

小說家外村繁的出生地，現為文學館對外開放，宅邸內有名為川戶的用水處及寬闊的庭園等許多值得一看之處。另外也介紹了外村繁過去寫小說用的小房間及書房等隔間配置。

五個莊是孕育出眾多近江商人之地，商人在遠赴各地發展，事業有成之後，仍在此保留了自己的宅邸，因此五個莊在今日還能見到有著白牆倉庫、舟板牆等，別具韻味的商人宅邸。來到五個莊時，別忘了走進對外開放的宅邸內，好好認識一下近江商人的生活文化。

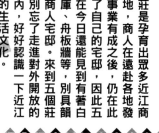

可以從豐富的資料中一窺近江商人的樣貌

ACCESS
🚌JR能登川站搭近江鐵道巴士10分，ぷらざ三方よし前下車
- - -
🚗名神高速道路八日市IC經縣道327號，縣道328號往愛知川方向約20分

深入探索近江商人大小事！

東近江市
近江商人博物館
中路融人紀念館 📷參觀
★ひがしおうみしおうみしょうにんはくぶつかん
　なかじゆうじんきねんかん

透過影像、模型、複製品，介紹近江商人的經商方法、教育、精神、文化、藝術等。2樓則展示了日本畫家中路融人筆下的湖國原鄉風景等。

MAP 73B-2
📞0748-48-7101
🕙9:30～16:30 休週一（逢假日則開館）、假日翌日（更換展覽時休館）💴300日圓
🚉東近江市五個莊竜田町583 てんびんの里文化学習センター內 🚌ぷらざ三方よし前巴士站步行15分 🅿免費

什麼是近江商人？

近江商人指的是江戶至明治時代，出身滋賀縣，活躍於日本各地的商人。他們奉行質樸節儉之道，秉持「嘉惠賣方、嘉惠買方、嘉惠大眾」的「三贏」精神，挑著扁擔行走全國。

比叡山・大津
近江八幡・五個莊・東近江
走訪五個莊的商人宅邸
長濱・湖北
彥根
信樂・甲賀
湖西・比良山

以懸山頂及入母屋樣式的主屋為中心，連同數棟屋風樣式的離屋、倉庫，以及設計了水池、人造山的庭園所構成。從奢華的家具及氣派的格局中可看出近江商人的生活智慧與用心之處。好好在這裡體驗一下近江商人注重質樸節儉精神的生活樣貌吧！

書院遺址
書院是從京都的佛光寺遷建至此

舟板牆
利用船隻腐朽的木板築成的牆壁，貼附在白牆的下半部，避免因雨水等造成腐蝕　※圖為中江準五郎邸

倉庫
建築本身厚實穩重，內部可保持溫度、濕度，用於保存當時的日常用品、掛軸等

廚房
土間展示了古早的爐灶等過去用於烹煮食物的廚房設備

外村宇兵衛邸

和室
可以只替換拉門軌道部分的門檻等細節處，反映出了近江商人節儉風。有水池、人造山等景色的庭園也值得欣賞

川戶
將水路導流至宅邸內，藉此洗滌、作為防火用水。洗碗時沖掉的剩餘飯菜則成了水路中的鯉魚的飼料

✦ 在古色古香的建築內享用午餐 ✦

屋齡超過200年的老宅打造成的餐廳
めんめんたなか
美食

提供老闆每天手擀的烏龍麵與蕎麥麵的餐廳。店面所在建築是被指定為傳統建造物的大宅邸。能一面欣賞美麗庭園，一面享用有嚼勁的烏龍麵及二八比例蕎麥麵。

附當令料理的定食也很受歡迎。2～3月下旬限定的雛壽食1000日圓

庭園內添水的聲響更添風情

📞0748-48-7338　MAP 73A-2
🕐11:00～19:00　休週一　所東近江市五個莊金堂町845
🚌ぷらざ三方よし前巴士站步行5分　P免費

逛五個莊時記得來看看！

旅遊資訊盡在這裡
ぷらざ三方よし
★ぷらざさんぽうよし　參觀

東近江市觀光服務處有各種觀光手冊供遊客索取，「ごきげん館」則販售了適合作為伴手禮的當地特產。

📞0748-48-6678　MAP 73A-2
🕐9:00～17:00　休週一、假日翌日　¥免費入館
所東近江市五個莊塚本町279　🚌ぷらざ三方よし前巴士站即到　P免費

伴手禮就買這個！
天秤米果
米餅（右），烤米果（左）各300日圓

使用近江米製成，味道溫和樸實的米果，外型靈感來自弧線狀的扁擔。據說過去是近江商人家中的點心。

可免費參觀的商人宅邸！
金堂まちなみ保存交流館
★こんどうまちなみほぞんこうりゅうかん　參觀

將三中井百貨店的經營者，中江四兄弟排行第三的富十郎之宅邸免費對外開放，還會依季節舉辦企劃展。館內設有休息區，旅途中走累了也可來歇息片刻。

MAP 73A-2
📞0505-801-7101
🕐10:30～16:30
休週一、二、假日翌日
¥免費入館
所東近江市五個莊金堂町904　🚌金堂巴士站即到　P免費

建於江戶時代後期，2樓為1873（明治6）年加蓋

●參觀　●玩樂　●美食　●咖啡廳　●溫泉　●購物　●住宿　●活動、祭典

永源寺的紅葉之美

位於鈴鹿山脈西麓的西明寺、金剛輪寺、百濟寺是合稱為「湖東三山」的古剎，這三座被指定為國家文化財的名寺再加上位於南方的永源寺，是關西數一數二的紅葉名勝，每年秋天皆吸引絡繹不絕的遊客前來。

西明寺（池寺）
●さいみょうじ（いけでら）

三重塔及庭園「蓬萊庭」搭配優雅紅葉交織出療癒風景

江戶時代初期所打造，現為國家指定名勝庭園，紅葉時節更添風雅

♣紅葉MEMO
【觀賞期】10月下旬～12月上旬
【拍照地點】名勝庭園「蓬萊庭」
●寺內佇立著約1000株楓樹等樹木，其中還有樹齡約350年的老樹

本堂為鎌倉時代初期，飛驒地區的工匠完全未使用釘子建造而成

鎌倉時代的本堂與三重塔是必看重點

三修上人於平安時代遵照仁明天皇之意創立的天台宗佛寺。寺內有興建於鎌倉時代的國寶本堂、保留了華麗壁畫的三重塔、名勝庭園「蓬萊庭」等許多值得一看的亮點。到了秋天，寺內更是會被多達1000株的紅葉染得通紅。

MAP 附錄17C-1

📞0749-38-4008 🕐8:00～16:30(視時期而異)
💴入山費600日圓，參觀三重塔1000日圓(有春、秋季開放，視每年而異，需洽詢) 📍甲良町池寺26
🚃JR河瀬站搭計程車15分 📍免費

國寶 **重要文化財**

永源寺
●えいげんじ

被譽為近江最美的紅葉隧道在此迎接遊客到來

周圍的樹木悉數染上了紅、黃色彩

♣紅葉MEMO
【觀賞期】11月上旬～下旬
【拍照地點】山門前、開山堂前
●夜間點燈期間，蘆葦鋪成的大屋頂讓人印象深刻的本堂，以及寺內各處皆呈現出夢幻氛圍

除了紅葉之外，初夏的新綠、冬季的雪景等四季美景都值得一看

自南北朝時代屹立至今的臨濟宗古剎

永源寺是日本的南北朝時代，佐佐木氏賴迎來寂室元光禪師開山，為臨濟宗永源寺派的本山。楓樹等各種樹木在秋天時會紛紛轉為紅、黃色，參道通往山門、開山堂沿路的紅葉隧道非常壯觀。枯山水庭園在鮮豔紅葉的襯托下也更添風情。

MAP 附錄17C-3

📞0748-27-0016 🕐9:00～16:00(紅葉時為8:00～17:00) 💴500日圓 📍東近江市永源寺高野町41
🚃近江鐵道八日市站搭近江鐵道巴士29分，永源寺前下車即到 📍使用民間停車場，1輛500日圓

賞紅葉之餘 別忘了順道造訪

西明寺即到 西明寺前一休庵本店 🍴美食
●さいみょうじまえいっきゅうあんほんてん

使用自製豆腐提供各式料理

位在西明寺門前的餐廳，能吃到用調和國產大豆的自製「一休豆腐」做成的各種料理，以及國產和牛御膳、素食料理、宴席料理等。除了餐廳外還有伴手禮區。

豆腐御膳1950日圓，吃得到大豆本身的鮮甜與香醇滋味

MAP 附錄17C-1

📞0749-38-3848
🕐11:00～18:00
📅12月25～31日
💴素食料理1620日圓
📍甲良町池寺1-5
🚃JR河瀬站搭近江鐵道巴士14分，金屋下車，步行15分 📍免費

永源寺車程12分 HITOMIWINERY‧日登美術館 🛍購物 📷參觀
●ヒトミワイナリーひとみびじゅつかん

附設美術館的葡萄酒莊

展示Bernard Leach的陶器及蝕刻版畫作品等的美術館，隔壁為葡萄酒莊。100%使用日本國產葡萄，保留了果實纖維的「濁葡萄酒」是著名酒款。

館內主要展示Bernard Leach的作品

Doux Blanc白葡萄酒‧甜(720ml)1728日圓(右)，h3 Papillon粉紅酒‧微甜(720ml)1944日圓(左)

MAP 附錄17C-3

📞0748-27-1707
🕐10:00～18:00(美術館為～17:00) 📅無休 💴葡萄酒莊參觀免費，美術館門票500日圓
📍近江八日市上町2083 🚃近江鐵道八日市站搭近江鐵道巴士24分，山上口下車即到 📍免費

永源寺車程10分 永源寺そば 🍴美食
●えいげんじそば

使用在地蕎麥粉的手擀蕎麥麵

位在特產銷售所「ふるさと工房」內的蕎麥麵店。可以吃到使用在地蕎麥粉製作的手擀蕎麥麵，以及所有餐點都會附的在地產蒟蒻燉煮料理等特產。還能體驗蕎麥麵製作。

放了滿滿山蔬的永源寺蕎麥麵950日圓

MAP 附錄17C-3

📞0748-27-2133(やまあいの里)
🕐11:00～16:00 📅週四，12月中旬～12月底(11～12月中旬無休，1、2月僅週六、日、假日營業) 💴餡餅180日圓，蕎麥麵製作體驗2000日圓
📍東近江市山上町123 🚃近江鐵道八日市站搭近江鐵道巴士24分，山上口下車，步行15分 📍免費

比叡山・大津

近江八幡・五個莊・東近江

湖東三山&永源寺

長濱・湖北

彥根

信樂・甲賀

湖西・比良山

古剎與自然美景共同創作的秋季風情畫 感受湖東三山&

國史蹟 百濟寺 ●くにしせきひゃくさいじ

造訪湖東三山最古老的佛寺
一睹絢爛華麗的紅葉風景

重要文化財

鮮艷的紅葉與歷史悠久的建築交織出動人美景

因聖德太子發願而設立的古剎

在聖德太子發願之下，仿照百濟國的梵閣龍雲寺，作為近江的佛教據點所創立。本尊十一面觀音菩薩總高度達3.2m。散布著巨石的本坊喜見院庭園及山門、本堂等處的景緻，到了紅葉時節更加顯得有韻味。

📞0749-46-1036 MAP附錄17C-2
🕐8:00～17:00 💴600日圓
🏠東近江市百濟寺町323
🚗近江鐵道八日市站搭計程車12分 P免費

庭園借景鈴鹿山脈，並巧妙運用了變化多端的地形營造出景觀

金剛輪寺 ●こんごうりんじ

有「血染紅葉」之稱
深紅與金黃葉片形成鮮豔對比

深紅紅葉襯托下的國寶本堂

國寶 重要文化財

行基於1200多年前開山的佛寺

金剛輪寺為行基在奈良時代中期奉聖武天皇之命所開山，相傳行基在雕刻密佛本尊聖觀世音菩薩時，木材流出了一道鮮血，象徵著有魂魄依附其中。秋天時寺內的樹木會轉為深邃的紅色及黃色，被稱為「血染紅葉」。

📞0749-37-3211 MAP附錄17C-1
🕐8:30～16:30
💴600日圓（與明壽院共通）🏠愛莊町松尾寺874
🚗JR稻枝站搭計程車15分 P免費

被指定為國寶的本堂大悲閣為鎌倉時代代表性的和風建築

🚗百濟寺車程15分 八日市やさい村 ●ようかいちやさいむら 購物

販售栽種者也一目瞭然的新鮮蔬菜

主要販售早晨採收的八日市產蔬菜及花卉，為了帶給顧客安心安全的美味，也致力於少農藥、少化學肥料的耕種，提供各種獲得滋賀縣「環保農產品」認證的蔬菜。

MAP附錄17B-2
📞0748-25-0831
🕐9:00～12:00
休週一
🏠東近江市八日市綠町27-17
🚗近江鐵道八日市站步行20分 P免費

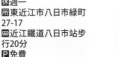

能買到八日市產新鮮蔬菜的好所在

🟤金剛輪寺內 華樂坊 ●からくぼう 美食

於金剛輪寺內大啖當令和食

位在金剛輪寺內的餐廳，可以在充滿情調的氣氛中享用以當令食材製作的素食料理。燉煮時令蔬菜、芝麻豆腐、涼拌菜等每道料理都滋味無窮，令人讚賞。

著名美食素食便當盒餐2160日圓起

MAP附錄17C-1
📞0749-37-3211（金剛寺）
🕐11:30～14:30（需預約，11月以外僅5人以上受理預約）
休不定休 💴素食便當2160日圓～，素食懷石5400日圓～ 🏠愛莊町松尾寺874金剛輪寺內 🚗JR稻枝站搭計程車15分 P免費

🚗金剛輪寺車程20分 手おりの里 金剛苑 ●ておりのさとこんごうえん 玩樂

挑戰藍染及綢布手織體驗

製造、銷售滋賀的傳統工藝品─近江上布及綢布的商家。不僅公開製作過程，還能在此體驗本藍染及正統的綢布手織。藍染製品及麻布商品也很適合當作伴手禮。

可進行手帕等的藍染體驗

MAP附錄17C-1
📞0749-37-4131
🕐9:00～16:30（體驗受理為～15:30）休週一（12～3月為週日、週一）💴門票320日圓，染布體驗1000日圓～（需預約）🏠愛莊町蚊野外514 🚗名神高速道路湖東三山スマートIC車程5分 P免費

石馬寺
●いしばじ

📞0748-48-4823　📷參觀

散發祕境風情的名剎

石馬寺的由來相傳是聖德太子出巡至近江時，馬匹化為石頭無法移動，因而創建了這座寺院。寺內收藏了許多珍寶，大佛寶殿的木造丈六阿彌陀如來座像、十一面觀世音菩薩立像、大威德明王牛上像等11尊佛像被指定為國家重要文化財。

→寺內一年四季各有不同美景

為國家指定重要文化財

役行者大菩薩腰掛像

重要文化財

11月中旬～下旬是欣賞紅葉的最佳時期

🕐9:00～16:00
休週一（達假日則翌日休）
💴500日圓
所東近江市五個莊石馬寺町823　近JR能登川站搭近江鐵道巴士6分，石馬寺下車，步行15分
P免費

東近江
●ひがしおうみ　MAP P.73・附錄16・17

除了重要傳統建造物群保存地區—五個莊，東近江還有許多古剎、觀光景點，永源寺也是著名的紅葉勝地。

區域導覽

精彩特輯！
★走訪五個莊的商人宅邸→P.72
★感受湖東三山&永源寺的紅葉之美→P.74

納屋孫
●なやまご

📞0748-48-2631　美食

湖魚料理讓人大飽口福

自古便為近江商人的宅邸及代官所等提供餐點的老字號餐廳，能透過宴席料理品嘗日本料理及湖魚料理。中午的近江牛午餐（3600日圓）與鰻魚盒飯午餐（3900日圓）（皆2人以上起餐）很有人氣。

🕐11:00～21:00（需預約）
休不定休（湖魚宴席3240日圓～）
（5人以上起餐）所東近江市五個莊川並町620　近JR能登川站搭近江鐵道巴士10分，ぶらざ三方よし前下車即到　P免費

店面散發舊日商家的氣息

お食事処 紫陽花
●おしょくじどころあじさい

📞0748-48-5649　美食

使用在地食材呈現美味料理

位在近江商人博物館的てんびんの里文化學習センター內。能吃到鄉土料理的五個莊里御膳（1700日圓）及近江牛漢堡排午餐（1500日圓）等手工製作的午餐深受好評。

🕐9:30～16:00
休週一、假日翌日
所東近江市五個莊竜田町583 てんびんの里文化學習センター內
近JR能登川站搭近江鐵道巴士9分，金堂下車，步行20分　P免費

能吃到近江商人所發展出來的鄉土料理

迷你全餐料理（7道）3500日圓

觀峰館
●かんぽうかん

📞0748-48-4141　📷參觀

可接觸書法文化的博物館

介紹漢字誕生以前的歷史，並分批展示館藏的2萬5千件書法家原田觀峰之作品。瓦當、石碑的拓印體驗也很受歡迎。館內空間開闊，並有許多值得留意之處，可在此慢慢參觀。

🕐9:30～16:00
休週一（達假日則翌日休）
💴500日圓（特展另計）
所東近江市五個莊竜田町136　近近江鐵道五箇莊站步行15分　P免費

（圖左）2015年開幕的新館，會舉辦各種企劃展

石塔寺
●いしどうじ

📞0748-55-0213　📷參觀

石塔相傳為阿育王致贈的禮物

與聖德太子有淵源的寺院。本堂後山矗立著日本最古老，也是最大的三重石塔。這座三重石塔是在平安時代挖掘出來，傳說為印度的阿育王為祈求佛教興盛而建造的佛舍利塔之一。

🕐9:00～17:00
休無休　💴400日圓　所東近江市石塔町860
近近江鐵道櫻川站搭計程車6分　P免費

重要文化財

有無數石塔圍繞

重要文化財三重石塔四周

近江商人鄉土館
●おうみしょうにんきょうどかん

📞0749-45-0002　📷參觀

被稱作「丁吟」的小林吟右衛門宅邸

過去在江戶及大坂經營織物批發及金融業的近江商人—小林吟右衛門的宅邸對外開放參觀，包括了展示當時經商道具及舊文書的資料館，以及展示旅行披風、習字本等物品的生活館。

🕐10:00～16:00
休週一、三、五、日、12～2月
💴500日圓　所東近江市小田苅町473
近近江鐵道八日市站搭計程車6分　P免費

綠意盎然，散發著穩重感的近江商人宅邸

喫茶てんびんの里
●きっさてんびんのさと

📞0748-48-6212
（五個莊觀光中心）咖啡廳

旅途中休憩的好去處

以賽風壺煮的咖啡搭配自製點心而成的いっぷく套餐（500日圓）十分受歡迎。另外還有2層的午餐套餐、自製可樂餅定食、烏龍麵、蕎麥麵等。

🕐9:00～16:30前後
休不定休
💴咖啡300日圓，午餐套餐800日圓　所東近江市五個莊塚本町273-1　近JR能登川站搭近江鐵道巴士10分，ぶらざ三方よし前下車即到　P免費

位在五個莊觀光中心內，店門口還有販售在地蔬菜

採訪memo 去「こうとヘムスロイド村」走走也不錯！
こうとヘムスロイド村是位在東近江市，有許多藝術家聚集的手工藝村，詳情請見P.78。

🍁=紅葉名勝

比叡山·大津

近江八幡·五個荘·東近江

東近江區域導覽

農漁·湖北

彥根

佐賀·甲賀

湖西·比良山

滋賀縣和平祈念館
●しがけんへいわきねんかん

資料館／八日市　MAP附錄17B-2　📷參觀　☎0749-46-0300

訴說戰爭時期體驗，祈求和平

展示滋賀民眾第二次世界大戰時的體驗及當時曾使用的資料、照片等。可了解戰爭期間滋賀縣發生了什麼事、縣民的生活及當地的戰爭遺跡等，讓人對和平有進一步思考。

🕐9:30～17:00　休週一、二（逢假日則開館，有臨時休館日）　💴免費　📍東近江市下中野町431　🚌近江鐵道八日市站搭ちょこっと巴士21分，愛東支所·診療所前下車即到　🅿免費

「基本展示」介紹了戰爭時期滋賀縣內所發生的事情等

西堀榮三郎記念 探檢の殿堂
●にしぼりえいざぶろうきねんたんけんのでんどう

博物館／八日市　MAP附錄17B-2　📷參觀　☎0749-45-0011

介紹挑戰世界的探險家生平事蹟

紀念探險家、科學家西堀榮三郎的博物館。館內介紹了西堀充滿個人特色而積極的話語，並以其橫跨各領域的「先驅事業」為主題進行展示。也可在此進行實驗及創作。

🕐9:30～16:30　休週一、假日翌日（假日翌日逢週六、週日則開館）　💴300日圓　📍東近江市横溝町419　🚌近江鐵道八日市站搭ちょこっと巴士湖東線17分，湖東支所下車，步行3分　🅿免費

可在此接觸勇於挑戰未知世界的探險家精神

世界風箏博物館·東近江大風箏會館
●せかいたこはくぶつかん・ひがしおうみおおだこかいかん

博物館／八日市　MAP附錄17B-2　📷參觀　☎0748-23-0081

專門展示世界各國風箏的博物館

以國家的選擇無形民俗文化財—東近江大風箏的實物展示為中心，介紹東近江大風箏歷史的博物館。除了約500件日本各地的特色風箏作品外，也展示了來自國外五顏六色的風箏。

🕐9:00～16:30　休週三、第4週二、假日翌日（逢假日則開館）　💴300日圓　📍東近江市八日市東本町3-5　🚌近江鐵道八日市站步行20分，或搭ちょこっと巴士7分，大鳳会館前下車即到　🅿免費

東近江大風箏祭會將100張榻榻米大的大風箏放上天空

永源寺水壩
●えいげんじダム

水壩／永源寺　MAP附錄17C-3　📷參觀　☎0748-27-0058

欣賞水壩湖之餘可在自然公園散步

永源寺水壩是位在愛知川主流的農業用水水壩，水壩湖面積為98.4公頃。水壩周邊修建了公園及步道，可欣賞春天的櫻花、秋天的紅葉等四季景觀倒映在湖面的美景，邊悠閒地散步。

🕐自由參觀　📍東近江市永源寺相谷町34-7　🚗名神高速道路八日市IC車程15分　🅿免費（洩洪警報時無法使用）

洩洪閘門左側以混凝土，右側以泥土與岩石建造

能登川水車與獨木舟樂園
●のとがわすいしゃとカヌーランド

公園／能登川　MAP附錄17A-1　🎵玩樂　☎0748-42-3000

關西最大的水車在此轉動

這座位在伊庭內湖畔的親水公園內，聳立著直徑13m的巨大水車。此外還有小河、草坪等，並可見到蘆葦的群生帶分布在此。展示水車零組件的水車資料館也是這裡的亮點之一。

🕐9:00～16:00　休週一（逢假日則營業），假日翌日　💴免費，水車資料館免費　📍東近江市伊庭町1269　🚌JR能登川站搭計程車7分

巨大的水車十分醒目

畑酒造
●はたしゅぞう

酒窖／八日市　MAP附錄17A-2　🛍購物　☎0748-22-0332

專注的態度獲得高評價的酒窖

主力酒款為暢銷多年的「喜量能」，以及為求更具特色而高品質的日本酒所推出的「大治郎」系列。大治郎為畑酒造創辦人的名字，第4代負責人也以此為名。

🕐8:00～19:00　休不定休　💴大治郎 純米吟釀 生酒（720ml）1728日圓　📍東近江市小脇町1410　🚌近江鐵道太郎坊宮前站步行5分　🅿免費

位在國道421號上，日本酒在隔壁的酒窖釀造

池田牧場 ジェラートショップ 香想
●いけだぼくじょうジェラートショップこうそう

牧場／永源寺　📍MAP附錄17C-3　🛍購物　☎0748-27-1600

義式冰淇淋為人氣美食的牧場

「ジェラートショップ香想」販售的義式冰淇淋是以自家牧場的新鮮牛乳製作，無香料、無色素，深受好評。還可以看到小馬、雞、羊等動物。

🕐10:00～18:00（11～3月為～17:00）　休週三（1～2月為週三、週四）　💴義式冰淇淋單球305日圓，兩球450日圓　📍東近江市和南町1572-2　🚗名神高速道路八日市IC車程20分　🅿免費
⤵店面為小木屋風的建築

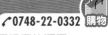
使用現擠牛乳製作的義式冰淇淋

菜色包括了牛乳豆腐、時令天麩羅等

田舍の親戚 香想庵
●いなかのしんせきこうそうあん
MAP附錄17C-3　☎0748-27-1111

位在池田牧場內，以地產地消的鄉村料理為賣點的餐廳。能吃到烤得軟嫩的鹿肉及使用特產紅點鮭、當令蔬菜等製作的料理。

🕐11:00～15:00（預約制）　休週三～五（12～2月為不定休）　💴鄉村定食1000日圓，香想庵蓋飯1460日圓

池田養魚場溪流館
●いけだようぎょじょうけいりゅうかん

河魚料理／永源寺　MAP附錄16D-2　🤲美食　☎0748-29-0351

品嘗生長於愛知川上游的紅點鮭

利用須谷川溪流打造的池田養魚場，在歷經不斷嘗試及失敗後，終於成為日本第一座紅點鮭養殖場。在用地內的溪流館能享用包括了紅點鮭生魚片、鹽烤等的紅點鮭多吃宴席。

🕐11:00～17:00（晚餐需預約）　休無休　💴烤肉3240日圓～　📍東近江市杠葉尾町　🚗名神高速道路八日市IC車程30分　🅿免費

➡紅點鮭多吃宴席3240日圓起

認識近江的傳統技術
造訪手工藝村

東近江市以麻織品產地及工匠之都著稱，因此有許多手工藝相關的店鋪。以下就帶你去有藝廊、藝術家工作室進駐的2大手工藝村一探究竟。

編織工廠化身為藝廊

東近江

ファブリカ村
●ファブリカむら

參觀

過去生產近江綢綢及近江麻布等的編織工廠經改裝後，搖身一變成為藝廊空間。每個月會舉辦各種不同領域的藝術活動，傳達生產、創作的魅力。

MAP 附錄17A-1
☎0748-42-0380
🕐11:00～18:00 休週一～五（8月休） 所東近江市佐野町657北側織物工場 🚃JR能登川站步行15分 🅿免費

過去使用過的織布機也保留了下來，搭配各種作品陳列

週末咖啡廳每次會邀請不同店家前來

週末出張café
每次都會有充滿特色的咖啡廳進駐村內，提供老闆精心製作的料理及飲品。（不定期舉辦）

透過不同活動可接觸到各領域的作品

gallery & shop
主要介紹麻織品、木工等在滋賀縣內製作的作品，並會舉辦各種活動。

提供當地藝術家發表作品的場域

這裡充滿了生產、創作的喜悅，是個迷人的地方

魅力大公開！
除了可參加手工藝等工作坊進行體驗，還會舉行音樂會、戲劇表演等，能參與各式各樣的創作及演出。

副村長 北川順子女士

窗外照進來的光線將作品襯托得更加美麗

精巧的作品令人心動
Azzurro
●アズーロ

以當地為據點進行活動的玻璃藝術家，東敬恭的工作室。除了能購買各種色彩、造型的作品外，事先進行聯絡的話，還可參觀他的工作空間。

☎0749-45-0742
🕐11:00～16:00（參觀需預約）
休不定休

各種尺寸的彩色小碗
各4320日圓起

魅力大公開！
東先生追求的是發揮素材個性的創作。有機會造訪的話，不妨將他親手製作的各式作品拿起來仔細觀賞。

玻璃的有趣之處就在於不能只是照本宣科

東敬恭先生

窗外陽光灑落在作品上的畫面美極了

探訪座落於森林中的工房

東近江

ことうヘムスロイド村
●ことうヘムスロイドむら

參觀

因舊湖東町（現東近江市）與瑞典的賴特維克市締結姐妹市而誕生的藝術與手工藝之村。大自然之中座落著一間間工房，有不同領域的5組藝術家在此進行創作。

MAP 附錄17B-1
☎0748-42-0380
🕐自由參觀（參觀藝廊請洽詢各工房）
所東近江市平柳町568 🚃JR能登川站搭近江鐵道巴士24分，小八木下車，步行15分 🅿免費

活動CHECK!
每年5月第4個週六、週日會舉行「ヘムスロイドの杜まつり」，展示、銷售來自全國各地的藝術家創作的陶器及玻璃藝品等。

在綠意盎然的村內散步讓人身心舒暢

長濱 湖北

ながはま・こほく

長濱是出自豐臣秀吉之手的城下町。
完美結合了老街景色的黑壁廣場是長濱
數一數二的人氣觀光景點。湖北地區則
保留了許多當地民眾守護至今的觀音像，
參訪古剎的遊客絡繹不絕。木之本宿過去
是熱鬧的驛站，現在仍保有江戶時代的風情
帶有歷史韻味的建築很有看頭。

湖北
伊吹山
牧野
朽木 今津
長濱 米原
志賀
彥根
近江八幡 多賀
湖東三山
東近江
草津
大津 信樂
甲賀

CONTENTS

特輯

區域導覽

必訪景點
BEST2
漫步於
木之本宿
古色古香的街道
P.89

必訪景點
BEST3
登上著名能量
景點**竹生島**，
進獻達摩祈福
P.18

必訪景點
BEST1
**黑壁
廣場** P.80
北國街道兩旁有許多過去的
町家打造成的商店，帶來各
種玻璃雜貨及特色美食！

ACCESS

從京都前往長濱

電車
京都站 ━━━━ 長濱站
JR琵琶湖線、北陸本線新快速
約1小時10分 1320日圓

開車
京都南IC
名神高速道路 92km 約1小時 2680日圓
米原JCT
北陸自動車道
長濱IC
縣道37號
國道8號 4.1km 約10分
縣道509號
長濱市區

從名古屋前往長濱

電車
名古屋站 ━━━━ 米原站
新幹線光號、回聲號 約25分
合計3740日圓
長濱站
JR北陸本線新快速 約10分

詳細交通方式說明與
該地區路線圖 ▶ 請見
P.120・121！

洽詢單位
長濱市觀光振興課 0749-65-6521
長濱站觀光服務處 0749-63-7055
長濱市公所高月支所 0749-85-3111(代)
長濱市北部振興局 0749-82-4111(代)
奧琵琶湖觀光協會 0749-82-5909
長濱市公所西淺井支所 0749-89-1121(代)
米原市伊吹廳舍商工觀光課 0749-58-2227

黑壁廣場

位在北國街道上的黑壁廣場，歷史悠久的町家、古典建築、餐飲店林立，過去作為驛站時繁榮景象至今也不減風采。看看這個長濱的人氣觀光景點有何魅力吧。

在黑壁廣場 大買特買

不論是前身為明治時代銀行建築的「黑壁玻璃館」等玻璃製品商店，或其他五花八門、各具特色的店鋪，都讓人逛到欲罷不能。也順便挑戰一下玻璃製作體驗吧。

不僅是外觀，連天花板、階梯也保留了銀行時代的面貌

威尼斯玻璃的壁飾（左）各1026日圓、（右）5184日圓。可為簡約風格的服飾增色

（購物）

黑壁廣場的必訪之地

黑壁玻璃館
●くろかべガラスかん

建於1900（明治33）年的舊銀行經改裝後，保留了洋房的韻味，成為玻璃製品商店。販售從傳統到摩登風格等豐富多元的玻璃製品。

MAP 80

☎0749-65-2330（代表）
🕙10:00～18:00（11～3月為～17:00）
休無休　🏠長浜市元浜町12-38

原創的花窗玻璃風藝術掛板2052日圓只有這裡買得到

義大利製玻璃筆各1944日圓～。除了外表美觀，寫起來也順手

黑壁玻璃館是黑壁廣場的代表性景點

當地人也愛光顧的商店
不論是大人或小孩，當地人也愛光顧的商店

（購物）

精選雜貨賞心悅目

MONOKOKORO
●モノココロ

以兼具設計感與機能性商品著稱的選貨店。除了玻璃製品外，還有文具、布製品等各類品項，不論送禮、自用都是好選擇。

☎0749-65-2330（代表）　**MAP 80**
🕙10:00～18:00（11～3月為～17:00）
休無休（12～1月為週二休）
🏠長浜市元浜町11-26

威尼斯玻璃吊燈44280日圓，巧妙展現出馬賽克圓珠的光芒

HUNTSMANS馬克杯各1296日圓。圓滾滾的造型十分可愛，色彩豐富，適合買來送禮

黑壁廣場是什麼地方？

是北國街道上一處集中歷史悠久的町家、古典建築打造成的商店、餐飲店的區域。其中，明治時代以「黑壁銀行」之暱稱聞名的第百十三國立銀行長濱分行，則搖身一變成了「黑壁玻璃館」。此外，琳瑯滿目的玻璃製品也是黑壁廣場的一大特色。

交通方式

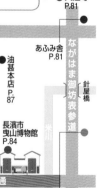

電車
從JR長濱站沿站前通往東步行5分。各商店間的移動時間為5～10分

開車
北陸自動車道長濱IC車程4km。黑壁廣場內有停車場

周邊MAP 87

● 參觀
● 玩樂
● 美食
● 咖啡廳
● 購物

そば八 P.82
祝町通　商店街

黑壁體驗教室 P.81
びわこレストラン ROKU P.82
gallery AMISU P.85
附錄P.5
長浜お旅所停車場 平日150日圓／60分、週六、週日及假日200日圓／60分、34輛
黑壁廣場
黑壁音樂盒館 P.81
三ツ星甘実 しぜん堂 P.83
96CAFE P.83・附錄P.5

ステンド ガラス館
卍勝福寺
MONOKOKORO P.80
P.80・附錄P.5 黑壁玻璃館
近江牛まん本舗
海洋堂博物館通

いわい納安 P.83
カフェ 叶 匠壽庵 長浜黑壁店 P.83
油甚本店 P.87
博物館通

大通寺 P.81
あふみ舎 P.81
針屋橋
ながはま御坊表参道
長濱市曳山博物館 P.84

北國街道

P.81 黑壁AMISU 滋賀FOOD&STORY
元氣や芋平 長浜店
陶芸工房 ほっこくがま P.85
鳥喜多 P.82

4 SEASON P.81
翼果楼 P.39
分福茶屋 P.83
茂美志や P.39

商店街　大手門通

CAFE Yoshino P.87
元氣や芋平 大手門店 P.83

MASAO P.82
中央停車場 平日150日圓／60分、週六、週日及假日200日圓／60分、69輛

往JR長濱站→
海洋堂公仔博物館in P.84 長浜アートセンター
站前通　開知学校

ホダヤ停車場 100日圓／60分、55輛

Kitchen OMUHICO P.82

長浜信用金庫本店

茶しん 站前本店 P.41

黑壁廣場

店面為屋齡超過100年的老宅。店名的「あふみ＝近江」，是琵琶湖的古稱

用雜貨為日常生活增添新意

あふみ舍●あふみしゃ [購物]

老闆精心挑選出自己真正喜愛的商品，並確認過用起來的感覺後才在店內販售。商品主要為居住在滋賀縣及鄰近地區的藝術家製作的器皿等，能感受到手作質感及溫度的各種雜貨及日用品。

☎080-4021-8236 **MAP 80**
⏰11:00～19:00 休不定休
所長浜市元浜町17-2

在耳際搖曳生姿，以華麗設計展現女人味的耳環各3456日圓

\\ 順道來這兒看看吧 /

一窺華麗的桃山文化

大通寺 [參觀]
●だいつうじ

書院造樣式的本堂相傳為伏見桃山城遺跡，此外還有大廣間、長濱城大手門的側門、被指定為國家名勝的庭園等眾多值得一看之處。狩野派及圓山應舉筆下的襖繪也不可錯過。

MAP 80
☎0749-62-0054 ⏰9:00～16:30
休無休 ¥500日圓 所長浜市元浜町32-9

由於原本是宣揚佛法的道場，因此被稱為「長濱御坊」、「御坊さん」

滋賀的人氣食材齊聚一堂

黑壁AMISU
滋賀FOOD&STORY [購物]
●くろかべアミスしがフードアンドストーリー

有伊吹山的名水孕育出的稻米、使用琵琶湖水產製作的佃煮、魯山人也喜愛的日本酒──七本鎗等，各式各樣滋賀縣產的食材。而且許多商品都標示了生產者，讓人買起來更安心。

MAP 80
☎0749-65-2330（代表）
⏰10:00～18:00（11～3月為～17:00）
休無休（12～2月為週一休）所長浜市元浜町8-16

丹波黑豆的豆菓子486日圓，百匠屋的越光米450g486日圓，青鳥龍茶648日圓

認明風格獨特的黑灰泥建築就對了

開幕於2015年，是人氣商店黑壁AMISU的分店

發現日本的優質好物

黑壁AMISU
4SEASON [購物]
●くろかべアミスフォーシーズン

將焦點集中在扎根於滋賀歷史及文化的職人技藝，販售越用越讓人喜愛的信樂燒器皿等，日本的工藝品與雜貨。展現了四季風情的商品陳列也很迷人。

☎0749-65-2330（代表）**MAP 80**
⏰10:00～18:00（11～3月為～17:00）
休無休 所長浜市元浜町7-11

帶有生鏽般的質感，越用越有味道的信樂燒馬克杯3888日圓

小酒杯各1080日圓～。用自己喜歡的杯子喝酒，想必會更加美味

新奇有趣的玻璃製作體驗

用玻璃做出美麗裝飾

黑壁音樂盒館 [玩樂]
●くろかべオルゴールかん

音樂盒的曲目從古典樂到J-POP歌曲都有，種類包羅萬象，玻璃配件也可以自由挑選。音樂盒手作體驗小朋友也可以參加。

MAP 80
☎0749-63-2255
⏰10:00～17:30（11～3月為～17:00）休無休
所長浜市元浜町12-38
全程所需時間約60～90分，成品可當場帶回家

用上了色的玻璃砂及玻璃小物做裝飾。音樂盒手作體驗約2000日圓～

感受工藝創作樂趣

黑壁體驗教室 [玩樂]
●くろかべたいけんきょうしつ

想擁有個人專屬玻璃作品的話，來這兒就對了！可以製作玻璃吹製器皿、玻璃串珠、凝膠蠟燭等的體驗教室都值得推薦。

MAP 80
☎0749-65-1221
⏰10:00～16:30（11～3月為～16:00）休無休（玻璃串珠為週三休）
所長浜市元浜町11-21

將融化的玻璃捲在管子上，邊吹氣邊塑形。可以做出花瓶或小碟子等器皿

玻璃吹製體驗可以挑選自己喜歡的顏色

3780日圓起

讓人做到忘我的花窗玻璃體驗3780日圓起

用烙鐵將喜歡的玻璃片焊在一起，就成了全世界獨一無二的相框或檯燈

在地人也讚不絕口 黑壁美食

從使用滋賀特產製作的佳餚、個性派知名美食，到能感受到過去繁華驛站氣氛的空間等，來看看魅力無窮的黑壁周邊有哪些值得造訪的店家吧。

滿是肉汁與鮮味的
近江牛漢堡排

黑蛋包飯是結合拉麵的創意美食

湖國BLACK 蛋包飯 950日圓
滋賀縣產壺底醬油為黑色的勾芡醬汁增添了香醇滋味！

近江牛網膜包漢堡排 200g2484日圓
附湯、沙拉、麵包或近江米、飲料

Kitchen OMUHICO
●キッチンオムヒコ

使用在地雞蛋與稻米變化出日、西、中式等，約13種口味的蛋包飯。其中，放了厚切叉燒的醬油口味湖國BLACK蛋包飯更是讓人印象深刻。

MAP 80

老闆精心製作的拉麵也是人氣美食

☎0749-65-0250 ⌚11:00～14:30，17:00～20:30
休週三(有臨時公休) 所長浜市元浜町7-31 P免費

びわこレストランROKU
●びわこレストランロク

使用湖國代表性食材所製作，以法國料理為基礎的餐點深受好評。其中，以網膜包住近江牛&滋賀縣產豬肉的粗絞肉做成的漢堡排午餐更是超值，每天數量有限。

☎0749-62-6364 **MAP 80**
⌚11:00～14:00(週六、日、假日為～15:00)，18:00～21:00(晚餐為預約制) 休週四(視預約狀況變動) 所長浜市元浜町11-23

建築本身曾為醬油批發行，還保留著中庭及倉庫

MASAO ●マサオ

位在大通寺表參道上，可品嘗燒烤料理與甜點的餐廳。除了出身飯店的主廚在顧客面前烹調的鐵板燒外，午餐的牛排及蓋飯使用的也是近江牛。

MAP 80

☎0749-62-7873
⌚11:00～14:30，17:00～22:00(週六、日、假日為11:00～22:00)
休週四(視預約狀況變動) 所長浜市大宮町10-8

在悠閒自在氣氛中大啖美味近江牛

餐廳正面簡單俐落的長屋樣式讓人印象深刻

近江牛午餐 1540日圓
厚切近江牛肉片上裹滿了特製醬汁。附沙拉、湯

そば八 ●そばはち

使用滋賀的伊吹產、福井的丸岡產、越前產等三種蕎麥，根據每年品質加以混合。使用每天早上以石臼磨成的蕎麥粉，提供現做、現煮的蕎麥麵。 **MAP 80**

☎0749-62-0058
⌚11:00～17:00(售完打烊) 休週四(逢假日則營業) 所長浜市元浜町22-32

完美融入於復古景色中的手擀蕎麥麵名店

十六文 870日圓
蕎麥麵搭配炸什錦、蘿蔔泥、山藥泥、玉子燒、滑菇等5種配料的套餐

讓一次享受五種口味讓人滿足又過癮

傳遍五臟六腑的美味

親子蓋飯 580日圓
仔細做每件事前處理的雞腿肉與雞蛋可說是最強組合！蛋黃讓人食指大動

鳥喜多 ●とりきた

1931(昭和6)年創業。以雞高湯煮至半熟的滑嫩雞蛋搭配軟嫩雞腿肉，就成了家喻戶曉的知名美食─親子蓋飯。除了當地的常客外，甚至還有從外縣市前來造訪的顧客。

MAP 80

也有豬排蓋飯、麵類等，散發古早味的食堂

☎0749-62-1964 ⌚11:30～14:00，16:30～19:00
(親子蓋飯售完打烊，週六、日、假日會縮短營業時間)
休週二(有臨時公休) 所長浜市元浜町8-26

比叡山・大津
近江八幡・五個荘・東近江

長濱・湖北

黒壁廣場

產稅

信樂・甲賀

湖西・比良山

カフェ 叶 匠壽庵 長浜黑壁店

●カフェかのうしょうじゅあんながはまくろかべてん

近江起家的和菓子店所經營的咖啡廳。使用了草莓與煉乳的「近江的祭典樂曲」和風蒙布朗「森之華麗」等蛋糕最為經典。

MAP 80
☎0749-65-0177
🕐9:00～16:30(販售為～17:00)
休週三(有季節性變動)
所長浜市元浜町13-21

建有倉庫的老宅改裝為美麗店面

近江的祭典樂曲 756日圓
長濱黑壁店才有的限定甜點

香甜煉乳帶來好滋味

分福茶屋

●ぶんぶくちゃや

過去的生絲批發行打造成的甜點店。近江產糯米做的麻糬放在銅板上燒烤成的分福麻糬有紅豆粒與芝麻2種口味。

MAP 80
☎0749-62-0243
🕐9:30～17:30(11～3月為17:00)
休週二(逢假日則營業)
所長浜市元浜町7-13

味道樸實的傳統甜點

曾是生絲商行的店面,其屋齡已有160年

分福套餐 670日圓
可以同時吃到著名的分福麻糬與蜜豆兩種美食

帶著人氣美食邊走邊吃♪

高布林燒

蘋果70日圓,紅豆86日圓

除了招牌的蘋果與大納言紅豆口味,還有栗子等季節限定口味。高布林燒脆餅也很受歡迎

いわい納安

●いわいなやす

MAP 80
☎0749-64-1311
🕐10:00～17:00
休週四(逢假日則改為前後日休)
所長浜市元浜町12-19

商品是在店裡烘烤製作的,因此能吃到剛出爐的美味

元氣や芋平 大手門店

●げんきやいもへいおおてもんてん

MAP 80
☎0749-65-5544
🕐10:00～17:00
休不定休
所長浜市元浜町6-17

店門口就有賣現場製作的金鍔餅

地瓜金鍔餅

各種160日圓～

使用紅隼人地瓜、紫地瓜、幸吉地瓜、安納地瓜做成的金鍔餅。未加砂糖,是一款吃得到地瓜本身甘甜的和菓子

奶昔

各種400日圓

使用經營農園的老闆嚴選的水果,以優格為基底,做成口味清爽的奶昔

綜合三明治

480日圓

三明治裡包著各種當令水果。使用的都是以滋賀縣產為主的日本國產水果

在黑壁散步時順道造訪一下吧

96CAFE

●クロカフェ

MAP 80
☎0749-65-4844
🕐10:00～17:30(11～3月為～16:30) 休無休
所長浜市元浜町11-28

黑壁霜淇淋

(黑、牛奶、綜合)

各種400日圓

因黑壁之名而推出了黑色的霜淇淋。黑色來自於竹炭與可可粉,吃起來是巧克力的味道

店裡也有販賣水果

三ツ星甘実 しぜん堂

●みつぼしかんみしぜんどう

MAP 80
☎080-3856-7177
🕐10:00～17:00
休週二
所長浜市元浜町11-31

走訪個性十足的博物館&藝廊

長濱常被形容是一個新舊文化交融的地方。在漫長歲月中見證了無數歷史的長濱，今日也還保留著各式各樣訴說著過往的事物，一座座獨特的博物館、美術館等，正是認識長濱昔日風采的最佳所在。趕快展開知性之旅，看看有什麼意外的驚喜在等著我們吧。

海洋堂公仔博物館in長浜アートセンター

●かいようどうフィギュアミュージアムインながはまアートセンター

這裡展示了栩栩如生的逼真造型深受全球好評的食玩與模型製造商「海洋堂」的公仔。原本位在長濱商店街的店鋪預計裝修後於2019年重新開幕，目前在長浜アートセンター營業。

☎0749-68-1680　MAP 80
🕙10:00～17:00(夏季為～18:00)　休不定休
¥門票800日圓(附來館紀念禮)
所長浜市元浜町8-22　JR長濱站步行5分

享譽全世界的日本公仔一次看個夠

日本首間模型博物館

海洋堂獨家飛龍2000日圓，是只有這裡買得到的限定商品

博物館商店位在元浜町6-14(舊店鋪的對面)

館內也逼真地重現了劍龍等恐龍

還有體驗活動！

塗裝體驗教室

可以在未上色的公仔上用壓克力顏料自由著色。1000日圓

立體模型製作體驗

以公仔搭配組合出獨一無二的作品吧。2000～3000日圓

※舉辦日需洽詢

長濱市曳山博物館

●ながはましひきやまはくぶつかん

介紹日本三大山車祭之一的長濱曳山祭。館內收藏了祭典時實際登場之曳山的其中4輛，並會每3個月輪替2輛供遊客參觀。還會播放兒童歌舞伎的影像等，帶來各種充滿臨場感的展示。

☎0749-65-3300　MAP 80
🕙9:00～16:30　休無休　¥600日圓
所長浜市元浜町14-8　JR長濱站步行7分

可以近距離觀賞集結了傳統技術精粹於一身的曳山

雕刻、漆塗、金箔等長濱的傳統職人技術便展現在眼前。圖為猩猩丸

讓人身歷其境感受祭典氣息

曳山有「會動的美術館」之稱。前方部為舞台

還有體驗活動！

曳山的舞台模型

館內設置了與上演兒童歌舞伎的曳山舞台相同尺寸的模型。可以實際登上模型，感受舞台的高度、大小等。

長濱曳山祭什麼是？

長濱曳山祭為長濱八幡宮的祭禮，有裝飾華麗的曳山、獻神的兒童歌舞祭等各種亮點。2016年時，日本被列入聯合國教科文組織無形文化遺產的33項「山・鉾・屋台行事」中，便包括了長濱曳山祭。(➡P.10)

MAP 87B-1
☎0749-65-6521(長濱觀光協會)
所長浜市地街一帶

兒童歌舞伎也稱作「狂言」或「藝」，是由5歲至12歲左右的男童演出。劇目會配合每次的演出舞台及小朋友做改編，每年上演新戲。上演時間約40分

走訪個性十足的博物館&藝廊

俐落簡約的玻璃工藝品

在倉庫改裝而成的開放空間中展示作品

玻璃藝術家杉江晶子製作的器皿

gallery AMISU 購物

●ギャラリーアミス

精選自日本各地從事創作的藝術家精心製作的作品，並展示、銷售以玻璃器皿為主、細膩技巧令人讚嘆的出色之作。也會隨時舉辦藝術家的個展及每個季節的企劃展。

📞0749-62-6363 **MAP** 80
🕙10:00～18:00(11～3月為～17:00) 休無休 所長浜市元浜町11-23 🚃JR長濱站步行5分

位在北國街道轉進的小徑後方

YANMAR MUSEUM 參觀

●ヤンマーミュージアム

為紀念YANMAR創業100週年所設立。展示室還陳列了最新款的拖拉機等

YANMAR的企業博物館，能邊體驗糧食生產及能源轉換的技術，邊學習各種知識。整座博物館由6項主題構成，並有豐富的互動型展示。還附設體驗農園、咖啡廳、利用引擎廢熱打造的足湯。

📞0749-62-8887 **MAP** 87B-2
🕙10:00～17:00 休週一(逢假日則翌日休)
※因整修關係休館至2019年9月(未定) 💴成人600日圓，中小學生300日圓 所長浜市三和町6-50 🚃JR長濱站步行10分 🅿免費

還有體驗活動！

海洋區
可一面觀看大海的畫面，一面操作真正的船隻

農業區
能坐上插秧機及最新款拖拉機

物品製作區
可以學習生產製程，並製作出「ヤン坊マー坊」的徽章

建設工程區
試著操作迷你挖土機移動球池裡的球吧

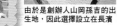
新奇有趣又令人雀躍的體驗樂園！

由於是創辦人山岡孫吉的出生地，因此選擇設立在長濱

Gallery八草 參觀

●ギャラリーやつぐさ

本身為漆工藝職人的老闆開設的藝廊，展出手作的生活工藝品。以出自滋賀當地藝術家之手的作品為中心，從漆器、陶瓷器、木工等各種不同領域精心挑選出優質佳作陳列於此。

📞0749-50-3534 **MAP** 附錄13C-1
🕙10:00～17:00 休不定休 所長濱市三ツ矢元町15-30 🚃JR長濱站步行10分

除了展示、販售以在地藝術家為主的作品，也會隨時舉辦企劃展等

金繕講座 還有體驗活動！

講座中會實際操作金繕技法，將有缺損、裂痕的陶瓷器皿修復。3000日圓(需預約)

展現了漆工藝之美，造型摩登的Joki-bowl(小)5400日圓起

以傳統技法打造優質作品

陳列了各種饒富韻味的作品(圖為示意)

在間老宅改裝成的藝廊內，

長濱鐵道廣場 參觀

●ながはまてつどうスクエア

建於1882(明治15)年的舊長濱車站、展示了昔日曾風光一時的蒸汽火車頭的北陸線電化紀念館、介紹長濱鐵道歷史的長濱鐵道文化館等3處設施構成的博物館。

📞0749-63-4091 **MAP** 87A-2
🕙9:30～17:00 休無休 💴300日圓 所長浜市北船町1-41 🚃JR長濱站步行3分

北陸線電化紀念館展示了被暱稱為「DEGOICHI」的D51蒸汽火車

在舊車站可以看到當時使用的候車室等是什麼模樣

一起來認識日本鐵道史

舊長濱車站為西洋風建築，是日本現存最古老的車站建築

對修築長濱鐵道有所貢獻的企業家淺見又藏。在明治天皇到訪之際，於緊鄰舊長濱站處興建的迎賓館—慶雲館(➡P.86)也值得去看一看

還有更多精彩的博物館&體驗設施！

體驗設施
陶芸工房ほっこくがま 玩樂

●とうげいこうぼうほっこくがま

挑戰以轆轤拉胚製作餐具

每天都會舉辦陶藝教室，能輕鬆又有趣地製作出茶杯、飯碗等自己喜歡的餐具。也有約20分鐘的體驗課程。燒製完成是在約1個半月後(海外寄送需洽詢)。

MAP 80
📞0749-68-2680
🕙9:30～17:30(報名製陶為10:00～16:00)
休週四 💴體驗1080日圓～ 所長浜市元浜町8-19 🚃JR長濱站步行3分

轆轤有電動(需預約)與手動式的

紀念館
出会いの森・井上靖記念室 參觀

●であいのもりいのうえやすしきねんしつ

介紹作家井上靖及其著作

井上靖曾以湖北的十一面觀音立像為題材，執筆小說《星與祭》及隨筆《與美的邂逅》，這座紀念館展示了許多他的著作。透過其親筆原稿的複製品及照片、遺物，能更深刻感受其作品中建構的世界。

MAP 附錄10D-3
📞0749-85-4600
(長濱市立高月圖書館)
🕙10:00～18:00 休週四，每月最後週三(逢假日則開館)特別整理期間 💴免費 所長浜市高月町渡岸寺115 🚃JR高月站步行5分 🅿免費

紀念室位在長濱市立高月圖書館的2樓

博物館
今重屋敷 能舞館 參觀

●いまじゅうやしきのうぶかん

在傳統町家的倉庫認識能劇

利用過去酒商的倉庫打造成的能劇展示設施。除了能劇的面具、服裝、樂器等展示，還能夠過益智問答學習相關知識。約9㎡的能舞台是拍照留念的最佳地點。

MAP 87A-1
📞0749-50-1272
🕙10:00～17:00
休週三 💴500日圓 所長浜市元浜町23-17 🚃JR長濱站步行10分

館內展示了華麗的能劇服裝

集新舊魅力於一身的區域

長濱

●ながはま　**MAP** P.80・87・附錄10・13

北國街道沿途一帶在江戶時代十分繁榮，現在也是吸引眾多觀光客造訪的觀光地。

精彩特輯！

造訪黑壁廣場→P.80
個性十足的
博物館&藝廊→P.84

區域導覽

公園 **MAP** 87A-2

豐公園(長濱城遺址)

●ほうこうえん（ながはまじょうせき）
☎0749-65-6521
（長濱市觀光振興課）
参觀

自在徜徉於湖畔的美麗公園

在羽柴（豐臣）秀吉修築的長濱城遺址所整建的公園。長濱城在江戶時代初期成為廢城，資材後來移往彥根城及大通寺。園內除了有仿照天守閣造型建造的長濱城歷史博物館，還有太閤井等遺跡。

🚶自由入園
📍長浜市公園町
🚃JR長濱站步行5分
🅿3小時免費（詳情需確認）

←展示了與「秀吉與長濱」有關的資料

隨處都可見到盛開的四季花卉

長濱城歷史博物館

●ながはまじょうれきしはくぶつかん

不僅展示湖北、長濱歷史文化的相關資料，以「秀吉與長濱」為主題的常設展示內容也十分充實。最上層的展望台可眺望琵琶湖與長濱市區。

☎0749-63-4611
🕘9:00～16:30　休無休（有臨時休）　¥400日圓

文化設施 **MAP** 87A-2

慶雲館

●けいうんかん
☎0749-65-6521
（長濱觀光協會）
参觀

飽覽古色古香的迎賓館與庭園美

這座位在長濱的迎賓館擁有定為國家名勝的庭園，是1887（明治20）年明治天皇造訪此地時作為行館所興建。此外也是每年1月上旬至3月中旬的「長濱盆梅展」會場。

🕘9:30～17:00（盆梅展期間為9:00～，期間內有夜間延長日）　休12月上旬～1月上旬、3月中旬　¥300日圓（盆梅展期間為500日圓）　📍長浜市港町2-5　🚃JR長濱站步行3分

←長濱盆梅展的歷史、規模皆是日本第一

梅

神社 **MAP** 87A-1

豐國神社

●ほうこくじんじゃ
☎0749-62-4838
参觀

供奉豐臣秀吉的神社

長濱民眾在豐臣秀吉死後所建立的神社，供奉商業之神——惠比須神與秀吉。相傳這裡能保佑出人頭地、提升財運，每年1月10日會舉辦十日戎祭典。

🚶自由參觀
📍長浜市南吳服町6-37
🚃JR長濱站即到
🅿1小時100日圓

➡順便參拜本殿旁的出世稻荷大社，祈求自己出人頭地吧

神社 **MAP** 87B-1

長濱八幡宮

●ながはまはちまんぐう
☎0749-62-0481
参觀

因秀吉而再興的長濱在地氏神

長濱八幡宮為後三條天皇所下令創建，戰國時代受戰火波及而荒廢，後來在長濱城主羽柴秀吉的推動下復興。4月舉行的長濱曳山祭名列日本三大山車祭之一，也是聯合國教科文組織的無形文化遺產。

🚶自由參觀
📍長浜市宮前町13-55
🚃JR長濱站步行15分

←神社內有相傳是秀吉進獻的庭園

資料館 **MAP** 附錄13C-1

國友鐵砲之里資料館

●くにともてっぽうのさとしりょうかん
☎0749-62-1250
参觀

展示古代火槍相關資料

國友地區在戰國時代是鐵砲（火槍）產地，最盛時期曾有七十多間鍛冶屋及超過500名的職人。館內展示了火繩槍的實物，並重現鐵砲鍛冶的現場，介紹鐵砲歷史及其製造方法。

🕘9:00～17:00
休無休　¥300日圓　📍長浜市国友町534
🚃JR長濱站搭計程車10分　🅿免費

還有能將真正的火繩槍拿在手上的展示區→

寺院 **MAP** 附錄13C-1

總持寺

●そうじじ
☎0749-62-2543
参觀

以美麗牡丹著稱的名勝

4月下旬至5月上旬會有約80種、1000株牡丹綻放的賞花名勝。這裡也是西國藥師靈場順序居第31的札所，前來參拜本尊「頭之藥師」，祈求手術成功的信眾絡繹不絕。

🕘9:00～16:30　牡丹開花期400日圓（參觀文化財需預約，另收500日圓）　📍長浜市宮司町708　🚃JR長濱站搭湖國巴士15分，宮司北下車即到　🅿免費

可不需預約

非團體遊客前來欣賞牡丹→

牡丹

寺院 **MAP** 附錄10E-4

近江孤篷庵

●おうみこほうあん
☎0749-74-2116
参觀

與小堀遠州有深厚淵源的寺廟

為了祭祀與千利休、古田織部名列日本三大茶人的小堀遠州，其子政之所建立的寺院。被指定為滋賀縣名勝的池泉、枯山水複合庭園饒富趣味，一年四季皆美。秋天可欣賞紅葉。

🕘9:00～17:00（11～3月為10:00～16:00）　休第2、4週二（11月除外）、11月16、17日、12月25～31日（冬季積雪時需洽詢）　¥300日圓　📍長浜市上野町135　🚃JR長濱站搭計程車20分　🅿免費

←山間野草也低調地綻放出花朵

🌸=賞櫻名勝　🍁=紅葉名勝　❀=賞花名勝（花卉名稱）

86

比叡山・大津
五個莊・東近江
近江八幡・

長濱・湖北

長濱區域導覽

彥根

信樂・甲賀

湖西・比良山

★★★ 編輯部強力推薦 ★★★
經典伴手禮決定版
〈 把長濱的好味道帶回家 〉

深受在地人喜愛的老牌和菓子店
居川屋本店
★ いがわやほんてん
MAP 附錄10D-2

能吃到使用自然食材製作，滋味樸實的創意和菓子。揉入柚子果醬烘烤成的長崎蛋糕、放了整顆栗子的蒸羊羹等，此處才有的和菓子是伴手禮的好選擇。

栗子蒸羊羹「賤之戀」
1個140日圓

☎ 0749-86-3007
🕘 9:00〜19:00 休週四
📍 長濱市余吳町中之鄉937 🚃 JR余吳站搭乘吳巴士4分，中之鄉下車，步行3分 🅿 免費

優質好油讓料理更上一層樓
油甚本店
★ あぶらじんほんてん
MAP 80

位在博物館通上，明治時代創業的老字號油店。在充滿古早味的店裡，販售香味豐潤的麻油、苦茶油、菜籽油等各種油品。沿襲早年秤重計價的銷售方式也充滿了老店的味道。

太白　胡麻油
純正麻油(300ml) 550日圓，
太白麻油(300ml) 550日圓

☎ 0749-62-0435
🕘 9:00〜17:00 休不定休
📍 長濱市元浜町14-14 🚃 JR長濱站步行8分

在地酒、日本酒皆屬上乘的名店
日本酒商かねなか酒店
★ にほんしゅしょうかねなかさけてん
MAP 附錄13C-1

由第三代接班經營的酒舖。販售「琵琶の長寿」、「喜楽長」、「松の司」、「七本鎗」等4款滋賀縣的在地酒，以及老闆所嚴選、充滿特色的日本酒及各地名酒。還可以告知自己的喜好，請店家給予建議協助挑選。

松の司純米吟醸
BLUE (720ml)
2106日圓，石田
三成七す鎗原酒
(720ml) 1543
日圓

☎ 0749-62-0471
🕘 9:00〜19:00 休週日 📍 長浜市元浜町33-5 🚃 JR長濱站步行15分 🅿 免費

宮內廳也來光顧的名店
元祖堅ボーロ本舖
★ がんそかたボーロほんぽ
MAP 87B-1

這間1894（明治27）年創業的老字號和菓子店，最著名的是抹上了生薑砂糖的手工小饅頭。完全不使用色素、防腐劑，麵糰經過兩次烘烤，造就餘韻不絕的美味。

招牌商品的硬小饅頭1袋540日圓

☎ 0749-62-1650
🕘 9:00〜19:00 休週二(逢假日則營業) 📍 長浜市朝日町3-16 🚃 JR長濱站步行5分

MAP 87A-2
長濱浪漫ビール
● ながはまろまんビール
☎ 0749-63-4300
美食

暢飲剛釀好的在地啤酒

建於江戶時代的白牆倉庫改裝成的精釀啤酒釀造所&餐廳。淡海皮爾森啤酒、黑壁司陶特黑啤酒等精釀啤酒就搭配以在地食材製作的料理一同享用吧。

🕘 11:30〜14:30，17:00〜21:15（週六11:30〜21:15，週日〜20:15）休週二(逢國定假日營業) 🍴 4種新鮮精釀啤酒(410日圓〜) 📍 長浜市朝日町14-1 🚃 JR長濱站步行5分 🅿 免費

品嘗4種新鮮精釀啤酒（410日圓〜）看看各有什麼特色！

拉麵
MAP 附錄10D-3
麵屋ジョニー
● めんやジョニー
☎ 0749-78-1715
美食

自製麵條很有人氣

這間以自製直麵為賣點的拉麵店有時甚至要排隊才吃得到，人氣可見一斑。麵條十分有嚼勁，搭配口味溫順又有分量的湯頭、厚實的叉燒非常對味。

🕘 11:00〜24:00（週日、假日〜22:00）休週一 🍴 醬油拉麵670日圓，拌麵520日圓 📍 長浜市湖北町八日市841 🚃 JR河毛站步行20分 🅿 免費

海鮮骨頭的濃郁沾麵830日圓十分受歡迎

咖啡廳
MAP 80
CAFE Yoshino
● カフェヨシノ
☎ 0749-62-1910
咖啡廳

使用大量當令水果，甜味高雅的手作甜點搭配有機栽培的咖啡一同享用更是美味。

🕘 11:00〜17:00 休週四(逢假日則營業) 🍴 咖啡540日圓，蛋糕套餐970日圓 📍 長浜市元浜町6-16 🚃 JR長濱站步行10分

木工廠
MAP 附錄13C-1
木工房かたやま 片山木工所
● もっこうぼうかたやまかたやまもっこうしょ
☎ 0749-62-9804
購物

製作木製的轆轤工藝品。展現手工技藝的傳統工藝品「いろ色浜独楽」，是不論大小、色彩皆為獨一無二的陀螺。

🕘 9:00〜17:30 休週日 🍴 附彩色繩陀螺540日圓〜，いろ色浜独楽1080日圓〜 📍 長浜市三ツ矢町7-7 🚃 JR長濱站步行20分 🅿 免費

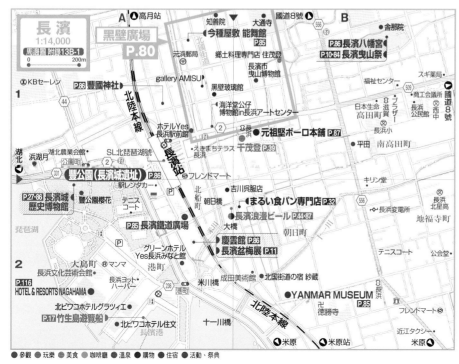

長濱 1:14,000
漫遊圖 附錄13B-1
0　　200m

黑壁廣場 P.80
高月站
A　B
國道8號
知善院　大通寺
今種屋敷 能舞館 P.85
舍那院
元浜郵局
郷土料理專門店 住茂登
長濱市曳山博物館
P.86 長濱八幡宮
P.10・84 長濱曳山祭
gallery AMISU
黑壁玻璃館
海洋堂公仔博物館in長浜アートセンター
福祉センター
商工會議所
滋賀
長浜
公民館
スギ薬局
國道8號
KBセーレン
P.86 豐國神社
北陸本線
44
ホテルYes
長浜駅前館
日本生命
高田町
西浅井町
長浜小
元祖堅ボーロ本舖 P.87
さきまちテラス 干茂登 P.39
長浜
平田
南高田町
湖北農業館
浜湖月
SL北琵琶湖號
公園町
豐公園(長濱城遺址)
キリン堂
P27・86 長濱城歴史博物館
豐公園櫻花
駅レンタカー
フレンドマート
吉川呉服店
北陸本線
朝日橋
まるい食パン專門店 P.32
長浜変電所
琵琶湖
長浜ヨットハーバー
テニスコート
長浜市星高
地福町
P.85 長濱鐵道廣場
慶雲館 P.86
長濱浪漫ビール P.44・87
グリーンホテル
Yes長浜みなと館
長濱盆梅展 P.11
テニスコート
公会堂
大島町
マンマ
長浜文化芸術会館
北ビワコホテルグラツィエ
成田美術館
北国街道の宿 紗蔵
YANMAR MUSEUM P.85
德勝寺
P.116 HOTEL & RESORTS NAGAHAMA
北ビワコホテル住文
P.17 竹生島遊覽船
十一川橋
近江タクシー
長濱港
米川橋
米原
米原站

● 參觀　● 玩樂　● 美食　● 咖啡廳　● 溫泉　● 購物　● 住宿　● 活動、祭典

走訪山林間古老的觀音像

騎自行車來趟 湖北觀音像巡禮

閒適的田園風光療癒極了

湖北過去是己高山的山岳佛教信仰中心，曾繁盛一時。當地的古寺、佛堂至今仍悉心供奉著有千年以上歷史的十一面觀音及千手觀音像。如果想一次看個夠，又希望省時省力的話，不妨考慮便利的出租自行車。

前往近江觀音之里

湖北保存了許多歷經多次戰亂、政變而傳承至今的觀音像，因此被稱為「近江觀音之里」。井上靖的《星與祭》、水上勉的《湖之琴》等作品都訴說了此地觀音像的迷人之處。

---

1 向源寺 參觀
（渡岸寺觀音堂）
◆こうげんじ（どうがんじかんのんどう）

國寶

相傳為聖武天皇下令製作的國寶十一面觀音立像，曾在井上靖的小說《星與祭》等作品中登場，具全國性的知名度。每年10月中旬在長濱市高月町內會舉辦「觀音之里故鄉祭」，渡岸寺觀音堂也有廟會活動，吸引眾多遊客前來。

☎0749-85-2632 **MAP** 附錄10D-3
🕘9:00～15:30 休無休 ¥500日圓
所長浜市高月町渡岸寺50 🚉JR高月站步行5分 P免費

優美的十一面觀音立像是日本雕刻史上最高傑作

> 像高196cm／平安初期／木造
> 浮現深厚慈悲心的表情，以及輕扭腰身，展現完美均衡感的姿勢，被譽為日本7尊國寶十一面觀音像中最美的一尊。織田信長進攻小谷城時堂宇雖遭燒毀，不過住持及門徒將佛像埋於土中，因而免於戰火摧殘。

充滿發典雅韻味的古寺

> 像高166.7cm／平安時代／木造
> 表面施以漆箔，圓潤而沉穩的表情及體態，身軀上飄逸的衣裳為其特色。據說可保佑避免中風。

重要文化財

讓參拜者內心平靜祥和表情和諧的十一面觀音立像

被暱稱為「轉利觀音」可轉危為安的千手觀音立像

3 赤後寺 參觀
◆しゃくごじ

重要文化財

沿著日吉神社內的階梯往上走，出現在眼前的便是赤後寺的觀音堂。這裡的千手觀音立像與聖觀音立像一同被稱為能化災為福的「轉利觀音」，相傳參拜3次便能極樂往生。

MAP 附錄10D-3
☎0749-82-5909（奧琵琶湖觀光協會）
（參觀預約為☎090-3164-7486）
🕘9:00～17:00（10～3月為～16:00），需預約
休無休 ¥300日圓 所長浜市高月町唐川1055
🚉JR高月站搭程車10分 P免費

> 像高173.6cm／平安時代／木造
> 13世紀以來，村民為了保護佛像躲過一次次戰火，而將其沉入河中隱藏，因此缺失了側手等許多部位，但1200年前的端麗容貌至今不曾改變。

---

2 西野藥師堂 參觀
◆にしのやくしどう

供奉由整塊檜木雕刻成的十一面觀音立像，以及不持藥壺而是結來迎印的藥師如來立像。過去在當地村民們的保護下，逃過了許多危難。也只有這裡能同時參觀到正妙寺的千手千足觀音立像。

MAP 附錄10D-3
☎0749-82-5909（奧琵琶湖觀光協會）（參觀預約為☎090-8938-6369）
🕘9:00～16:00（6～9月為～17:00）休無休 ¥500日圓 所長浜市高月町西野 🚉JR高月站搭計程車10分 P免費

雙唇帶有一抹朱紅的十一面觀音立像

4 己高山 石道寺 參觀
◆ここうざんしゃくどうじ

重要文化財

石道寺過去為己高山五寺之一，香火鼎盛。供奉於堂內的十一面觀音立像為整塊欅木雕刻而成，佇立於兩旁的持國天與多聞天同樣是重要文化財。這也是一尊以求子著稱的觀音像。

☎0749-82-3730 **MAP** 附錄10D-3
🕘9:00～16:00 休週一、12月29日～2月底（11月無休）¥300日圓 所長浜市木之本町石道 🚉JR木之本站搭湖國巴士11分，井明神下車，步行15分 P免費

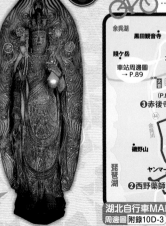

> 像高173.2cm／平安中期／木造
> 流暢曲線的造型之美與樸實而溫柔的面容為其魅力所在。從雙唇殘留的些許朱紅色彩可推測，佛像過去應有著華麗鮮豔的色彩。

順道來這兒看看 參觀
可進一步了解佛像知識

高月觀音之里 歷史民俗資料館
●たかつきかんのんのさと れきしみんぞくりょうかん

位在向源寺隔壁，展示佛像、神像，並介紹有「觀音之里」之稱的湖北地區的歷史、信仰、文化等。還可認識「神事」等別具特色的民俗活動。

MAP 附錄10D-3
☎0749-85-2273
🕘9:00～16:30 休週二、假日翌日、過年期間 ¥300日圓 所長浜市高月町渡岸寺229 🚉JR高月站步行5分 P免費

介紹觀音之里的信仰、文化等相關知識

自行車之旅推薦路線

騎乘距離約21.0km 移動時間 約2小時
※距離及時間僅供參考

JR高月站
0.6km 3分
① 向源寺（渡岸寺觀音堂）
4.5km 25分
② 西野藥師堂
4km 22分
③ 赤後寺
4.5km 25分
④ 己高山 石道寺
4km 22分
JR高月站

順道走訪 ➡高月觀音之里 歷史民俗資料館

這些地方可以租到自行車！
高月綜合服務處 ☎0749-85-6565
🕘9:00～17:00 休無休 ¥1日500日圓（甲地租乙地還＋300日圓）所JR高月站即到
木之本觀光服務處 ☎0749-82-5135
🕘9:00～17:00 休無休 ¥1日500日圓（甲地租乙地還＋300日圓）所JR木之本站內

※騎自行車之外還可這樣逛

◆**觀光計程車**
從JR高月站出發，一次走遍向源寺、西野藥師堂等高月與木之本代表性的觀音像。所需時間約4小時，17680日圓（1輛，最多4人）。門票另計。
●伊香交通 ☎0749-82-2135（需預約）

◆**觀音之里巡禮巴士旅遊**
從JR長濱站或米原站出發，走訪湖北的觀音像。3～12月行駛。所需時間及費用等詳情請參閱網站。URL http://kitabiwako.jp/
●北びわこふるさと觀光公社 ☎0749-78-0300（需預約）

湖北自行車MAP
周邊圖 附錄10D-3

圖片提供
奧琵琶湖觀光協會

街道兩旁可見到
酒窖、醬油店等
傳統老店

據說為日本
第一號藥劑師的
藥局舊招牌

北國街道的路標

比叡山・大津

近江八幡・
五個莊・東近江

長濱・湖北

湖北觀音像巡禮／木之本宿

彥根

信樂・甲賀

湖西・比良山

湖北小特輯

宿場町＋門前町 木之本宿

愜意漫步

保留了江戶時代風情的木之本宿
過去曾是熱鬧的驛站。一面穿梭
在古色古香的建築間，追憶此地
昔日的榮景，一面探索在地美食及
老店，來趟充實的老街散步吧！

眼之佛在此守護民眾

木之本地藏院
●きのもとじぞういん

MAP 89

☎0749-82-2106

⏰8:00〜17:00

💴參觀免費，參拜戒壇300日圓 🚉長濱市木之本町木之本944 🚃JR木之本站步行7分 🅿免費

寺內供奉著地藏大銅像，氣氛莊嚴

被民眾視為眼之佛、延命之佛加以信仰，於1300年前開山的古剎。院內有高約6m的地藏大銅像，是比照名列日本三大地藏之一的秘佛本尊所建。

古老的町家建築 訴說著驛站昔日過往

木之本宿
●きのもとじゅく

MAP 89

☎0749-82-5909(奧琵琶湖觀光協會)

⏰自由參觀 🚉長浜市木之本 🚃JR木之本站步行5分 🅿免費(木之本站停車場)

木之本宿是地藏院的門前町，江戶時代為北國街道與北國脇往還交會的驛站。旅客、物資皆集中於此，十分繁榮，現在也還保留了「元庄屋（上阪邸）」「馬宿 平四郎」等洋溢著古風的町家。此外還有許多利用町家打造成的商店、歷史悠久的酒窖、醬油工房等，散發濃濃的歷史風情。

元庄屋(上阪邸)
2樓保留了基層官員住宅的樣貌

山路酒造

すし慶
可以吃到懷石料理

木之本地藏院

本陣藥局

木之本地藏大緣日

N

周邊圖 **MAP** 附錄10D-3

303

北國街道

馬宿 平四郎

つるやパン本店

冨田酒造
以「七本槍」聞名的酒窖
▶附錄P5

ダイコウ醬油

過去路中央有小河流經，兩旁有用來繫馬的樹木

被稱為「樂之森」是與豐臣秀吉有淵源的老樹

車站內的觀光服務處可以租自行車、買伴手禮！
●きのもとレンタサイクル
☎0749-82-5135(木之本觀光服務處)
⏰9:00〜17:00 💴1日500日圓，於鄰近車站還車加收300日圓 🅿免費

菓匠 禄兵衛木之本店

木之本宿

←敦賀站　**JR 木之本站**　木之本 ●●● 🅿 北陸本線　長濱站→

知名老店帶來的 經典伴手禮 🛍購物

這個也值得留意！

縣民耳熟能詳的點心，沙拉麵包!?

つるやパン本店
●つるやパンほんてん

將醃蘿蔔切碎與美乃滋拌在一起，再以熱狗麵包夾起來所做成的「沙拉麵包」是人氣商品。吃了會上癮的味道也深受非本地人好評。

MAP 89

☎0749-82-3162

⏰8:00〜19:00(週日、假日為9:00〜17:00) 🚫無休 🚉長浜市木之本町木之本1105 🚃JR木之本站步行5分

沙拉麵包
145日圓

自然發酵的醬油

使用杉木桶釀造

ダイコウ醬油
●ダイコウしょうゆ

江戶時代末期創業的醬油工房。依循傳統製法，耗費2〜3年充分熟成的手工醬油深受好評。

MAP 89

☎0749-82-2012

⏰9:00〜20:00 🚫不定休 🚉長浜市木之本町木之本1137 🚃JR木之本站步行9分 🅿免費

杉木桶釀造醬油
(左)「はいざら」150 ml 420日圓
(右)「あまいろ」150 ml 520日圓

從傳統口味到現代和菓子都買得到

菓匠 禄兵衛木之本店
●かしょうろくべえきのもとほんてん

1926年創業的和菓子店。販售使用自家栽種艾草製作的「名代草餅」等，各種以嚴選食材做成的和菓子。

MAP 89

☎0749-82-2172

⏰9:00〜18:00 🚫無休 🚉長浜市木之本町木之本1087 🚃JR木之本站步行5分 🅿免費

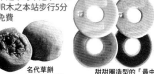

名代草餅
1個172日圓

甜甜圈造型的「最中くう」各248日圓

歷史超過480年的老字號酒窖

山路酒造
●やまじしゅぞう

著名的桑酒是以燒酎浸泡近江糯米、麴、桑葉釀造而成的利口酒。以完全未使用化學肥料的釀酒米釀造的在地酒「北國街道」也十分出名。

MAP 89

☎0749-82-3037

⏰8:00〜18:00 🚫無休 🚉長浜市木之本町木之本990 🚃JR木之本站步行5分 🅿免費

濃稠而帶有甜味桑酒864日圓起。有葫蘆、陶瓷瓶等各種包裝

流經醒井中心地帶
綻放清純花朵的清流
地藏川
●じぞうがわ

鈴鹿山脈北部的伏流水經漫長歲月於山麓湧出，流入河川。由於一整年水溫都在14℃左右，因此還棲息了珍貴的淡水魚－小頭刺魚。沿岸並設有階梯，能讓人更接近水面。每年7月底至8月初梅花藻盛開之際都會有夜間點燈。

MAP 90

光是欣賞河水就讓人覺得心情平靜

9月前後紫薇的紅色花瓣與梅花藻的白色花朵交織出美麗景色

擁有沁涼清流的水鄉

醒井
SAMEGAI

「醒井」在江戶時代是中山道上熱鬧的宿場町。這裡有豐富的湧泉，並受到地藏川的清澈河水眷顧，梅花藻的潔白花朵更是一大亮點。

梅花藻是什麼？
僅生長於全年水溫皆維持在14℃前後的清流，毛茛科的水生多年生草本植物。5月中至9月初會開出白色花朵。

嬌柔的白色花朵

就位在地藏川沿岸！

親近澄澈美麗的清水
走訪名水景點
●洽詢
☎0749-58-2227
（米原觀光協會）

流傳著不可思議的傳說
西行水
●さいぎょうすい **MAP 90**

相傳泉水旁的茶店老闆女兒對西行法師一見鍾情，將法師喝剩的茶喝下後懷孕，因此又有「授子水」之稱。

🚃JR醒井站步行5分

湧泉可自由取用

認明刻有十王的石燈籠
十王水
●じゅうおうすい **MAP 90**

這處名水的水源是由天台宗僧侶淨藏開掘，過去稱為淨藏水，因附近有十王堂，所以後來稱作十王水。湧泉從石燈籠後方流出，匯入地藏川。

🚃JR醒井站步行5分

就位在醒井大橋前

入選平成百大名水
居醒清水
●いさめのしみず **MAP 90**

古事記及日本書紀中也曾出現的加茂神社湧出的名水。傳說與伊吹山的神明戰鬥時因熱病而倒下的日本武尊，便是靠這裡的水解熱的。

🚃JR醒井站步行10分

也不妨靜下心來聽聽流水聲

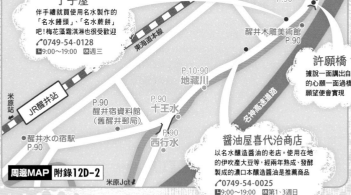

丁子屋
伴手禮就購買使用名水製作的「名水饅頭」「名水蕨餅」吧！梅花藻霜淇淋也很受歡迎
☎0749-54-0128
🕙9:00～19:00 休週三

居醒清水 P.90
醒井木雕美術館 P.90
關原站
東海道本線
米原站
JR醒井站
P.10.90 地藏川
P.90 醒井宿資料館（舊醒井郵局）
醒井水の宿駅 P.90
P.90 十王水
P.90 西行水
名神高速道路

許願橋
據說一面講出自己的心願一面過橋，願望便會實現

醬油屋喜代治商店
以名水釀造醬油的老店。使用在地的伊吹產大豆等，經兩年熟成、發酵製成的濃口本釀造醬油是推薦商品
☎0749-54-0025
🕙9:00～19:00 休第1、3週日

周邊MAP 附錄12D-2
米原Jct

其他精選推薦景點

可購物也可用餐的好所在
醒井水の宿駅
●さめがいみずのえき
購物

除了提供觀光情報，還有販售當地及滋賀縣各地名產的伴手禮區、使用居醒之清水沖泡咖啡的咖啡廳等。堅持使用在地食材的餐廳「みゆき」的媽媽味吃到飽自助餐（1500日圓）很受歡迎。

MAP 90
☎0749-54-8222
🕙9:00～17:30（有季節性變動）休無休
🏠米原市醒井688-10
🚃JR醒井站即到
Ｐ免費（視季節收費）

伴手禮就來這裡買吧

出自沃里斯之手的舊郵局建築
醒井宿資料館（舊醒井郵局）
●さめがいじゅくしりょうかん（きゅうさめがいゆうびんきょくきょくしゃ）
參觀

這棟擬洋風的木造2層建築，其新古典主義的外觀讓人印象深刻，據說沃里斯曾參與設計。目前2樓展示了過去曾擔任醒井宿庄屋（村長）及問屋場（驛站）工作的江龍宗左衛門家所留下的古文書。

MAP 90
☎0749-54-2163
🕙10:00～16:30
休週一 ¥200日圓
🏠米原市醒井592
🚃JR醒井站步行5分

這裡也是熱門的拍照打卡景點

出神入化的木雕技巧令人感動
醒井木雕美術館
●さめがいもくちょうびじゅつかん
參觀

展示以名雕刻家森大造（1900～1988年）為主，當地出身的藝術家呈現的作品。透過常設展則能認識到上丹生木雕的魅力。

MAP 90
☎0749-54-0842
🕙9:00～20:00 休週一～週五（僅週六、日、假日開館）※11～3月為冬季休館 ¥300日圓 🏠米原市醒井95 🚃JR醒井站步行15分 Ｐ免費

與藝術來場美麗的邂逅吧

潔白天守姿態優美
彥根城的所在城市

彥根

ひこね

除了國寶彥根城之外，
周邊也有許多值得一遊的景點。
去夢京橋城堡大道及四番町廣場走走，
感受城下町的往日風情也不錯。
供奉伊勢神宮親神的多賀大社
更是不可錯過的名勝。

必訪景點 BEST 1

彥根城 P.92

過去的彥根藩藩主—井伊家的居城。至今仍保留了創建之初的美麗樣貌，名列國寶五城之一

湖北
牧野
朽木　今津　　長濱
志賀
彥根　多賀
近江八幡
　　東近江
草津
大津　信樂
　　　甲賀

CONTENTS

必訪景點 BEST 3

近江國最具代表性的神社
多賀大社 P.99

必訪景點 BEST 2

充滿城下町氣氛的
夢京橋城堡大道 P.94

ACCESS

從大津前往彥根

電車
大津站 ⇢ 彥根站
JR琵琶湖線新快速
約40分 970日圓

開車
大津IC
名神高速道路　61.4km 約40分 1790日圓
彥根IC
國道306號 縣道25號　2.5km 約10分
彥根市區

從名古屋前往彥根

電車
名古屋站 新幹線光號、回聲號 約25分
合計3740日圓　米原站
彥根站
JR琵琶湖線新快速 約5分

詳細交通方式說明與
該地區路線圖 ▶ 請見 P.120·121!

洽詢單位

彥根觀光協會	0749-23-0001
彥根市觀光企劃課	0749-30-6120
多賀觀光協會	0749-48-1553
愛莊町商工觀光課	0749-37-8057
甲良町產業課	0749-38-5069
豐鄉町觀光服務處	0749-35-3737

國寶 彦根城走透透!!

彦根喵在這兒等你來玩

國寶彦根城不僅有氣宇軒昂、造型優美的天守，來這邊還有機會見到可說是在地吉祥物始祖的「彦根喵」，因此是各年齡層都愛造訪的人氣景點。除了天守之外，也一併介紹不可錯過的重要文化財及名勝！

彦根喵等待你的造訪!!

彦根喵是彦根市的吉祥物，以彦根城作為主要活動地點，每天努力為彦根市做宣傳。源自「井伊赤備」的紅色頭盔是彦根喵的註冊商標，設計的原型為相傳在雷雨中救了井伊直孝的白貓。每天於10:30、13:30、15:00三個時段出現在彦根城內，詳細地點請見官網或位在正門等城內各處的「本日的彦根喵」說明看板！

©彦根市

前往彦根城的交通方式

電車 JR彦根站沿彦根駅前お城通往西步行15分

開車 名神高速道路彦根IC經國道306號、縣道25號10分。彦根城周邊有二之丸、大手前、櫻場、京橋口等4處停車場

忠實呈現了江戶時代初期的城廓樣貌

彦根城 ●ひこねじょう MAP 97A-2 參觀

彦根城是關原之戰後，井伊直繼與直孝奉德川家康之命，耗費20年於1622（元和8）年前後完成。城內除了國寶天守，還有太鼓門望樓、天秤望樓、西之丸三重望樓等許多重要文化財。尤其是三層三重結構的天守，在歇山頂上設計了捲棚軒更是必看重點。

☎0749-22-2742
⏰8:30～17:00　休無休
¥800日圓　彦根市金龜町1-1　P1日400日圓

深受民眾景仰的彦根城主 井伊直弼

●いいなおすけ（一八一五～一八六〇）

為井伊家第十一代當家直中的十四男，於埋木舍修習能劇、狂言、茶道等。在偶然的機緣下繼承了藩主，並在1858（安政5）年出任德川幕府的大老。他主張開國，並簽訂日美修好通商條約等，展現了其政治手腕，但44歲時不幸遭逢江戶城櫻田門外之變，一生就此畫下句點。

井伊直弼畫像（清涼寺藏）

彦根城內 MAP

周邊圖P97

彦根西中學校

有400棵梅樹的壯觀梅林

6 西之丸三重望樓

西之丸

黑門售票處

黑門橋

山崎郭

金龜公園棒球場

5 天守

4 太鼓門望樓

時報鐘

梅林

聽鐘庵

樂樂園

鳳翔台

綜合運動廣場

中護城河

3 天秤望樓

大手門橋

大手門售票處

彦根城博物館

正門

鐘之丸

內護城河

櫻場

金龜山地藏尊 堂內據說願望能實現的話就會變輕的「重輕石」(➔P.97)

舊西鄉屋敷長屋門 大手前P

京橋口P

井伊大老銅像

7 玄宮園

正門售票處 表門橋

2 馬棚

二之丸P

中護城河

開國紀念館 常設展示彦根城的古地圖，諸侯巡隊隊的資料等，也會舉辦企劃展

埋木舍 井伊直弼在此度過青年時期，修習文武兩道

城堡京橋大道 P.94

京橋

夢京橋

彦根東高

1 二之丸佐和口多聞望樓

春天時護城河畔的櫻花十分美麗

護國神社

伊呂波松

彦根城的歷史

慶長6 1601年	井伊直政入主佐和山城
慶長9 1604年	井伊直繼著手進行彦根城築城工程
慶長12 1607年	本丸天守完工
慶長19 1614年	工程因大坂冬之陣中斷
慶長20 1615年	直孝成為彦根城主
元和8 1622年	城郭全貌完工
延寶7 1679年	直興修築完成槻御殿（後來的樂樂園與玄宮園）
文化12 1815年	直弼於彦根出生
昭和27 1952年	天守、附屬望樓、多聞望樓獲指定為國寶
平成19 2007年	舉辦築城400年祭

彥根

信樂・甲賀　湖西・比良山

2 馬棚 ●うまや 日本唯一現存城內的馬屋！

興 建於元祿時代，過去隨時都有數十匹馬繫在這裡。經重新復原的木片屋頂造型也十分優美。馬棚內最多可容納21匹馬。

重要文化財

藉由馬匹模型重現了當時的景象

重要文化財

讓彥根喵告訴你彥根城該怎麼逛！！

彥根城雖然沒有一定的參觀順序，但一般多是將車子停在二之丸停車場，從正門進入。參觀國寶天守及望樓等重要文化財，再到玄宮園走走大約要2小時。由於通往天守的路上有比較陡的石階，建議穿著方便行走的鞋子。

1 二之丸佐和口多聞望樓 ●にのまるさわぐちたもんやぐら

重要文化財

作為守護佐和口的防禦要地所修築

防禦佐和口的第一處重地

這 處望樓是為了守衛佐和口而朝外側修築的防禦重地。為了方便將士在緊急時可以直接衝進望樓內部，石塊因而堆砌成階梯狀。（內部不開放參觀）

3 天秤望樓 ●てんびんやぐら

重要文化財

為防止敵人入侵佇立於橋的左右兩側

從 正門沿坡道往上走所來到的聯絡橋作為中心點，其兩側如天秤般左右對稱興建的望樓。彥根城是日本唯一一座設計為這種形式的城廓。聯絡橋在緊急時可使其塌落，阻斷敵人去路

4 太鼓門望樓 ●たいこもんやぐら

重要文化財

通往本丸的最後關卡

這 裡是防禦天守的最後一道門。相傳過去會在此擊鼓作為有人前來謁見的信號。有說法認為因此這裡設計成了有利音響效果的構造。

城的內側沒有牆壁，以利內側石牆發出聲響

6 西之丸三重望樓 ●にしのまるさんじゅうやぐら

重要文化財

灰泥外牆展現優雅之姿

登上最上層欣賞窗外絕景

從花頭窗望出去，不僅是城下町，連琵琶湖、伊吹山、鈴鹿山脈都看得見

防禦西側的要塞

這 座三重望樓位在西之丸的西北角，可抵禦從西側入侵的敵人。現在的建築是江戶時代後期拆解修理而成，建在高度超過10m的石牆上。

第四代藩主直興在1677（延寶5）年開始修築

窗&瓦

花頭窗讓人聯想到禪宗風格。瓦片上則有代表井伊家的橘紋

博風板

天守有4處懸山博風板，為設計了槍眼的小房間

天井的木材結構

沒有天花板，直接露出木材結構的作風十分豪邁。由此可了解當時建築技術的水準之高

石牆

像是中間插進了牛蒡般，以長形自然石堆砌成稱的石牆十分堅固

7 玄宮園 ●げんきゅうえん

名勝

讓人聯想近江八景的名園

位 於彥根城北側的池泉迴遊式庭園，融入了中國湖南省洞庭湖的「瀟湘八景」及近江八景的元素。在設計上將水池比擬為琵琶湖，重現了近江八景。

賞景特等席—鳳翔台

位在玄宮園內的舊書院，可一面賞景一面享用抹茶，放鬆一下

🕐 9:00～16:00
🍵 附抹茶、和菓子500日圓

名勝

欣賞井伊家傳承的名品

別忘了順便來這裡參觀！

位在復原彥根表御殿的建築內

彥根城博物館 ●ひこねじょうはくぶつかん

收藏了約9萬1千件井伊家傳承的文物及彥根藩相關資料等。還能看到有200年歷史的能舞台及經復原的諸侯起居間。

MAP 97A-2
📞 0749-22-6100
🕐 8:30～16:30　休 年底，有其他臨時休館
¥ 500日圓，與彥根之套票1200日圓

5 天守 ●てんしゅ

國寶

饒富變化的博風板展現三層三重的結構之美

藉 著懸山博風板、歇山頂博風板、捲翹軒等各種博風板樣式的搭配組合，打造出這座三層三重結構的天守。除了華麗的外觀外，細部的設計也有許多可看之處。白牆與黑漆花頭窗的搭配、低調的金屬裝飾更加突顯了建築之美。

手工製作的
ひだまりのら
迷你招財貓1620
日圓，也有白色的

氣味也
很棒～

以彥根城盛開的櫻花為
意象做成的香・
彥根櫻1300日圓

自在漫步彥根城的城下町

前進夢京橋城堡大道採購伴手禮

看完彥根城後，
就去夢京橋城堡大道散步、購物吧♪
可愛的和風小物、外表超誘人的點心等，
不論送禮、自用都是好選擇。也別忘了看看
有哪些在地美味餐廳！

ゆめきょうばし

各式美麗蠟燭
讓人逛到入迷

夢京橋あかり館
●ゆめきょうばしあかりかん　MAP 94　購物

販售彥根傳統工藝品、彥根蠟燭等。有日
式、西式等種類豐富的蠟燭供選購，並附
設能體驗蠟燭製作（1000日圓～，預約優
先）的蠟燭工房、博物館。

有12個月份
花卉款式的
手繪
和蠟燭（山茶花）
2支1296日圓

☎0749-27-5501
🕐9:30～17:30（工房～16:00）　休週二（逢假日
則翌日休）　🏠彥根市本町2-1-3

使用當地特產的彥根棉
布、麻布製作出各種原
創商品・棉抹布648日
圓・麻浴巾2900日圓

夢京橋
城堡大道
是什麼地方？

是一條重現了城下町街景的大道，每間店都統一為白牆、黑窗櫺的町家風格，充滿了
江戶時代的情調。🚃JR彥根站步行15分　MAP 97A-2

周邊圖 P.97

右側為北方

宗安寺
P.96

焼たかし

比内地鶏ほっこりや

麺匠ちゃかぽん P.96

おおすが夢京橋店

政所園 夢京橋店
きむら京佃煮

あゆひ京源内
うなぎや源庄　P.39

あゆひの店

京橋キャッシュ停車場
（160輛・
2小時200日圓）

夢京橋あかり館

京橋

彥根城 P.92
彥根城 中濠城河

關西アーバン
銀行

本町1

夢京橋城堡大道

時人

近江や

もんぜんや

三中井

本町キャッスルロード

からんころん
P.98

Pasta&Cafe Cocotte

ひこね街なかプラザ

わかくさ堂

たちばな食堂 P.40

四番町廣場

ひこね食資館　四番町ダイニング
來迎寺　願通寺

彥根觀光協會

川魚商

うおごう P.98

楽座 P.97

焼肉ダイニング
P.96 千乃房

大信寺

美食
觀光
購物
咖啡廳

いと重菓舗 P.44

たねや CLUB HARIE
彥根美濠の舍 P.98

本町郵局

彥根市俳遊館 P.96

品嘗懷舊風格西點店
獨一無二的
特色甜點

包著鮮奶油與水
蜜桃的奧林匹亞
330日圓

琵琶湖130日
圓・是一款簡單
樸實的費南雪

甜味溫潤的堅果黑糖
脆餅彥根城130日圓・
是超人氣烘焙點心

三中井
●みなかい　MAP 94　購物

1954（昭和29）年創業的西點店。堅守從創業之初傳承
下來自然滋味，完全不使用甜味劑、防腐劑等。提供品
項豐富的蛋糕及烘焙點心。

☎0749-22-5953
🕐9:00～18:00　休不定休
🏠彥根市本町1-6-28　P免費

販售彥根名點
及優質和菓子

三十五萬石（包求肥飴）
1個130日圓

以白巧克力包住蛋
黃餡的沙曼5個裝
965日圓

おおすが夢京橋店
●おおすがゆめきょうばしてん　MAP 94　購物

源自彥根藩三十五萬石典故的最中餅是這裡的著名商品，米
袋造型的餅皮內，包著北海道產紅豆粒餡。像在吃冰的「黑
銅鑼燒」（177日圓）也值得推薦。

☎0749-24-1128
🕐9:30～18:00　休週三
🏠彥根市本町2-2-47

能吃到聖代及
刨冰的
近江茶專賣店

有國寶彥根屏風圖案的「姬蠶」
（70g）1080日圓（右）與「彥
根丸」各864日圓（中、左）

店內販售的
抹茶霜淇淋430日圓

政所園 夢京橋店
●まんどころえんゆめきょうばしてん　MAP 94　購物

1756（寶曆6）年創業的日本茶專賣店，販售近江政所
地區的夢幻名茶─政所茶等茶葉。附設的茶房 源三郎
提供的聖代也相當受歡迎。

☎0749-22-8808
🕐9:30～18:00（視時期而異）
休不定休　🏠彥根市本町2-1-7-1
P免費

不可錯過！美食 & 咖啡廳

近江肉せんなり亭伽羅 [美食]

極品壽喜燒 近江牛的

●おうみにくせんなりていきゃら **MAP** 94

由近江牛專賣店「千成亭」直營，午餐時段也能吃到高品質的近江牛壽喜燒。濃縮了鮮美滋味的牛肉與彷彿入口即化的口感令人無法招架。

☎0749-21-2789
🕐11:30～14:30、17:00～20:30
休週二 所彥根市本町2-1-7 P免費

口感一級棒的手擀蕎麥麵
氣味芳香、滑順好入喉的蕎麥麵

もんぜんや [美食]

MAP 94

蕎麥麵以日本國產蕎麥粉製成，可選擇純蕎麥粉、八成蕎麥粉做的蕎麥麵或花式蕎麥麵。推薦搭配近江牛筋、湖魚天麩羅一同品嘗。

☎0749-24-2297
🕐11:00～18:30 休不定休
所彥根市本町1-6-26 P免費

附前菜及當令菜餚的近江牛壽喜燒鍋御膳2680日圓

Pasta&Cafe Cocotte [美食]

●パスタアンドカフェ ココット

MAP 94

位在城堡大道南端的義大利麵專賣店。在武家屋敷風的摩登空間中，可以吃到超過10種口味，品項多樣的義大利麵及正統甜點。

☎0749-22-8761
🕐10:00～21:00
休不定休
所彥根市本町1-7-35

在武家屋敷度過美味時光♪

義大利麵午餐1080日圓起，附沙拉、飲料、自製麵包等

各式各樣彥根喵商品等你帶回家♪

彥根喵
奶油夾心餅乾（18片裝）
1080日圓

彥根喵絨毛玩偶
1080日圓～

彥根喵
串珠吊飾
430日圓

ひこね食賓館 四番町ダイニング

●ひこねしょくひんかんよんばんちょうダイニング

聚集了販售在地特產的食品館及餐飲店的複合設施。2樓則有販售吉祥物商品的「個性角色世界」。

☎0749-27-7755 **MAP** 94
🕐10:00～19:00（12～2月為～18:00）
休無休 所彥根市本町1-7-34

わかくさ堂

●わかくさどう

使用當地採收的艾草製作，氣味芳香的艾草糰子是知名美食。裡面包了甜而不膩的自製紅豆餡。

MAP 94
☎0749-22-3927
🕐9:30～18:30 休不定休
所彥根市本町1-7-28

品嘗美味在地和菓子小歇片刻

撒上了黃豆粉的艾草糰子
1個120日圓

還有這些也不能錯過！
充滿懷舊風情的人氣景點

四番町廣場 [參觀]
よんばんちょう

重現了過去有「彥根的廚房」之稱、繁華熱鬧的本町市場商店街。街道上的大正洋風建築與煤氣燈充滿了古典氣息，除了可在此用餐、購物，也有許多能休息的地方。

MAP 94
🚉JR彥根站步行15分
P30分免費（之後每小時100日圓）

長壽院（大洞弁財天）
●ちょうじゅいん（おおほらべんざいてん）
☎0749-22-2617　參觀📷

以欄間雕刻著稱的彥根日光

由曾負責日光東照宮修造工事的井伊直興所創建，精巧華麗的欄間而有彥根日光之稱。供奉於本堂的弁財天坐像姿態美艷動人，名列日本三大弁財天之一，也被稱為大洞弁財天。

🕐參觀本堂8:30~17:00（11~2月為~16:00）
🚩彥根市古沢町1139　🚉JR彥根站步行25分
🅿免費

→權現造樣式的本堂
重要文化財

龍潭寺
●りょうたんじ
☎0749-22-2777　參觀📷

擁有補陀落的庭園美景，與井伊家淵源深厚

從井伊家發跡的靜岡遷移至此，井伊家代代於此祇仰、祭悼先祖。過去為臨濟宗的學問寺，曾興盛一時。這裡還曾有相傳為造園學源頭的園頭科，現今仍保留了補陀落庭園。也以櫻花、夏山茶、紅葉等四季美景著稱。

🕐9:00~17:00（11月中旬~2月為~16:00）
¥400日圓　🚩彥根市古沢町1104
🚉JR彥根站步行20分　🅿免費

→白沙與苔蘚呈現出和諧之美
夏山茶

彥根
●ひこね　MAP　P.94・97・附錄13

國寶彥根城的所在地彥根，不僅有重現了城下町的夢京橋城堡大道，與彥根藩主井伊家相關的寺院等也值得一遊。

區域導覽

精彩特輯！
國寶 彥根城走透透!!→P.92
前進夢京橋城堡大道採購伴手禮→P.94

彥根市俳遊館
●ひこねしはいゆうかん
☎0749-22-6849　參觀📷

介紹蕉門十哲的資料館

為紀念身為蕉門十哲、彥根藩士的森川許六所設立。除了介紹俳句、彥根市內的句碑外，也能在此認識彥根的歷史、民間故事、方言等。還可以體驗名為「康樂棋」的遊戲。

🕐9:00~17:00
🈺週二　¥免費
🚩彥根市本町1-3-24
🚉JR彥根站步行15分
🅿免費

→這棟建於1924（大正13）年的洋房起初為銀行

宗安寺
●そうあんじ
☎0749-22-0801　參觀📷

位在夢京橋城堡大道旁的紅色大門佛寺

為德川家康養女，也是井伊直政正室的東梅院所建。本尊阿彌陀如來立像原為淀殿（豐臣秀吉側室）私人供奉禮拜的佛像。寺內還供奉家康的牌位、石田三成的地藏尊七體佛，這裡也曾是朝鮮通信使的下榻處。

🕐9:00~17:00　🈺不定休　¥參觀庭園200日圓
🚩彥根市本町2-3-7　🚉JR彥根站步行20分
🅿免費

←漆成朱紅色的赤門相傳原為佐和山城的城門

五百羅漢 天寧寺
●ごひゃくらかん てんねいじ
☎0749-22-5313　參觀📷

別名「萩之寺」的名勝

彥根藩第十一代藩主井伊直中建立的曹洞宗佛寺，供奉了京都名工匠駒井朝運所雕刻的五百羅漢。寺內還有供養塔，葬著井伊直弼遭逢「櫻田門外之變」時身上的遺物。周邊的胡枝子（日文為「萩」）在初秋時節會綻放美麗花朵。

🕐9:00~16:00　🈺不定休　¥門票400日圓
🚩彥根市里根町232
🚉JR彥根站東口步行15分　🅿免費

←震懾人心的五百羅漢
胡枝子

燒肉ダイニング千乃房
●やきにくダイニング せんのぼう
☎0749-27-2929　美食🖐

大啖上等近江牛燒肉

能吃到特製醬料及鹽味近江牛上選五花肉、上選牛小排、土雞拼盤的午間全餐十分熱門。不僅附前菜、赤身肉生切片、自製泡菜等，還可依喜好選擇搭配石鍋拌飯或韓式涼麵。

🕐11:30~14:00，17:00~21:30　🈺週三　¥午間全餐3200日圓~、晚餐4500日圓~　🚩彥根市本町1-11-25　🚉JR彥根站步行20分　🅿免費

午間全餐附飲料及甜點

麵匠ちゃかぽん
●めんしょうちゃかぽん
☎0749-27-2941　美食🖐

以新鮮近江牛搭配烏龍麵大飽口福

老字號近江牛專賣店千成亭所推出的烏龍麵店。靈感來自井伊直政、直孝、直弼等歷代彥根藩主的赤鬼烏龍麵是著名美食。店內還擺設了讓人聯想到井伊家軍隊的盔甲。

🕐11:00~14:30　🈺週二、第2、4週一　¥咖哩烏龍麵1120日圓，清湯烏龍麵550日圓　🚩彥根市本町2-2-2　🚉JR彥根站步行20分　🅿免費

→烏龍麵上放了新鮮涮牛肉片的赤鬼烏龍麵二代目1380日圓

獻上伊吹そば つる亀庵
●けんじょういぶきそば つるきあん
☎0749-26-2615　美食🖐

享用彥根藩主也品嚐過的美味

使用向伊吹山的契約農家採購的蕎麥粉與伊吹山麓的湧泉，重現過去曾進獻給藩主的美食。以在地當令食材製作的季節創意蕎麥麵十分受歡迎。還喝得到滋賀的在地酒。

🕐11:30~15:00，17:00~20:00　🈺週三（櫻花、紅葉季為不定休）　¥天麩羅蕎麥涼麵1350日圓　🚩彥根市立花町1-1　🚉JR彥根站步行9分　🅿免費

←蕎麥涼麵810日圓可品嘗到細膩的滋味與香氣

採訪memo　▶看看彥根有哪些美味餐廳！除了這邊介紹的美味店家外，還有使用在地食材做成彥根蓋飯的麵・食處 八千代（P.40）、深受在地人喜愛超過40年的あらびか（P.41）等，別忘了留意卷頭特輯。

=賞櫻名勝　=紅葉名勝　=賞花名勝（花卉名稱）

96

Editor's Check
★★★ 編輯部強力推薦 ★★★

彥根城周邊美味甜點吃透透!

彥根大名燒為著名美食
古川 日登堂
★ふるかわひのぼりどう

MAP 97A-3

1955（昭和30）年創業。鬆軟外皮包著北海道產紅豆粒餡與切塊栗子的彥根大名燒是招牌商品。

☎0749-22-0037
🕐9:00～19:00　休週二
¥近江里山189日圓
所彥根市中央町6-22
🚃JR彥根站步行20分
Ｐ免費

彥根大名燒1個150日圓

始終堅持手工製作
和菓子処 さわ泉
★わがしどころさわせん

MAP 97B-2

位在彥根城中護城河畔。滋賀樸實的糰子以及僅用米、麴、鹽釀成的公主甜酒等手工和菓子很受歡迎。

☎0749-27-3030
🕐10:00～18:00（12～2月～17:00）
休無休
¥公主甜酒550日圓
所彥根市佐和町1-7
🚃JR彥根站步行10分

糰子套餐550日圓

甜味高雅的銅鑼燒深受好評
どら焼き 虎てつ
★どらやきこてつ

MAP 97A-2

講究食材的和菓子店使用嚴選的北海道紅豆、滋賀產米粉等。夾了特製奶油的生銅鑼燒及瑞士捲也很有人氣。

☎0749-26-3838
🕐9:30～17:30　休無休
¥盒裝彥根銅鑼燒6個1080日圓
所彥根市立花町1-2
🚃JR彥根站步行8分

彥根銅鑼燒1個168日圓

記得複習伴手禮特輯（P.44）喔

彥根 1:18,000
周邊圖 附錄13B-3
P.85 千成亭別館 華見▶

0 200m

● 參觀　● 玩樂　● 美食　● 咖啡廳　● 溫泉　● 購物　● 住宿　● 活動、祭典

便利!
巡迴巴士是彥根觀光的好幫手 **彥根城下巡迴巴士**
行駛於彥根各觀光景點間的紅色巴士，從JR彥根站開往佐和山、彥根城等地。

☎0749-25-2501（湖國巴士彥根營業處）
🕐季節性行駛，9:00～16:30彥根站發車（需洽詢）
¥1日券300日圓，單次券210日圓
所彥根市野口町333-3

懷石料理　MAP 94
楽座
●らくざ

☎0749-21-4466　美食

用懷石料理犒賞自己一下吧

位於四番町廣場的懷石料理餐廳，可以吃到每個月變換菜色的懷石料理。其中，附著名美食鯖魚壽司的楽座御膳尤其受歡迎。這裡還喝得到許多在地酒，可在晚上搭配單品菜餚或懷石料理一同享用。

🕐11:30～13:30、17:00～21:30　休週一不定休
¥楽座御膳1900日圓，附壽司2800日圓
所彥根市本町1-12-10　🚃JR彥根站步行15分　Ｐ免費

也可外帶鰻魚壽司（1條3600日圓）

洋食　MAP 97A-3
スイス

☎0749-23-6501　美食

以實惠價格提供正統洋食

外牆滿是爬牆虎，讓人印象深刻的外觀是這裡的標記。以驚人的實惠價格就能吃到漢堡排、咖哩、蛋包飯、三明治等，CP值超高，在當地也引發了熱烈討論。

🕐11:00～15:00、17:30～22:30　休週一
¥豬排咖哩500日圓，蛋包飯400日圓　所彥根市中藪町598-2　🚃JR彥根站步行20分　Ｐ免費

漢堡排500日圓是最有人氣的餐點

用重輕石占卜
看看願望能否實現　CLOSE UP
金龜山地藏尊　●こんきさんじぞうそん　MAP 97A-2

位在彥根城內大手門附近的地藏堂，是修築彥根城時，將原本分布山上各處的地藏像集中供奉於此。堂內有「重輕石」，據說如果拿起來感覺比想像中輕的話，心願就能實現。

DATA P.92（同彥根城）

小巧的堂內擺滿了地藏菩薩像

複合商店　MAP 94

たねや CLUB HARIE 彦根美濠の舍
●たねやクラブハリエ ひこねみほりのや　☎0749-24-5511　咖啡廳

位在彦根城護城河畔的複合商店

為たねや與CLUB HARIE的複合店，兩邊都附設咖啡廳。在美濠茶屋能吃到使用炭爐烤的烤麻糬，美濠カフェ則以每日限定30份下午茶套餐最有人氣。

⏰9:00～19:00（咖啡廳10:00～17:00，茶屋（甜點）10:00～18:00，（用餐）11:00～15:00）　休無休　炭火烤麻糬 紅茶648日圓，下午茶套餐3498日圓（2人份～）　🚩彦根市本町1-2-23　JR彦根站步行15分　🅿免費

> 和、洋風格的兩間店店彼此為鄰。腹地內還有たねや美濠美術館。

雜貨、咖啡廳　MAP 附錄13A-4

VOKKO
●ヴォッコ　☎0749-43-7808　咖啡廳

琵琶湖畔的寧靜咖啡店

主要販售北歐骨董商品的雜貨店。店內附設咖啡座，可在此享用瑞典紅茶及手工蛋糕。來這邊欣賞琵琶湖景色，和老闆聊聊北歐話題也不錯。

⏰11:00～19:00（10～3月為～18:00）　休週四、第1、3週三　VOKKO特調（HOT）450日圓，季節水果塔450日圓　🚩彦根市柳川町207-1　JR稻枝站車程15分　🅿免費

> 起司蛋糕、Himlagott紅茶皆為450日圓。

漢堡　MAP 97A-2

SUN-BURGER & HIKONE-CREPE
●サンバーガーアンド ヒコネクレープ　☎090-7104-0510　美食

分量十足的極品漢堡吃起來超過癮

每個漢堡都是在顧客點餐後才手工製作，並使用近江牛漢堡肉、信州豬的培根等嚴選食材。店內有吧檯座位與和式座位，可在自己喜歡的位子上惬意品嘗美味漢堡。

⏰11:00～20:00（週日～18:00），若週一逢假日則～18:00（前一日之週日～20:00）　休週四　招牌漢堡660日圓，起司漢堡690日圓　🚩彦根市立花町3-4　JR彦根站步行5分　🅿免費

> 培根、特製漢堡830日圓，起司等餡料與獨家醬汁超對味

伴手禮　MAP 97B-2

彦根みやげ本陣
●ひこねみやげほんじん　☎0749-21-3071　購物

彦根名產全員到齊

店面設計以彦根城的廚房為意象，販售彦根等地的滋賀經典和菓子、在地酒、民俗藝品等。店門口還有賣手工燒烤的近江米仙貝、現炸近江牛可樂餅、伊吹牛乳做成的霜淇淋等。

⏰8:00～20:00（冬季為～19:00）　休無休　🚩彦根市佐和町1-8 彦根城度假酒店及水療中心1F　JR彦根站步行8分

> 感覺像是廚房般的店內擺滿了各式伴手禮

咖啡廳　MAP 97A-2

Pomme D'Amour
●ポムダムール　☎0749-21-3515　咖啡廳

用完餐後再來份道地法式甜點吧

來自法國的甜點師製作的甜點及麵包十分受歡迎。可以吃到每週午餐，以及使用了滿滿在地蔬菜的沙拉午餐等餐點。

⏰11:00～21:00（午餐～14:30，晚餐18:00～）　休週二　每週午餐1200日圓，起司蛋糕420日圓　🚩彦根市立花町2-8　JR彦根站步行15分　🅿免費

> 健康滿分的每週午餐

咖啡廳　MAP 附錄13B-3

aix cafe
●エクスカフェ　☎0749-30-5050　咖啡廳

風格時尚、餐點超值的咖啡廳

咖啡廳位於滋賀縣內展店的服飾店內。使用新鮮在地蔬菜製作的3種午餐定食有肉、飯、義大利麵供選擇。還可＋550日圓升級為蛋糕套餐。

⏰（午餐）11:30～15:00，（咖啡廳）15:00～18:00　休週三　3種午餐定食1250日圓，自選蛋糕與季節甜點拼盤680日圓　🚩彦根市戶賀町78-4　近江鐵道彦根口站車程8分　🅿免費

> 店內裝潢以白色為主，空間開闊

雜貨　MAP 94

からんころん
☎0749-27-2455　購物

販售充滿懷舊感的和風雜貨

除了以舊布製作的化妝包、錢包等綴紗小物外，還有扇子、木屐、將動物擬人化的人偶等和風雜貨。就用散發懷舊氣息的古典摩登小物讓生活更有趣味吧。

⏰10:00～18:00　休不定休　純絲舊布胸針1100日圓　🚩彦根市本町1-1-31　JR彦根站步行15分

> （右）地藏菩薩1300日圓，（左）越挫越勇達摩315日圓

湖魚　MAP 94

川魚商 うおこう
●かわざかなしょううおこう　☎0749-22-3707　購物

提供傳統的鮒壽司與湖魚料理

製作、販售河魚、鮒壽司、蒲燒鰻、湖魚佃煮等。使用琵琶湖產天然似五郎鮒做成的鮒壽司以自家耕種稻米減輕了腥味，滋味溫和好入口，堪稱近江逸品。

⏰9:00～18:00　休週日不定休　鮒壽司（天然似五郎鮒）4500日圓～，（源五郎鮒）3500日圓～，紅燒小香魚（100g）860日圓　🚩彦根市本町1-12-13　JR彦根站步行15分　🅿免費

> 切片的鮒壽司方便食用，深受好評

雜貨　MAP 97A-2

The Good Luck Store
●ザグッドラックストア　☎0749-20-9529　購物

將精選優質好物帶回家吧

販售嚴選自日本國內外的器皿、雜貨等優質日常生活用品。每一件都是精心製作的商品，挑一件自己喜歡的帶回家，肯定能為生活帶來新意。

⏰11:00～19:00　休週三、四　ヒムカシ的襪子1458日圓，河原崎優子咖哩盤3780日圓　🚩彦根市中央町2-30　JR彦根站步行13分

> 可在此悠閒挑選適合自己的商品

> 店內空間有如藝廊般，

採訪memo　什麼是「鮒壽司」？鮒壽司是利用米發酵製成的「熟鮓」的一種。這種傳統料理的作法為刮去鮒魚的魚鱗、取出內臟後，先用鹽醃漬數個月，再埋進米飯中一年以上。主要使用抱卵的似五郎鮒。

右側邊欄：彦根區域導覽

檜皮葺屋頂為多賀大社的一大特色，這也是日本特有的傳統工法

多賀大社

保佑長壽&姻緣著稱的神社

多賀大社相當於伊勢神宮的親神，因此自古就流傳著「要參拜伊勢神宮，就要參拜多賀大社」這樣的民謠。拜訪完這座民眾自古以來便虔誠信仰的神社後，順便在參道上悠閒地散個步吧。

供奉伊勢神宮的親神
地位崇高的神社

除了一般的籤外，還可以抽戀愛籤

御神門與本殿之間的太閤橋，曲線優美

多賀大社也以飯勺造型的繪馬為人熟知

叶♡多賀門
●かなうたがもん

這裡也可以求姻緣哦！

據說手持寫著自己心願的繪馬符紙從石門中間走過，摸過許願石後再綁上繪馬符紙，就能得到幸福。

繪馬符紙1張200日圓於多賀觀光服務處等地方販售

多賀大社 ●たがたいしゃ

📷參觀

MAP 99

供奉天照大御神的雙親，為近江國最尊貴的神社。走過了位於入口的御神門，迎面而來的便是莊嚴穩重的御本殿。來此祈求長壽、姻緣、避邪的信眾絡繹不絕。

☎0749-48-1101
🕐自由參觀(購買御守、事務受理等8:30～17:00) ¥參觀庭園300日圓 📍多賀町多賀604 🚃近江鐵道多賀大社前站步行10分 🅿免費

參道散步趣

從車站通往多賀大社的參道沿路有許多餐廳、伴手禮店，前往神社前或參拜完後順便逛逛吧。

周邊圖
MAP 附錄13C-4

藝やcafé ●げいやカフェ

☕加啡

MAP 99

在這間屋齡100年的建築改裝成的咖啡廳，能品嘗到咖啡及每日蛋糕。咖啡使用店家特調、烘焙的豆子。店內還陳列了在地藝術家創作的工藝品。

小歌片刻♪ 在美味咖啡的陪伴下

☎090-7759-2222
🕐11:00～18:00 休週四 ¥咖啡400日圓，印度奶茶500日圓 📍多賀町多賀1199 🚃近江鐵道多賀大社前站步行3分 🅿免費

店內不定期有作品展示或舉辦活動

杯子、器皿使用的都是當地陶藝家的作品等

wakkaya BREAD & DOUGHNUT 🛍購物
●ワッカヤブレッドアンドドーナツ

MAP 99

使用國產小麥製作的麵包及甜甜圈為店家自豪的商品。經緩慢發酵做成的甜甜圈口感Q彈帶勁。

是美味甜甜圈 散步時的良伴！

甜甜圈210日圓起，口味樸實

☎0749-20-1045
🕐10:00～17:00(售完打烊) 休週一、二(有可能變動) 📍多賀町多賀1322-8 🚃近江鐵道多賀大社前站步行3分

多賀や 🛍購物
●たがや

MAP 99

店裡賣的糸切餅都是當天製作的

店面就位在多賀大社前，著名商品糸切餅是以僅使用米粉製作的滑嫩麻糬包住紅豆餡而成。這款和菓子帶有祈求長壽與和平之意涵，分切時使用的是三味線的弦。

多賀大社門前的名產糸切餅

☎0749-48-1430
🕐8:00～17:00 休無休 ¥糸切餅10個裝600日圓，15個裝850日圓 📍多賀町多賀601 🚃近江鐵道多賀大社前站步行10分

資料館／豐鄉　　　MAP附錄13B-4

伊藤忠兵衛紀念館
●いとうちゅうべえ
きねんかん
☎0749-35-2001　參觀

認識伊藤忠兵衛生平事蹟

綜合商社「伊藤忠商事」、「丸紅」創辦人伊藤忠兵衛的舊宅，也是第二代忠兵衛的出生地。介紹了初代忠兵衛及建立綜合商社基礎的第二代忠兵衛的經營哲學、生活。

🕐10:00～16:00　休週一　¥免費
所豐鄉町八目128-1
近江鐵道豐鄉站步行5分　P免費

維持了過去原貌的舊宅，宅邸內部可以參觀

資料館／豐鄉　　　MAP附錄13B-4

豐會館
●ゆたかいかん
☎0749-35-2356　參觀

探訪「あけぼの罐頭」的始祖舊宅

幕末時期以「又十」之名經營和服店，後來從事海運生意的富商——藤野喜兵衛的舊宅，他創辦的「星印罐頭」為今日的「あけぼの印罐頭」之前身。入選湖國百大名園的松前庭園也不可錯過。

🕐9:00～16:00　休週一、三、五　¥200日圓
所豐鄉町下枝56　近江鐵道豐鄉站步行15分
P免費

對外開放留有過去書院及庭園等的舊宅

北海道聯絡船的模型

逛完彥根還可以順便去這些地方走走

甲良·豐鄉·愛莊
●こうら·とよさと·あいしょう　MAP 附錄13·17

區域導覽

甲良是近江數一數二的稻米產地，豐鄉則有登錄有形文化財及老宅，也是動畫的故事舞台及電影外景地，吸引許多粉絲前來朝聖。前往愛莊可以徜徉於閒適的田園風光中。

鄉土料理／愛莊　　　MAP附錄17B-1

近江商人亭
●おうみしょうにんてい
☎0749-42-3131　美食

傳統湖魚料理讓人大飽口福

店面為大正時期興建的近江商人屋敷—舊田中邸（登錄有形文化財），能吃到紅燒鯉魚、鮒魚生魚片、炭火烤諸子魚等當令湖魚料理。午餐時段的野點膳很有人氣。

🕐11:30～21:00（需預約）　休週三
¥全餐料理5400日圓～、紅燒鯉魚1080日圓
所愛莊町中宿51　近江鐵道愛知川站即到　P免費

⊕中午的野點膳3780日圓起

工廠參觀／愛莊　　　MAP附錄17B-1

UCC滋賀工廠
●ユーシーシー
しがこうじょう
☎0120-811-288　玩樂

能了解咖啡製作過程的好所在

這裡為生產罐裝咖啡等產品的工廠，可以參觀該公司講究的咖啡製作過程。約80分鐘的導覽能看到進行品質檢查的情景、試喝不同咖啡，內容十分豐富。需2日前於網站預約。

🕐10:00～16:00（受理）　休準同網站上之申請日程表
¥參觀免費　所愛莊町愛知川1343
近江鐵道愛知川站步行7分　P免費

巨大的白色咖啡杯十分醒目。也有伴手禮販賣區

酒窖／愛莊　　　MAP附錄17B-1

藤居本家
●ふじいほんけ
☎0749-42-2080　購物

釀造進獻至宮中的好酒

自1831（天保2）年經營至今，釀造進獻至宮中的御神酒，是一間大有來頭的酒窖。使用愛知系的伏流水與滋賀縣產酒米釀成的「旭日」為代表性的酒款。全部以欅木打造的倉庫一整年都開放參觀（過年期間除外）。

🕐9:00～18:00（參觀酒窖～17:00，需一週前預約，2人以上方受理預約）
休無休　¥琵琶之舞（720㎖）1620日圓、旭日生酢 純米酒（720㎖）1566日圓　所愛莊町長野793　近江鐵道愛知川站步行15分　P免費

開放參觀的倉庫是上一代老闆所設計

造訪豐鄉町時別忘了來這裡！

豐鄉小學校舊校舍群　參觀
★とよさとしょうがっこうきゅうこうしゃぐん

由建築師沃里斯所設計，建於1937（昭和12）年的純白的教育殿堂。目前為豐鄉町的複合設施，並附設觀光服務處，可自由參觀建築內部。由於這裡是人氣動畫作品舞台的原型，因此吸引了許多粉絲前來朝聖，也有販賣相關商品。

MAP附錄13B-4
☎0749-35-3737（豐鄉町觀光服務處）
🕐9:00～17:00　休無休　¥免費
所豐鄉町石畑518
近江鐵道豐鄉站步行9分　P免費

包括了本館、講堂、酬德紀念館3棟建築

粉絲在3樓的房間重現了動畫中的場景

●豐鄉町出租自行車 めぐりんこ
★とよさとちょうレンタサイクルめぐりんこ

位在豐鄉小學校舊校舍群酬德紀念館內的觀光服務處，提供自行車出租服務。也可以在彥根市、多賀町、甲良町、愛莊町還車。

🕐9:00～15:00（還車～16:00）　休無休　¥運動型300日圓～、電動輔助自行車600日圓～

暢快奔馳於路面起伏不大的豐鄉町吧

日本料理／愛莊　　　MAP附錄17B-1

日本料理 竹平楼
●にほんりょうり
たけへいろう
☎0749-42-4007　美食

一脈單傳的料理深受好評

從江戶時代持續至今的老字號料亭。能吃到使用代代相傳的秘傳醬汁製作的「飴煮鯉魚」等別具巧思的懷石料理（7452日圓～）為最大賣點。也有近江牛涮涮鍋（9936日圓～）可享用。

🕐11:30～19:30　休週三　¥葫蘆便當（僅中午）4347日圓、宴席料理7452日圓～　所愛莊町愛知川1608　JR能登川站搭近江鐵道巴士9分，不飲橋下車即到　P免費

提供宴席料理、御膳、便當等各種選擇

信樂 甲賀

しがらき・こうか

信樂町位在綠意盎然的山間，
不僅是信樂燒的產地，
有許多能近距離接觸信樂燒的設施，
還可以前往陶窯及信樂燒店鋪進行製陶體驗。
甲賀則是著名的忍者之鄉，這裡保留了過去的
忍者屋敷開放遊客參觀，快來一探究竟吧。

必訪景點 BEST 1

信樂燒
P.102
名列日本六古窯之一，陶
窯及商店門口擺放了各式
各樣的陶藝作品

必訪景點 BEST 3
體驗一下
忍者生活及文化吧
甲賀之里 忍術村
P.107

必訪景點 BEST 2
隱身山間的
MIHO MUSEUM
收藏了來自世界各地
的珍貴美術品
P.106

ACCESS

從京都前往信樂

電車
京都站
↓ JR琵琶湖線新快速 約20分
草津站
↓ JR草津線 約25分
貴生川站
↓ 信樂高原鐵道（1小時1班）
約25分 460日圓
信樂站

760日圓

從大津前往信樂

巴士
JR石山站前
↓ 帝產湖南交通（一日5班，週
六、日、假日一日7班）
約50分 820日圓
MIHO MUSEUM

開車
大津IC
↓ 名神高速道路
草津JCT
↓ 新名神高速道路
信樂IC
25.5km
約20分
840日圓
↓ 國道307號
信樂站前
6.4km
約10分

詳細交通方式說明與
該地區路線圖 ▶ 請見 P.120・121！

洽詢單位
甲賀市觀光企劃推進課 ···· ☎0748-69-2190
信樂町觀光協會 ···· ☎0748-82-2345
湖南市商工觀光勞政課 ···· ☎0748-71-2331

在隧道窯遺址建立的信樂燒與藝術基地！

かまーとの森
☆かまーとのもり ⊙購物

這個由全長80m的隧道窯改裝而成的空間內，有信樂燒花盆品牌「プラスガーデン」的展示間，展示了年輕陶藝家、攝影師作品的藝廊，以及雜貨商店、以今日午餐著稱的熱門咖啡廳等。在大水槽內舉辦的現場表演等活動也值得留意。

MAP 104A-1
☎0748-60-8539
🕐10:00～17:00(11～3月為11:00～16:00，週六、日為11:00～17:00)
休週二(逢假日則營業)
📍甲賀市信樂町長野1361-4
🚉信樂高原鐵道信樂站步行20分
Ｐ免費

咖啡廳的吧檯座面對著窗戶，咖啡與鬆餅都是裝盛在信樂燒器皿內

黃色色調的人氣花盆994日圓，可為空間增添質感

Parrot Pot花盆與水盤組950日圓，共5種顏色

通往かまーとの森店內的小徑

店內陳列著各種現代且富設計感的花盆等園藝陶器

今日午餐1000日圓。也可以升級為附甜點及飲料的套餐

庭院裡的水槽會用來舉辦音樂會等活動，效果就像揚聲器般！聲音在水槽內產生回聲，效果就像揚聲器般！

造訪在地工房&陶窯♪

信樂陶藝散步之旅

信樂燒是什麼？
信樂燒起源於鎌倉時代中期。由於當地出產優質陶土，因此製作出許多器皿。其特色為素燒所形成的赤褐色澤也，帶有因灰燼產生的綠色自然釉。象徵好彩頭的信樂燒狸貓也十分出名。

陶藝體驗值得一試！
信樂一帶許多工作室都能體驗製陶，有機會的話不妨嘗試看看
→P.104

信樂是位在山間的陶藝之鄉，恬靜悠閒的窯元散步道沿途有登窯、陶窯、陶藝工房等。有興趣的地方就去走走看看，順便帶件喜歡的作品回家吧。

散步途中的各種小驚喜

1 企鵝
一尊尊復古的陶瓷企鵝，據說原本是拖鞋架
發現！

2 火泥箱
過去窯燒使用的大型火泥箱現在則當作花台等
發現！

3 站前的大狸貓
信樂站前的公用電話竟然一隻巨大的狸貓！
發現！

陶藝散步MAP
右上為北方
周邊圖 ▶ 附錄22E-2
0　300m
1:20,000

黃葉綠意間可發現青蛙的身影

窯元散步道的地面散布陶板，你能找到幾片嗎？

信樂著名的狸貓是從這裡誕生的嗎…!?

102

比叡山・大津

近江八幡・五個莊・東近江

長濱・湖北

彥根

信樂・甲賀

信樂陶藝散步之旅

湖西・比良山

堅持使用以天然灰形成的
特殊釉藥製作出一件件作品

帶有美麗自然釉的
各式器皿質地溫暖、合手好用

みのる窯 購物

★みのるがま

MAP 104A-2

☎0748-82-2548

別具風情的日式民家
化身成藝廊

陶藝家松川實、京子夫婦所開的店，是一間民家打造成的藝廊，販售各種簡約實用的器皿。在這裡可以找到以天然植物、貝殼當釉藥所製作的器皿、壺、茶具等。也會舉辦企劃展及陶藝教室。

🕙10:00～18:00（週六為～19:00）
🈺不定休
📮甲賀市信楽町長野676-1
🚉信楽高原鐵道信楽站步行20分
🅿免費

長型盤3600日圓。可以用來裝沙拉、義大利麵

帶有可愛圖案的杯子2260日圓

每件作品都讓人想拿在手上細細把玩

光滑潤澤的陶器
感覺十分療癒

位人在陶窯內，讓人覺得充滿暖意的藝廊

谷寬窯・ギャラリー陶ほうざん 購物

★たにかんがま・ギャラリーとうほうざん

將明治時代師範學校講堂遷建至此的窯坊，內部有藝廊及工作區，皆開放參觀。藝廊展示、販售了第三代谷井芳山的作品與信樂年輕藝術家的作品，大多為適合日常生活使用，造型簡約的器皿。

MAP 104A-1

☎0748-82-2462

🕙10:30～17:00
🈺週二
📮甲賀市信楽町長野788
🚉信楽高原鐵道信楽站步行20分
🅿免費

杯的雪中華不倒翁帶有淺紫色花紋7560日圓

紫香樂琥珀釉八寸摔曲盤10800日圓

重油窯曾在登窯退場後活躍過一段時間

傳統技藝在山丘上的藝廊
展現出新風貌

位在小山丘上

文五郎窯 購物
文五郎倉庫

★ぶんごろうがまぶんごろうそうこ

由陶藝家奧田兄弟經營，從江戶時代延續至今，是歷史悠久的陶窯。舊工作區現在為藝廊，展示、銷售北歐風的簡約盤子、小碟等。以白色及黑色為主的器皿讓料理更顯可口，深受好評。

MAP 104B-1

☎0748-82-3153

🕙10:00～18:00（12:00～13:00休息）
🈺不定休（需事先聯絡）
📮甲賀市信楽町長野1087
🚉信楽高原鐵道信楽站步行10分
🅿免費

兩面都可以用的長方形盤3024日圓。白色盤子翻過來就成了波浪花紋盤！

器皿表面的、線條靈威來自於名為木賊的植物，造型十分特別

餐具也是信樂燒♪ **美味午餐&下午茶**

信樂銘菓與信樂燒的邂逅

紫香楽茶寮うずくまる 咖啡廳

★しがらきさりょううずくまる

仿照信樂燒小壺「蹲」的造型做成的一口大小和菓子「うずくまる」是招牌商品，可以在茶廊搭配抹茶悠閒地品嘗，紅豆麻糬湯等甜點也深受好評。

☎0748-82-0924 MAP 104A-2

🕙9:00～16:30（商品銷售～18:00）
🈺不定休
📮甲賀市信楽町長野584-2
🚉信楽高原鐵道信楽站步行10分
🅿免費

店內擺設著信樂燒作品，氣氛高雅

甜味淡雅的信樂和菓子うずくまる（2個裝215日圓，8個裝860日圓）店內也買得到

聚集了藝術家作品與人的休憩空間

Cafe あわいさ 咖啡廳

★カフェあわいさ

舊商家改裝成的咖啡廳與藝廊，可以吃到每月午餐及手工鬆餅等餐點。藝廊則展示了以信樂當地為主，超過20位藝術家製作的器皿及雜貨。

☎0748-60-2160 MAP 104B-2

🕙11:00～17:00 🈺週日、一，1～2月
📮甲賀市信楽町長野903-2
🚉信楽高原鐵道信楽站步行10分
🅿免費

隨興午餐900日圓，碗盤等也很有質感

店內也展示了可愛的雜貨

老宅搖身一變成為藝廊&咖啡廳

英山窯 峯照庵 咖啡廳

★えいざんがまほうしょうあん

屋齡100年的老屋裝修而成，充滿懷舊氣息的咖啡廳。使用在地蔬菜製作，味道溫潤的午餐深受好評。或是來這邊小歇片刻，來份附和菓子的抹茶套餐也不錯。

☎0748-82-0114 MAP 104A-1

🕙11:00～16:00 🈺週一～五（僅週六、日營業）
📮甲賀市信楽町長野1036
🚉信楽高原鐵道信楽站步行15分
🅿免費

藝廊也很值得一看

大量使用在地蔬菜的每月午餐1300日圓

滋賀縣立陶藝森林
●しがけんりつとうげいのもり　　📷 參觀　☎0748-83-0909

綠意圍繞的陶藝主題公園
陶藝森林是座以陶藝品為主題的文化公園，園內有舉辦陶藝作品企劃展的博物館「陶藝館」、設有陶窯的創作研修館、附設餐廳及商店的信樂產業展示館。戶外則四處擺設了獨特的作品，適合來趟充滿藝術氣息的散步。
→有博物館、陶窯工房、商店等各式各樣的設施

↑高3.6m的陶藝作品「火焰人」展示在視野良好的星之廣場

◆貓熊作品在陶藝館前迎接遊客的到來

◆9:30~16:30　休週一（逢假日則翌日休，陶藝館有冬季休館）　¥免費參觀（陶藝館需付費）　所甲賀市信楽町勅旨2188-7　交信楽高原鐵道信樂站搭信樂高原巴士4分，陶芸の森下車即到　P免費

信樂
●しがらき　MAP P.104・附錄22

以出產陶藝品著稱的信樂有許多製作、販售信樂燒的陶窯、商店，狸貓擺飾也十分出名。

區域導覽

精彩特輯！
★信樂陶藝散步之旅
→P.102

湖北　長濱
牧野　今津　米原　彥根
朽木　志賀　東近江
　近江八幡
堅田　守山　栗東
坂本　草津
　大津　湖南
　　水口　信樂
　　　甲賀

製作獨一無二的作品！

許多信樂燒的工作室都會舉辦陶藝教室，可以在藝術家或職人指導下，以電動轆轤、捏陶等方式做出五花八門的器皿。

🎵玩樂　在閑靜的山間工房打造個人作品
しがらき顯三 陶芸倶楽部
●しがらきけんぞうとうげいくらぶ
☎0748-82-2216
MAP 104A-2

傳承了四代的陶窯主人小川顯三所經營的陶藝工房，可以在小川先生及其兒子記一的指導下，體驗捏陶、泥板成形、電動轆轤拉坯等。2樓的藝廊有展示、販售陶藝作品。附設自炊式的簡易住宿設施。

◆陶藝體驗的成品示意圖。釉藥顏色可自行挑選

◆民宿位在景觀良好的山丘上

◆10:00~17:00（需預約）　¥作陶1人5000日圓，住宿1晚14040日圓（住宿需2人~，含作陶費）　所甲賀市信楽町長野755-1　交信樂高原鐵道信樂站步行18分　P免費

🎵玩樂　擁有日本最大登窯的老字號陶窯
宗陶苑　●そうとうえん
☎0748-82-0316（需洽詢）
MAP 104A-2

這座歷史超過200年的陶窯，擁有日本最大規模的登窯及穴窯，並開放參觀。工房則提供作陶及彩繪體驗，另行付費的話還可在登窯燒製。能以實惠的價格買到信樂燒作品也是這裡的一大魅力。

◆8:30~17:30　休不定休　¥彩繪660日圓~，作陶1650日圓~　所甲賀市信楽町長野1423-13　交信樂高原鐵道信樂站步行15分　P免費

◆自古傳承至今的登窯

◆努力捏出漂亮的作品吧

旅遊亮點！

◆隨處可見表情各具特色的狸貓

狸貓擺飾可說是信樂的象徵，為了慰勞完全融入了當地、模樣討喜的信樂狸貓，並在11月8日定為「信樂狸貓節」，特地將11月8日舉辦各式各樣的活動，包括了信樂燒狸貓八相緣起祈願祭、全國狸貓肚皮鼓大會、狸貓元氣市集、快樂信樂狸貓展等，儼然成為了狸貓月。

☎0748-82-2345（信樂町觀光協會）

11月8日「信樂狸貓節」

以狸貓為主題的熱鬧慶典！

活動

信樂
1:20,000
附錄22E-2
0　　200m

A　　　　B　　P.105 大小屋

MIHO MUSEUM

P.104 滋賀縣立陶藝森林
創作研修館
產業展示館
野外展示場
太陽廣場
信樂IC
陶芸の森

甲賀市
P.104 かま～との森 P.102
信樂団地

P.103 文五郎窯 文五郎倉庫
P.105 陶の辺料理 魚仙
奧田忠左衛門窯
信樂陶藝村 P.105

信樂町長野
英山窯 喜照庵
净觀寺
ギンゲツ
P.103 谷寛窯・ギャラリー陶ほうざん

甲賀市信樂
P.106 陶房準
P.105 傳統產業會館
新宮神社
信樂的街區
Cafe あわいざ
滋賀

しがらき顯三 陶芸
P.104 倶樂部
しがらき顯三工房
P.104 宗陶苑

陶園 P.105
貴生川站
体育館
図書館
307

實驗アートサロン
misin-ya P.106
信樂郵局
旭橋
137

南松原団地
ダイハツ
信樂中央病院
コメリ
実業技術試驗場

P.103 紫香楽茶寮うすくまる
レストラン牛石 P.105
愛宕山 369
陶器神社
信樂站

P.103 みのる窯
フレンドマート
宇治田原
窯業技術試驗場
近藤商事

●參觀　●玩樂　●美食　●咖啡廳　●溫泉　●購物　●住宿　●活動、祭典

信樂陶苑たぬき村

MAP 附錄22E-2 🎵玩樂

●しがらきとうえんたぬきむら　☎0748-83-0126

販售器皿、狸貓擺飾等各式各樣的信樂燒，用地內還附設餐廳及陶藝體驗教室。

🕘9:00～17:00(陶藝教室報名～15:30)　🈺不定休　💴電動轆轤使用費(1小時，燒製費另計，需預約)1080日圓，彩繪體驗540日圓～　📍甲賀市信樂町牧1293-2　🚃信樂高原鐵道雲井站步行5分　🅿免費

レストラン牛石

MAP 104A-2 🍴美食

●レストランぎゅういし　☎0748-82-2600

使用近江牛的肉類料理餐廳。搭配醬油口味醬料享用的近江牛牛排吃起來清爽可口。

🕘11:30～14:30，16:30～19:30(週三(逢假日則營業))　💴牛排定食2310日圓　📍甲賀市信樂町西444-1　🚃信樂高原鐵道信樂站搭計程車5分　🅿免費

陶園

MAP 104A-2 🍴美食

●とうえん　☎0748-82-1495

以信樂燒餐具品嘗近江牛

信樂橋附近的藝廊所附設的咖啡餐廳。牛肉蓋飯使用的是上等近江牛，並以獨家醬汁煮之後放在飯上。2樓是以展示、販售陶器為主的藝廊。

🕘9:00～18:00　🈺週四(逢假日則營業)　💴近江牛燒肉定食1940日圓，炸豬排咖哩880日圓　📍甲賀市信樂町長野883-1　🚃信樂高原鐵道信樂站步行10分　🅿免費

裝在信樂燒碗公裡的近江牛肉蓋飯1080日圓起

大小屋

MAP 104B-1 🛍購物

●おおごや　☎0748-83-2220

超好逛的信樂燒藝廊&商店

以信樂燒為主，販售藝術家作品、手工藝品、雜貨、柴燒石窯麵包等的商店。每個季節都會推出讓生活更豐富多采多姿的信樂燒商品。還附設藝廊、咖啡餐廳、陶藝教室、寵物公園。

🕘10:00～17:00(週日、假日會延長營業時間)　🈺不定休　💴花瓶540日圓～，餐具540日圓～　📍甲賀市信樂町勅旨2349　🚃新名神高速道路信樂IC車程15分　🅿免費

可用貼滿了瓷磚的外觀作辨識

奧田忠左衛門窯信樂陶藝村

MAP 104B-1 🎵玩樂

●おくだちゅうざえもんがましがらきとうげいむら　☎0748-82-0522

藉參觀窯廠、製陶更加體會信樂燒的魅力

1888(明治21)年開窯的陶窯，包留了完整的登窯及穴窯對外開放參觀，並展示、銷售花盆、狸貓擺飾到餐具、工藝品等。並設有由職人負責指導的陶藝教室、咖啡廳。也會舉辦現代藝術家的企劃展。

🕘9:00～17:30(陶藝教室～15:30，建議預約)　🈺無休　💴陶器製作1620日圓、電動轆轤拉坯3240日圓(需預約)　📍甲賀市信樂町長野1131　🚃信樂高原鐵道信樂站步行8分　🅿免費

陶藝教室可以捏陶。用電動轆轤拉坯、彩繪等

Swiss Restaurant Alpina

MAP 附錄22D-3 🍴美食

●スイスレストランアルピナ　☎0748-84-0127

感受道地瑞士山味與氣氛

可以吃到燉煮料理及自製香腸等瑞士家常菜的餐廳。使用了2種起司與香草的起司火鍋(1900日圓～)是這裡的人氣美食，沉浸在充滿瑞士的氛圍中，料理也更顯可口。

🕘11:30～15:00　🈺一～五(逢假日則營業)　💴香腸午餐1900日圓　📍甲賀市信樂町下新宮574　🚃新名神高速道路信樂IC車程25分　🅿免費

瑞士火鍋套餐「オーマイスイス」(2900日圓)很受歡迎

WITH TEA(山本園)

MAP 附錄22D-3 ☕咖啡廳

●ウィズティー(やまもとえん)　☎0748-84-0145

在老字號茶屋享受下午茶時光

1870(明治3)年創業的茶屋直營的咖啡廳。可以吃到曾在「滋賀縣平民美食大賽」獲得優勝的「朝宮金時」等，以高級朝宮茶做成的甜點及使用滋賀縣產食材製作的餐點。

🕘10:00～18:00　🈺週一　💴朝宮金時864日圓，焙茶瑞士捲432日圓　📍甲賀市信樂町上朝宮275-1　🚃信樂高原鐵道信樂站搭計程車10分

放了自製葛餅、湯圓等的抹茶聖代972日圓

甲賀市信樂傳統產業會館

MAP 104B-2 📷參觀

●こうかししがらきでんとうさんぎょうかいかん　☎0748-82-2345

介紹信樂燒歷史的資料館

這座資料館堪稱信樂燒的殿堂，館內依年代展示了鎌倉至近代的信樂燒作品、相關資料及歷史。也會舉辦現代藝術家的企劃展。開始逛信樂前先來這裡了解信樂燒的知識吧。

🕘9:00～17:00　🈺週四(逢假日則翌日休)　💴免費　📍甲賀市信樂町長野1142　🚃信樂高原鐵道信樂站步行8分　🅿免費

建築物外牆貼滿了信樂燒瓷磚

陶の辺料理 魚仙

MAP 104B-1 🍴美食

●すえのべりょうり うおせん　☎0748-82-0049

以信樂燒器皿享用湖國美食

這間在信樂經營了100年的料亭，堅持使用近江蔬菜等在地食材，以華麗手法呈現出當令美味。融合了醃漬鯖魚與紫蘇風味的鯖魚壽司「忍壽司」尤其受歡迎，是這裡的著名美食。

🕘11:30～14:00，16:00～21:30　🈺週一(逢假日則翌日休)　💴季節點心2160日圓，忍壽司(附湯品)972日圓　📍甲賀市信樂町長野1334-2　🚃信樂高原鐵道信樂站步行15分　🅿免費

共有7品項的「季節點心」十分熱門

伴手禮用的忍壽司1365日圓

天下一品 上朝宮店

MAP 附錄22D-3 🍴美食

●てんかいっぴん かみあさみやてん　☎0748-60-1954

在日式民宅中大啖濃郁拉麵

人氣拉麵連鎖店「天下一品」的上朝宮店的建築前身是料亭，因此充滿濃濃的日式風情，別具特色。還吃得到深受女性喜愛的特製白蔥清爽拉麵(920日圓)等獨家餐點。

🕘11:00～14:00，17:00～21:00　🈺週三　💴濃郁中華拉麵700日圓～，精力中華拉麵920日圓　📍甲賀市信樂町上朝宮1141　🚃信樂高原鐵道信樂站搭計程車10分　🅿免費

可以一邊欣賞山林景色一邊享用拉麵

精力中華拉麵

手作雜貨　MAP 104B-2

実験アートサロンmisin-ya
● じっけんアートサロン ミシンヤ
☎050-3555-3308　購物

活潑而充滿特色的作品齊聚一堂

布品藝術家やまだあやこ所經營的藝術與雜貨商店。製作、販售在帆布上縫上五顏六色的和服布料做成的特色包包及小物。此外還有日本各地藝術家製作的陶器等，各種展現出獨特個性的作品。

🕐10:30～17:30　休週三、四
🛍化妝包3200日圓～、飯碗2400日圓～　🚉信樂高原鐵道信樂站步行7分
所甲賀市信樂町長野1156-2

→色彩繽紛的包包4500日圓起

工藝品　MAP 104A-2

陶房準
● とうぼうじゅん
（山兼製陶所）
☎0748-82-1732　購物

邂逅各種溫暖人心的陶人偶

陶藝家葛原準子所經營的陶人偶工作室。人偶們的表情及動作純樸且討喜，讓人不禁會心一笑。除了生肖、動物、孩童外，地藏菩薩造型陶人偶也備受好評。

🕐10:00～17:00
休不定休　🛍女兒節人偶3000日圓～、地藏菩薩1600日圓～　所甲賀市信楽町長野1423-10　🚉信樂高原鐵道信樂站步行23分　Ｐ免費

→表情柔和的人偶十分療癒

咖啡廳　MAP 附錄22E-2

TORASARU
● トラサル
☎0748-83-1186　咖啡廳

氣氛成熟穩重的咖啡廳

時髦的空間設計引人矚目的藝廊&咖啡廳。每天早上手工製作的蛋糕使用了大量嚴選食材，並經過悉心烘焙，宛如藝術品般。也可以購買藝廊販售的器皿。

🕐11:00～19:00（1～2月為～18:00）　休週三　🛍頂級舒芙蕾（1片）450日圓　所甲賀市信楽町勅旨1970-4　🚉信樂高原鐵道玉桂寺前站步行25分　Ｐ免費

←烤起司蛋糕450日圓，熱咖啡450日圓～

這裡也值得特地造訪！

造訪蒼鬱森林圍繞的山中美術館

MIHO MUSEUM
● ミホミュージアム　MAP 附錄22E-2　參觀

因羅浮宮美術館的玻璃金字塔聞名的建築師貝聿銘，以世外桃源為概念所設計的美術館。館內常設展示了來自埃及、亞洲、中國等地的諸多古代美術名品，春、夏、秋季開館時還會舉辦特展。

☎0748-82-3411
🕐2018年10月20日～12月2日，2019年3月中旬～之10:00～16:00　休週一（逢假日則翌平日休）　🛍1100日圓　所甲賀市信楽町田代桃谷300　🚉JR石山站搭帝產湖南交通巴士50分，ミホミュージアム下車即到　Ｐ免費

美 術 展 示

館內收藏了約3000件埃及、亞洲、中國、美洲等地及日本的古美術品，並常態性展示約300件作品。

高度達250cm，西元2世紀後期的健馱邏佛立像

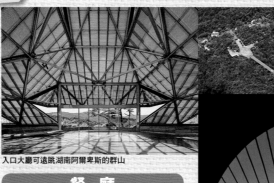
入口大廳可遠眺湖南阿爾卑斯的群山

餐 廳

以不使用農藥及化學肥料栽種的自然食材製作的餐點深受好評。也吃得到手擀烏龍麵及蕎麥麵。

襯托出食材美味的飯糰膳1800日圓

特 展

●3月10日～6月3日
春季特展「大和、近江與白山周邊地區的猿樂面具」

●6月30日～8月26日
夏季特展「紅與藍—探索神聖色彩的世界」

●9月8日～10月8日
秋季特展Ⅰ
「美洲古代文明—超自然的目光—」

●10月20日～12月2日
秋季特展Ⅱ
「近代茶勺百選
—與茶人們的閒暇時光對話—」

翁面（春季特展展示）　鎌倉時代　個人收藏

建 築

與周遭景色融為一體的設計令人讚嘆。館內可感受到和煦的陽光，並規劃了開闊的空間可眺望遠方群山。

美術館棟約有80%的建築容積位在地下

連通往美術館的隧道及吊橋也有如藝術品

春天時枝垂櫻盛開的步道及被櫻花染成粉紅色的隧道美不勝收

信樂・甲賀

重要文化財

秘佛本尊的木造十一面觀音坐像為日本最大的坐像。高度約3.3m，左手持花瓶，右手持念珠

睽違三十三年的大開帳

櫟野寺將在2018年10月6日～12月9日，為期約2個月時間中公開日本最大的坐佛觀音十一面觀世音菩薩。距離前一次的大開帳已有33年，而「33」這個數字據說是從《觀音經》中提及觀音菩薩會變化33種樣貌拯救眾生而來。千萬要把握機會一睹這尊平時無緣拜見的觀音像。

春天有櫻花，秋天有紅葉，寺內一年四季能欣賞到不同美景

重要文化財

木造地藏菩薩坐像。腹部綁著腹帶，被民眾視為能保佑安產的地藏菩薩

重要文化財

木造藥師如來坐像，也被稱為甲賀縣最大的藥師像

甲賀

●こうか　[MAP] 附錄21・22

甲賀是著名的忍者之鄉，有對外開放忍者舊宅的甲賀流忍術屋敷及忍者主題公園—甲賀之里忍術村等景點。能欣賞甲賀豐沛綠意的溫泉設施也是一大亮點。

區域導覽

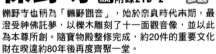

擁有多達20件重要文化財的寺院

櫟野寺 ●らくやじ　[MAP] 附錄21B-2　參觀

櫟野寺也稱為「櫟野觀音」，始於奈良時代末期，最澄受神佛託夢，以櫟木雕刻了十一面觀音像，並以此為本尊所創。隨寶物殿整修完成，約20件的重要文化財在睽違約80年後再度齊聚一堂。

☎0748-88-3890　🕐9:00～16:00　休無休　¥一般參觀500日圓，特別參觀時800日圓　🚉甲賀市甲賀町櫟野1377　🚌JR甲賀站搭ハロー巴士甲賀大原線15分，櫟野觀音前下車即到　Ｐ免費

資料館　[MAP] 附錄21A-2

甲賀流忍術屋敷（甲賀望月氏本家舊邸）
●こうがりゅうにんじゅつやしき（こうがもちづきほんけきゅうてい）　☎0748-86-2179　參觀

貨真價實的忍者屋敷

建於江戶時代，為甲賀流忍者甲賀五十三家中地位最高的望月出雲守之舊宅。屋敷內有許多機關，並有導覽說明及展示手裏劍等忍者道具、忍術資料。

🕐9:00～16:30　休無休　¥700日圓　🚉甲南市甲南町龍法師2331　🚌JR甲南站步行20分　Ｐ免費

主題樂園　[MAP] 附錄21B-2

甲賀之里 忍術村
●こうがのさとにんじゅつむら　☎0748-88-5000　玩樂

換上忍者服變身為忍者吧

有手裏劍道場、甲賀忍者博物館等各種忍者相關設施的主題樂園。在忍者道場可以穿著忍者服裝進行水蜘蛛之術、穿井之術等9種忍者體驗。機關忍者屋敷也不可錯過。

🕐10:00～16:00　休週一（逢假日則營業）　¥門票1030日圓，服裝租借成人1030日圓）　🚌JR甲賀站搭計程車10分（有車站接送服務，需預約）　Ｐ免費

寺院　[MAP] 附錄21B-2

油日神社
●あぶらひじんじゃ　☎0748-88-2106　參觀

過去忍者所信仰的神社

這座甲賀的總社自古以來就被民眾視為油火之神所信仰。成一直線排列的本殿、拜殿、樓門、迴廊為室町時代的神社建築，獲指定為重要文化財。

自由參觀　🚉甲賀市甲賀町油日1042　🚌JR油日站步行25分　Ｐ免費

→可進行丟手裏劍等忍者體驗

←可在忍者賓際生活過的宅邸及寺院等進行體驗

重要文化財

→是滋賀縣內樹齡超過770年的自然紀念物的日本金松

食品　[MAP] 附錄21B-1

甲賀もち工房
●こうがもちこうぼう　☎0748-88-5841　購物

以古早的杵搗製法加甲賀產糯米，做成麻糬販售。現搗麻糬及米粉鯛魚燒也很受歡迎。

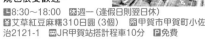

🕐8:30～18:00　休週一（逢假日則翌日休）　¥艾草紅豆麻糬310日圓（3個）　🚉甲賀市甲賀町小佐治2121-1　🚌JR甲賀站搭計程車10分　Ｐ免費

咖啡廳　[MAP] 附錄21C-1

うかい屋
●うかいや　☎0748-66-0168　咖啡廳

屋齡約190年的商家打造成的咖啡廳&藝廊。除了能吃到紅豆麻糬湯、蕎麥麵，也有販售工藝品等。

🕐10:00～18:00（11～3月為～17:00）　休不定休　¥紅豆湯650日圓，香蔥鴨肉蕎麥麵650日圓　🚉甲賀市土山町北土山328　🚌JR貴生川站搭あいくる巴士土山本線27分，近江土山下車，步行3分

拉麵　[MAP] 附錄21A-1

天下ご麺
●てんかごめん　☎0748-63-8231　美食

使用以多種素材調配成的天然釀造醬油。重口味的湯頭與摻了全麥粉製作的麵條很對味。

🕐11:00～21:00　休週一（逢假日則營業）　¥鰹武士醬油麵700日圓　🚉甲賀市水口町水口5595-1ボヌール1F　🚌近江鐵道水口城南站步行15分

❀=賞櫻名勝　🍁=紅葉名勝

★★★ 編輯部強力推薦 ★★★

行家級紅葉景點
《 造訪湖南三山賞紅葉 》

湖南三山指的是善水寺、長壽寺、常樂寺這三座位在湖南市的國寶級名剎，相對於「湖東三山」而被冠上了「湖南三山」之名。

觀賞期 11月中旬～12月上旬

湖南三山與周邊景點也別具魅力

湖南

●こなん　**MAP** 附錄18

區域導覽

湖南地區是以野洲川為中心開墾的平原，從奈良時代就因為地處交通要衝而一路發展至今。有「湖南三山」之稱的紅葉名勝──常樂寺、長壽寺、善水寺也位在此區，每座寺院都擁有國寶建築，香火鼎盛。

造型穩重的國寶本堂

寺內到了秋天染成一片鮮紅

國寶 **重要文化財**

優美三重塔為湖南佛教的象徵

常樂寺
★じょうらくじ **MAP** 附錄18E-4

參觀

良弁於和銅年間（708～715）所建立的古剎，檜皮葺歇山頂樣式的本堂與三重塔為國寶，寺內供奉著秘佛木造千手觀音像。秋天時可欣賞到8種品種、330株樹木轉紅的美景。

☎0748-77-3089

🕙10:00～16:00（需預約）　休不定休　¥門票500日圓　地湖南市西寺6-5-1　交JR石部站搭「めぐるくん」巴士10分，西寺下車，步行4分　P免費

國寶 **重要文化財**

自古以來便受到虔誠信仰的山間名剎

形成了一豔麗的紅葉參道上

長壽寺
★ちょうじゅじ **MAP** 附錄18E-4

奈良時代良弁所創立的古剎，也被稱為東寺。檜皮葺廡殿頂樣式的本堂是建於鎌倉時代初期的國寶。弁天堂到了秋天會籠罩在火紅的紅葉之中。

☎0748-77-3813

🕙9:00～16:00（1～3月需預約）　休無休　¥500日圓　地湖南市東寺5-1-11　交JR石部站搭「めぐるくん」巴士13分，長壽寺下車即到　P免費

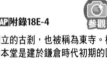

氣氛莊嚴的國寶本堂

國寶 **重要文化財**

收藏眾多珍貴佛像之地

宮殿風的國寶本堂與紅葉交織出雅致風情

善水寺
★ぜんすいじ **MAP** 附錄18F-4

參觀

草創於元明天皇時代，後來由最澄中興。寺名的由來為桓武天皇之病因靈水而痊癒的事蹟。寺內供奉了於天平、平安、鎌倉時代製作的30尊佛像。

☎0748-72-3730

🕙9:00～17:00（冬季～16:00）　休無休　¥500日圓　地湖南市岩根3518　交JR甲西站搭「めぐるくん」巴士10分，岩根下車，步行10分　P免費

佛像有半數為重要文化財

資料館 **MAP** 附錄18E-4

石部宿場之里（東海道石部歷史民俗資料館）
●いしべしゅくばのさと（とうかいどう いしべじゅくれきしみんぞくしりょうかん）

☎0748-77-5400
（雨山文化運動公園管理事務所）

參觀

重現了昔日人來人往的驛站

位在雨山文化運動公園內的歷史資料館重現了江戶時代的東海道石部宿，包括了客棧、商家、茶店等，並在各處擺設當時的生活用品，忠實傳達了當時驛站的樣貌。

🕙9:00～16:30　休週一（逢假日則翌日休）　¥350日圓　地湖南市雨山2-1-1　交JR石部站搭計程車8分　P免費

透過這裡可以了解此地繁華的過往

在地酒 **MAP** 附錄18F-4

北島酒造
●きたじましゅぞう

☎0748-72-0012
購物

歷史超過200年的老字號酒窖

1805（文化2）年創業，位在舊東海道上的酒窖。將近江產酒米高度精製、磨白後，精心釀造出純米吟釀酒、日本酒、利口酒等講究的好酒。

🕙8:30～17:30　休週日、假日　¥「しぼったそのまま一番酒」（720 ㎖）1542日圓、純米吟釀「近江米のしずく」（720 ㎖）1572日圓　地湖南市針756　交JR甲西站步行6分　P免費

↑「しぼったそのまま一番酒」（右），純米吟釀「近江米のしずく」（左）

法國料理 **MAP** 附錄18E-4

洋風割烹 松井
●ようふうかっぽうまつい

☎0748-77-5630
美食

用筷子享用法國料理的餐廳

可以用筷子輕鬆品嘗以近江牛等在地食材及法國食材製作的正統全餐料理。吃得到魚與肉類料理的全餐在午、晚餐時段都很受歡迎。2人以上前來可在包廂用餐。

🕙12:00～13:30、17:30～20:30（週日（僅接受預約）　¥午餐2160日圓～，晚餐5400日圓～　地湖南市石部西1-1-32　交JR石部站步行5分　P免費

除了桌席外，也有氣氛寧靜沉穩的下嵌式座位包廂

體驗設施 **MAP** 附錄18F-4

湖南市傳統工藝會館
●こなんしでんとうこうげいかいかん

☎0748-72-7444
玩樂

致力於重振下田燒的基地

推動江戶時代傳承至今的下田燒再興的設施。除了下田燒外，還介紹了竹皮細工、近江木綿正藍染等湖南市的傳統工藝。館內提供彩陶及彩繪體驗。

🕙10:00～18:00（體驗需預約）　休週一、二（逢假日則翌日休）　¥彩繪體驗700日圓～，製陶體驗2500日圓～　地湖南市岩根1656　交JR三雲站搭めぐるくん巴士5分，岩根東口下車即到　P免費

製作下田燒的情景

採訪memo 「石部宿」是？ 過去連接江戶與京都的東海道沿途設置了53座驛站，其中位在滋賀的有大津、草津、石部、水口、土山，石部宿為東海道的第51座驛站，據說過去街道上有許多客棧。

🍁=紅葉名勝 **108**

琵琶湖與比良山脈所圍繞的戶外活動勝地

湖西 比良山

こせい・ひらさん

湖西、比良山地區在舊街道沿路上
有今津、海津等宿場町，以及白鬚神社等
不容錯過的景點。另外，擁有水杉林蔭道等
眾多讓人感到心曠神怡的兜風道路
也是這裡的一大特色。在大自然的眷顧下，
除了有以櫻花著稱的海津大崎等地，
也有許多適合各種戶外活動的景點。

必訪景點 BEST 1

水杉 林蔭道

道路兩旁約有500株水杉
綿延2.4㎞，這裡兜風堪
稱一大樂事

P.113

必訪景點 BEST 3

能眺望琵琶湖的
絕景咖啡廳讓人感動萬分
琵琶湖VALLEY
P.12

必訪景點 BEST 2

白鬚神社

湖中佇立著漆成朱紅色
的大鳥居，為滋賀最古
老的神社。也是高人氣
的能量景點

P.10·111

ACCESS

從京都前往近江今津

電車｜京都站 ━━━ 近江今津站
JR湖西線新快速
約50分 970日圓

開車｜名神高速道路
京都東IC
↓
湖西道路 志賀Bypass ｜ 33.2km 約30分
↓
小松ランプ
↓
國道161號 ｜ 22.5km 約25分
↓
今津

從湖北前往近江今津

開車｜北陸自動車道
木之本IC
↓
國道8、303號 縣道54號 ｜ 27.6km 約35分
↓
今津

詳細交通方式說明與
該地區路線圖 ▶ 請見
P.120·121!

洽詢單位

高島市觀光振興課 ☎0740-25-8040
琵琶湖高島觀光協會 ☎0740-33-7101
牧野站觀光服務處 ☎0740-28-1188

（地圖）
牧野
湖北
新旭 長濱
沃賀 高島 彥根
多賀
近江八幡 湖東三山
東近江
草津
大津 信樂
甲賀

爬樹

悠開地躺在吊床上好幸福喔

吊床躺起來十分舒適，可以在上面
睡午覺或吃午餐

走向戶外擁抱

湖西的大自然

高島
木登りツアー ツリーカフェ
●きのぼりツアーツリーカフェ 🎵玩樂

提供可以在森林中挑戰爬樹的獨特體驗，每次體驗
以少人數並限一組遊客參加，因此可以自在悠閒地
感受森林、湖泊的自然氣息。場地為Village-dest
今津及森林公園くつきの森等地。

MAP 附錄14E-1

📞090-7555-5304　🕙完全預約制（洽詢為10:00～
20:00）　🈲不定休　🏠高島市新旭町饗庭1600-1 高島市新
旭水鳥觀察中心（辦公室）　🚌JR新旭站搭社區巴士西循環
線10分，水鳥觀察センター前下車即到　🅿免費

在安全帶與繩索幫助下，即使
是初學者，只要抓到絕竅也能
輕鬆爬上手。朝高度4～14m的
樹木挑戰吧！

體驗DATA
實施期間	全年（天候不良時可能會中止或延期）
費用	無吊床1人9000日圓，有吊床1人13000日圓（皆為2人參加時之每人費用。含用具租借費、保險費）※加時為每小時1500日圓
所需時間	2～3小時
對象	8歲以上，2～5人

爬樹體驗、將溪谷及岩壁當作運動場的各種活動、可欣賞琵琶湖美
景的山頂散步、釣魚…等，湖西有各種能親近大自然、讓身心都充
實的戶外活動等你來玩。這趟旅行要不要來點不一樣的體驗呢？

山頂散步

在美麗琵琶湖景陪伴下來趟小健行♪

夏天能同時欣賞到五彩
繽紛的百合花與琵琶湖

高島
箱館山 ●はこだてやま
🎵玩樂

箱館山標高690m，有纜車直通山頂，可
俯瞰壯麗的琵琶湖景色。百合園在夏天有
250萬株百合盛開的美景，夏天與秋天的
掃帚草公園也非常有看頭。冬天則能享受
滑雪樂趣。

MAP 附錄11A-4

📞0740-22-2486　🕙自由散步，纜車9:00
～16:30（季節性行駛，
需確認）　🎫纜車（來
回）1850日圓
🏠高島市今津町日置前
🚌JR近江今津站搭湖國
巴士20分，箱館山下車
即到
🅿冬季1輛1000日圓

鮮豔的百合花與翠綠掃帚草交織出絕美景色

約2千株的掃帚草會
在11月上旬轉紅

溯溪

玩起來超過癮的天然溜滑梯！

體驗DATA
實施期間	4月下旬（黃金週）～10下旬（因氣象而有變動）
費用	半日家族行程9720日圓（含導覽費、用具租借費）※保險費等另收1000日圓
所需時間	5～7小時
對象	小學生以上

瀑布超乎想像的速度讓人覺得刺激又有
趣。在飛濺的水花間暢快地冒險吧。

過程中配戴專用安全帽、安全
帶、鞋子等裝備。登頂後的成
就感讓許多人愛上這項運動♪

釣魚

悠閒地在享受戶外釣魚樂趣

高島
朽木渓流魚センター
●くつきけいりゅうぎょセンター 🎵玩樂

這裡備有各式釣具，不需任何準備就能前
來體驗溪釣，也有一年四季都可嘗試的路
亞釣魚等。還附設有屋頂的炭火烤肉區及
紅點鮭料理餐廳，可當場享用自己釣到的
魚。

MAP 附錄15B-3

📞0740-38-5034　🕙7:00～16:30（路亞
釣魚視季節而異）　🈲無休　🎫視釣場而異，
烤肉套餐2100日圓（不可自帶食材）　🏠高島市
朽木小川230　🚗湖西道路真野出口車程35分
🅿免費

女性及小朋友在包租溪釣場也
有機會能釣到紅點鮭或石川鮭

位在大自然之中，關西最大的釣魚場

體驗DATA
實施期間	全年
費用	溪流釣場男性4300日圓，女性3100日圓（其他視釣場而異）
所需時間	有時間限制（視釣場而異）
對象	視釣場而異

高島
ZERTO GRAVITY
●ゼログラビティ 🎵玩樂

以比良山脈的溪谷與高聳的岩壁
為舞台，規劃出各式各樣的活
動。清涼消暑的溯溪及驚心動魄
的攀岩等，能讓人在遊玩間愉悅
地融入大自然。

MAP 111A-1

📞075-702-9330（京都辦公室）
🕙9:00～18:00　🈲無休
🎫視活動項目而異
🏠高島市勝野1400高島びれっじ7號館
🚌JR近江高島站步行5分　🅿免費

攀岩

自己的力量征服岩壁！

體驗DATA
實施期間	全年（需最晚2日前預約）
費用	10800日圓～（含導遊費、用具租借費）※保險費等另收1000日圓
所需時間	5～7小時
對象	小學生以上

湖西・比良山

擁抱大自然／高島・新旭・牧野

史蹟／安曇川　MAP 112A-2

藤樹書院跡
● とうじゅしょいんあと　☎0740-32-4156
（藤樹書院跡・良知館）　📷參觀

保留了藤樹生前喜愛的老樹

江戶時代的陽明學者─中江藤樹對弟子及村人講學授課的私塾遺址。書院重建於1882（明治15）年，並被指定為國家史蹟，展示了中江藤樹的親筆著作及遺物等。

🕐9:00～16:30　休無休　¥免費
所高島市安曇川町上小川211
🚃JR安曇川站步行20分　P免費

🔄展示了與中江藤樹相關的珍貴資料

神社／高島　MAP 111A-2

白鬚神社
● しらひげじんじゃ　☎0740-36-1555　📷參觀

大鳥居佇立湖中，近江最古老的神社

相傳創立於垂仁天皇時代，是歷史悠久的神社。供奉的猿田彥命，被民眾視為延年益壽、姻緣之神加以信仰。建於湖中的大鳥居有如浮在湖面上般，也是著名的日出景點，並獲得日本遺產之認定。

🕐自由參觀
所高島市鵜川215
🚃JR近江高島站車程5分
P免費

重要文化財

🔄有「近江的嚴島」之稱，散發神祕氣息的景色人氣相當高

🔄本殿為重要文化財

以多采多姿的絕景與戶外活動著稱

高島・新旭・牧野
● たかしま・しんあさひ・マキノ　MAP P.111・112・113・附錄11・14・15

這一區有比良山脈的群山與琵琶湖等自然美景，除了體驗戶外活動，還有賞櫻名勝等眾多值得造訪的景點。

區域導覽

精彩特輯！
★走向戶外擁抱湖西的大自然→P.110

神社／新旭　MAP 112A-1

大荒比古神社
● おおあらひこじんじゃ　☎0740-25-5000　📷參觀

以七川祭聞名的神社

建於13世紀前期，是歷史悠久的神社。每年5月4日舉行的例祭「七川祭」會吸引大批信眾造訪。11月上旬至下旬是最佳賞楓期。

🕐自由參觀
所高島市新旭町安井川844
🚃JR新旭站搭計程車5分　P免費

🔄妝點神社的紅葉，周圍群山的景緻也美不勝收

酒／高島　MAP 111A-1

清酒萩乃露釀造元福井弥平商店
● せいしゅはぎのつゆじょうぞうもとふくいやへいしょうてん　☎0740-36-1011　🛍購物

在地名酒也是伴手禮的好選擇

高島舊街道上連綿的老宅其中一間，便是這家寬延年間創業的釀造工房。使用比良山脈的伏流水，以山田錦為原料低溫發酵釀造而成的「萩乃露 吟釀純米」氣味芳醇，是這代表性的名酒。

🕐8:30～17:30　休週六、日　萩乃露 吟釀純米（1.8ℓ）3240日圓　所高島市勝野1387-1　🚃JR近江高島站步行10分　P免費

🔄右：吟釀純米（720 mℓ）1728日圓，左：里山（720 mℓ）1404日圓

石佛群／高島　MAP 111A-2

鵜川四十八體石佛群
● うかわしじゅうはったいせきぶつぐん　☎0740-33-7101
（琵琶湖高島觀光協會）　📷參觀

約1.6m的花崗岩阿彌陀如來坐像群。此處的石佛原本有48尊，但因遷移等關係，目前剩下33尊安置在這蒼鬱的山中墓地。

🕐自由參觀　所高島市鵜川
🚃JR近江高島站步行20分

🔄每尊石佛表情各不相同

這裡也值得特地造訪！

眾多特色商店齊聚於舊城下町

高島びれっじ
● たかしまびれっじ　🎵玩樂

位在現今仍保存了武家屋敷等古蹟的高島市勝野，將屋齡170年的商家及倉庫改裝再利用，成為由1～8號館構成的「高島びれっじ」，包括了餐廳、體驗工房、甜點店等各具特色的店家。造訪舊城下町時一併來這兒走走吧。

☎0740-36-1266（びれっじ1號館）　MAP 111A-1
🕐10:00～17:00（視設施而異）
休週一（逢假日則翌日休），視設施而異
所高島市勝野1400
🚃JR近江高島站步行5分
P免費

1號館為蠟燭體驗工房

看看有什麼在地伴手禮

淡海堂
● おうみどう
MAP 111A-1

位在3號館，由釀造工房淡海酢經營的西點店。使用高島名產波森莓做的瑞士捲口感鬆軟又帶酸甜滋味，是人氣伴手禮。

☎0740-36-0218
🕐9:00～18:00
休週三

以大正浪漫風格打造的3號館

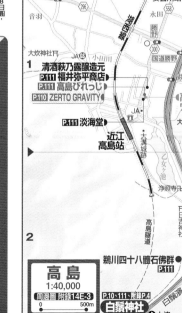

波森莓醋
300 mℓ
1190日圓

波森莓瑞士捲
1條1200日圓

高島
1:40,000
周邊圖 附錄14E-3
P.10・111・附錄P.4

清酒萩乃露釀造元
P.111 福井弥平商店
P.110 ZERTO GRAVITY
P.111 淡海堂
P.111 高島びれっじ

高島ワニカフェ　P.43

白ひげ浜水泳場・キャンプ場　P.119

鵜川四十八體石佛群　P.111

白鬚神社

B&G海洋中心　近江今津　安曇川站

500m

●參觀　●玩樂　●美食　●咖啡廳　●溫泉　●購物　●住宿　●活動・祭典

鰻彩堂
●まんさいどう

河魚料理／安曇川　　MAP 112A-2

📞 0740-32-2374　購物

品嘗鰻魚專賣店推出的新名產

運用在地產食材製作的「近江米漢堡」是這裡的招牌商品，近江米煮的白飯吸滿祕傳醬汁，在烤至焦香後做成的米漢堡中間夾了炭火烤鰻魚及牛蒡絲。

🕐 10:00～19:30　休 週一　💴 鰻魚昆布卷(迷你)1條500日圓　所高島市安曇川町末広1-14川魚のよしうめ内　🚃 JR安曇川站即到　P 免費

→近江米漢堡「鰻魚」600日圓

いき生き水文化 かばた館
●いきいきみずぶんか かばたかん

郷土料理／新旭　　MAP 112A-1

📞 0740-25-3790　美食

圍著地爐享用鄉土料理

這座為了振興地方發展所打造的設施，附設有特產販售所與民宅風餐廳，可以吃到放了根莖蔬菜及雞肉等在地食材的日式菜飯「しょいめし」，以及蓋飯、烏龍麵、蕎麥麵等餐點。

🕐 11:00～20:00(16:00以後須預約)　休 無休　💴 野乃花御膳1500日圓，山豬肉火鍋1人份3500日圓(需預約)　所高島市新旭町旭707　🚃 JR新旭站步行10分　P 免費

↓包括了烤魚、燉煮料理的しょいめし御膳850日圓

高島市新旭水鳥觀察中心
●たかしましんあさひ みずどりかんさつセンター

觀察中心／新旭　　MAP 附錄14E-1

📞 0740-25-5803　參觀

湖西地區觀察水鳥的好所在

可在此使用常設的望遠鏡觀察白冠雞、小鸊鷉等水鳥，冬天還會有數千隻候鳥來訪。中心內附設咖啡廳，可一邊享用手工甜點或午餐，一邊觀察水鳥。

🕐 10:00～17:00(咖啡廳為～16:30)　休 週二(逢假日則翌平日休)　💴 200日圓　所高島市新旭町饗庭1600-1　🚃 JR新旭站搭社區巴士西循環線10分，水鳥觀察センター前下車即到　P 免費

→可透過將琵琶湖溼地岸盡收眼底的大窗戶觀察水鳥

とも栄
●ともえ

和洋菓子／安曇川　　MAP 112A-2

📞 0740-32-0842　購物

當地民眾耳熟能詳的糕點店

販售近江在地和菓子、放了滿滿當令水果的蛋糕等商品。以當地特產波森莓做的甜點也是很受歡迎的伴手禮。也可以在店裡的和風咖啡廳內用。

🕐 9:00～19:00　休 無休　💴 杣山の栗170日圓，あど果みるく130日圓　所高島市安曇川町西万木211-1　🚃 JR安曇川站步行5分　P 免費

↑西近江 比良 山麓舒芙蕾1458日圓

今津ヴォーリズ資料館
●いまづヴォーリズしりょうかん

資料館／今津　　MAP 113B-1

📞 0740-22-0981　參觀

利用舊銀行打造成的資料館

原為建於1923(大正12)年的舊百三十三銀行，是沃里斯設計的建築之一，現在則為資料館，展示沃里斯生平及建築的相關資料。

🕐 10:00～17:00　休 週一(逢假日則翌日休)　💴 免費　所高島市今津町今津175　🚃 JR近江今津站步行10分　P 免費

↑這裡是今津的第一棟西式建築，穩重的外觀別具特色

ひょうたん亭
●ひょうたんてい

蕎麥麵／今津　　MAP 113B-1

📞 0740-22-0208　美食

鄰近今津港的手擀蕎麥麵店

提供使用在地產蕎麥粉做成的蕎麥麵，以在地醬油做的麵汁與鰹魚高湯是店家自豪的賣點。知名美食元祖周航蕎麥麵裡放了鴨肉與香魚天麩羅，十分受歡迎。

🕐 11:00～15:00　休 週四(逢假日則營業)　💴 二八蕎麥涼麵700日圓，自製鯖魚壽司300日圓　所高島市今津町今津408 今津港汽船乘船場前　🚃 JR近江今津站步行5分

↑以琵琶湖為意象的元祖周航蕎麥麵850日圓

Editor's Check
★★★ 編輯部強力推薦 ★★★
《造訪入選「日本遺產」的清澈湧泉》

針江生水之鄉生態旅遊
★はりえしょうずのさとエコツアー

新旭町針江地區為獲選「日本遺產」的「琵琶湖及其水岸景觀」之一，這裡的家家戶戶都有比良山脈的伏流水從地下湧出所形成的「川端」，供居民作為生活用水、飲用水，在地導遊會帶領遊客探訪這充滿特色的景觀。出發時間為10:30、13:00、14:00(視季節而異)。

MAP 112A-1

📞 0740-25-6566(針江生水之鄉委員會)

🕐 9:00～16:00(12～2月為～15:00，需2日前預約)　休 不定休　💴 90分(川端與街景)各1000日圓，150分(2條路線皆走)2000日圓　所高島市新旭町針江(集合為針江公民館前)　🚃 JR新旭站搭社區巴士東循環線23分(下午班次為3分)，針江公民館前下車即到

↑流經針江的小河水質清澈，水面上漂浮著梅花藻及水藻

→用來洗滌蔬菜等的川端，有些還有鯉魚悠游其中

Editor's Check
★★★編輯部強力推薦★★★

《試試看滋賀的傳統食物「鮒壽司」》

滋賀著名的鮒壽司主要將抱卵的似五郎鮒先鹽醃漬數個月，再埋進米飯裡1年以上發酵熟成，帶有獨特的濃醇滋味與酸味，也是營養豐富的發酵食品。

魚治 ★うおじ MAP附錄11B-3

在這間老字號料理旅館能吃到以傳統手法醃漬的鮒壽司，此外還附設料亭，在店裡也買得到。

☎0740-28-1011

營8:00～20:00 休週二(逢假日則營業) 所高島市マキノ町海津2304 交JRマキノ站步行20分 P免費

➲鮒壽司（5400日圓～）可以當下酒菜或搭配茶泡飯享用

咖啡廳／今津 MAP113B-1

cafe Lac

●カフェラック

☎0740-22-2868 咖啡廳

週末限定的湖景咖啡廳

從店內的大窗戶及露台座望出去的風景是一大賣點，甚至能遠眺竹生島及海津大崎。除了耗時費工製作出來的手作咖哩外，還有義大利麵、焗烤等餐點。

營11:00～16:00 休週一～四（逢假日則營業） ¥焗烤海鮮1000日圓，花草茶400日圓 所高島市今津町今津63 交JR近江今津站步行5分 P免費

➲特製咖哩套餐（附沙拉、甜點、飲料）1000日圓

鰻魚料理／今津 MAP113B-1

西友本店

●にしともほんてん

☎0120-39-2105 美食

鰻魚與河魚料理專賣店

使用長年傳承下來的醬汁，以炭火悉心燒烤而成的鰻魚是這裡的招牌。其中又以附醋拌小菜及茶碗蒸等的鰻魚飯三吃膳特別受歡迎。

營11:00～14:20，17:00～20:00（販售10:00～19:00） 休不定休（1、2月為週一休） ¥鰻魚蓋飯1458日圓，河魚宴席3996日圓 所高島市今津町住吉2-1-20 交JR近江今津站步行8分 P免費

➲鰻魚飯三吃膳3024日圓是人氣美食

採蔬果／牧野 MAP附錄11B-3

Makino Pick land

●マキノのうぎょうこうえん
マキノピックランド

☎0740-27-1811 玩樂

在大自然中親手採收時令水果

可以在綠意盎然的大自然中親手採櫻桃、蘋果等當令水果的觀光果園。使用園內種植的水果及牧野當地特產手工製作的義式冰淇淋（300日圓～）也很有人氣。

營9:00～16:00（設施～18:00，11～3月～17:00） 休週三（逢假日則翌日休） ¥入園免費，採水果費用另計 所高島市マキノ町寺久保835-1 交JRマキノ站搭社區巴士マキノ高原線25分，マキノピックランド下車即到 P免費

➲8月上旬至9月中旬可以體驗採葡萄（1小時吃到飽1200日圓～）

寺院／牧野 MAP附錄11B-4

大崎寺(大崎觀音)

●おおさきじ
（おおさきかんのん）

☎0740-33-7101（琵琶湖高島觀光協會） 參觀

名列近江西國三十三所札所之一

位於海津大崎的真言宗古寺，被民眾暱稱為大崎觀音。位於本堂右側的阿彌陀堂的天花板有「安土之血天井」之稱，相傳是利用安土城殘留的遺跡所建造。

營自由參觀
所高島市マキノ町海津128
交JRマキノ站搭計程車5分 P免費

➲朱紅色的建築十分醒目

自然景觀／牧野 MAP附錄11B-4

海津大崎

●かいづおおさき

☎0740-33-7101（琵琶湖高島觀光協會） 參觀

滋賀代表性的賞櫻名勝

以琵琶湖八景之一「曉霧·海津大崎的岩礁」著稱的風景名勝，琵琶湖數一數二的岩礁與碧藍湖水形成美麗對比。這裡也是著名賞櫻勝地，春天時可欣賞到湖岸邊綿延近4km、約800株的染井吉野櫻綻放的美景，還入選「日本百大賞櫻名勝」。

營自由參觀 所高島市マキノ町海津 交JRマキノ站搭社區巴士國境線6分，海津1区下車即到

➲乘船從湖上賞花景緻更加迷人

這裡也值得特地造訪！

每個季節的風情各具魅力 讓人身心舒暢的兜風道路

水杉林蔭道

●メタセコイアなみき MAP附錄11B-3 參觀

縣道287號的マキノ町蛭口至牧野之間，種植了約500棵水杉，形成綿延2.4km的美麗水杉林蔭道。夏季為一片新綠，秋季則有紅葉，到了冬天，樹葉落盡的枝頭會覆上白雪，呈現出夢幻美景。每個季節的景色各有其迷人之處，值得親自走一趟前來體會。

☎0740-27-1811（Makino Pick land）

營自由參觀 所高島市マキノ町蛭口～牧野 交JRマキノ站搭社區巴士マキノ高原線25分，マキノピックランド下車即到 P免費

➲一年四季展現出不同面貌的林蔭道很適合兜風

湖魚／今津 MAP113B-1

魚清

●うおせ

☎0740-22-2039 購物

加工、販售琵琶湖產的湖魚。精心醃漬的鮒壽司及煮到軟嫩的飴煮、醬油煮小香魚都很受歡迎。

營8:00～18:00 休週四（逢假日則營業） ¥時價 所高島市今津町今津55 交JR近江今津站步行5分 P免費

➲販售小香魚及諸子魚等各式各樣的佃煮

牧野 座禪草
近江鹽津站
國道161號
A
B
朽木·小濱
高島市
宮之森公園
東小
高島高
今津町今津
湖西線
今津川
今津病院
今津サンブリッジホテル
西友本店 P.113
卍曹澤寺
今津ヴォーリズ資料館 P.112
琵琶湖
今津宿
cafe Lac P.113
魚清 P.113
今津町觀光服務處
安曇川
近江今津站
竹生島遊覽船 P.17
今津港
P.112 ひょうたん亭
今津
1:40,000
周邊圖 附錄11B-4·14E-1
0 500m
1

●參觀 ●玩樂 ●美食 ●咖啡廳 ●溫泉 ●購物 ●住宿 ●活動、祭典

❀＝賞櫻名勝 🍁＝紅葉名勝

的時光

「山床カフェ」能將琵琶湖盡收眼底，感覺就像飄在半空中一樣

比叡山

享受高級法國料理與舒適客房
星野集團　羅特爾德比叡飯店
●ほしのリゾートロテルドひえい

位在滋賀與京都交界的美食飯店。出身當地、熟知近江食材的主廚融合湖國的特色物產與近江飲食文化，帶來美味法國料理。晚上能欣賞大津的夜景，早晨則有琵琶湖壯麗的景色呈現眼前。還提供延曆寺的早課體驗(→P.49)。

也將滋賀的傳統美食「鮒壽司」做成了優雅簡約的菜色

MAP 附錄19B-3
☎0570-073-022
IN15:00　OUT12:00　¥1泊2食24000日圓～　可刷卡　京都市左京区比叡山一本杉　JR大津京站搭計程車20分(有京都站八条口發車之接駁巴士，需確認)　P免費

每間客房皆配備不同風格的家具

守山

還有能從窗戶眺望琵琶湖美景的和室

位在最上層的「Grill & Dining G」。可以享用在開放式廚房製作的豪邁燒烤料理

高級房內擺設了以琵琶湖湖面為意象的地毯及藝術品

位置絕佳的湖景飯店
琵琶湖萬豪飯店
●びわこマリオットホテル

位於琵琶湖畔，274間客房全都以琵琶湖的自然與湖水為概念做設計。從最上層的餐廳欣賞的琵琶湖風景也美不勝收。

MAP 附錄18D-2
☎077-585-6100
IN15:00　OUT11:00　¥1泊附早餐14040日圓～　可刷卡　守山市今浜町十軒家2876　JR堅田站搭接駁巴士15分　P免費

晚餐提供從前菜到主菜都是使用在地蔬菜烹調的全餐。菜色視季節而異，7722日圓～

位於最上層的皇家樓層的雙床房

種植了四季花卉草木，散發異國情調的庭園，來這散個步也不錯。

大津

寬敞的客房與SPA讓疲勞消失無蹤
皇家橡樹Spa花園飯店
●ロイヤルオークホテル　スパ&ガーデンズ

位於琵琶湖畔的花園飯店。客房面積有45㎡以上，還附設游泳池、健身房、Spa中心等，能在此悠閒享受度假生活。

MAP 附錄19C-4
☎077-543-0111
IN14:00　OUT11:00　¥1泊2食14000日圓～　可刷卡　大津市萱野浦23-1　JR石山站北口搭接駁巴士10分　P免費

※以上刊載之住宿費用，原則上「2食」為2人住宿1間客房時1人份的費用；「S」(單人房)為1人住宿，「T」(雙床房)、「W」(雙人房)則為2人住宿時1晚的房價。

中庭有足湯、手湯以及能讓人好好放鬆的休息區

豪華露營方案十分受歡迎。還有各種能親近大自然的活動

排能不廳點出
吃絕讓式自
到口人吃世
近住到界
江旅飽知
牛館餐名
牛就讚侍
早讚 酒
上 師
客 田
享 崎
用 真
的 也
近 之
江 手
牛 的
排 美
宴 食
席 度
假
飯
店

雄琴溫泉
欣賞琵琶湖美景度過悠閒自在時光
琵琶湖綠水亭
●びわこりょくすいてい

舒果冰客使A琵
活汁棒房用4琶
圖及供享近等湖
書用江級綠
室客牛近水
免房排江亭
費旅宴牛的
提館席的
供

從大廳及客房都能望見琵琶湖的湖畔旅館，附露天浴池的客房深受好評。還能吃到使用近江牛及各種山珍海味、當令食材做成的宴席料理。

☎077-577-2222　**MAP** 60A-2
🕐IN15:00　OUT10:00　💰1泊2食24840日圓～
💳可刷卡　🚩大津市雄琴6-1-6　🚉JR雄琴溫泉站搭計程車7分（有車站接送服務，預約制）🅿免費

長濱
奧琵琶湖的極致奢華飯店
杜拉克酒店
●ロテル・デュ・ラク～ウェルネス　リトリート＆オーベルジュ～

由侍酒師田崎真也所打造，日本唯一一座美食飯店式度假旅館。融合了滋賀的發酵文化與法國料理的主廚原創晚餐很受歡迎。　**MAP** 附錄11B-3

☎0749-89-1888
🕐IN15:00　OUT12:00　💰1泊附早餐38940日圓～
💳可刷卡　🚩長浜市西浅井町大浦2064
🚉提供JR近江鹽津站或永原站之免費接送服務 🅿免費

雄琴溫泉
豐富多元的浴池帶來不同泡湯樂趣
湯元館
●ゆもとかん

所有客房皆附露天浴池，以及有專用休息區的特別樓層「葭蘆葦」引發了熱烈討論。有7座精心打造的浴池讓人泡個過癮。

MAP 60A-2
☎077-579-1111
🕐IN15:00　OUT10:00
💰1泊2食20304日圓～
💳可刷卡　🚩大津市苗鹿2-30-7　🚉JR雄琴溫泉站搭計程車5分（有車站接送服務，請確認）🅿免費

位在最上層的展望露天浴池可俯瞰琵琶湖，景觀不同凡響

「はなれ葭蘆葦」的豪華大套房
附露天浴池與露臺

具有美肌效果的溫泉，泡起來療癒極了。也有露天浴池私人湯屋

雄琴溫泉
讓身心都自在放鬆的旅館
琵琶湖花街道
●びわこはなかいどう

美容沙龍、餐廳等設施一應俱全的溫泉旅館。有附湖景露天浴池的特別客房、和室、西式等不同類型的房間。老練的主廚帶來的宴席料理也是一大魅力。

☎077-578-1075　**MAP** 60A-2
🕐IN14:00　OUT11:00　💰1泊2食17280日圓～
💳可刷卡　🚩大津市雄琴1-1-3　🚉JR雄琴溫泉站搭計程車5分（有車站接送服務）🅿免費

所有客房都看得到琵琶湖，晚上還有美麗的夜景

交通便利的 舒適飯店

所有客房都附陽台，能享受到絕佳的景緻

大津
天然溫泉消除全身疲勞
琵琶湖飯店
●びわこホテル

位於琵琶湖畔，所有客房皆能欣賞湖景。還有可以泡天然溫泉的大浴場及露天浴池，帶來小旅行般體驗的純泡湯不住宿午餐方案也很受歡迎。

MAP 55C-1
☎077-524-7111
🕐IN15:00 OUT12:00（午餐為11:30～或13:30～、入浴為14:00～）
¥1泊附早餐23500日圓～（2人同住1間客房時之1人份費用），純泡湯不住宿午餐方案4000日圓～ 可刷卡 大津市浜町2-40 JR大津站步行10分（有車站出發之免費接駁巴士）P免費

可以邊欣賞琵琶湖景色，邊用餐、泡溫泉

靠湖這一面的房間可欣賞湖景

大津
鄰近琵琶湖，交通便利的飯店
Hotel Blue Lake Ohtsu
●ホテルブルーレークおおつ

距離JR京都站與京阪三条站僅約20分鐘車程，不論是去京都或在大津觀光都方便。就近在大津港搭乘遊覽船也不錯。

☎077-524-0200 **MAP** 55C-1
🕐IN15:00 OUT11:00 ¥S5500日圓～／T8800日圓～／W8000日圓～ 可刷卡 大津市浜大津1-4-12 京阪琵琶湖濱大津站即到 P免費

彥根
位在方便市內觀光的絕佳地點
彥根豪景飯店
●ひこねビューホテル

10層樓高的飯店內有80間客房

位在琵琶湖畔的飯店，倒映於湖面的懸山頂屋頂別具特色。春天可賞櫻，夏天有各種運動可玩，是來彥根觀光時的住宿好選擇。從客房就能看到琵琶湖景。

☎0749-26-1111 **MAP** 附錄13B-3
🕐IN14:00 OUT11:00 ¥1泊2食7344日圓～ 可刷卡 彥根市松原町網代口1435-91 JR彥根站搭計程車7分 P免費

草津
寬敞高雅的客房是一大魅力
草津琵琶湖波士頓廣場飯店
●ホテルボストンプラザくさつびわこ

位在JR草津站前的都會度假飯店，散發古早年代波士頓般的氣息。附景觀浴室或透明浴室等五花八門的客房深受好評。

☎077-561-3311 **MAP** 59B
🕐IN15:00 OUT11:00 ¥S7500日圓～／T13000日圓～／W10900日圓～ 可刷卡 草津市草津站西口ボストンスクエア內 JR草津站即到 P1晚500日圓

從JR草津站走一下就到，位置便利

景觀浴室雙床房 十分熱門

鄰近豐公園的度假飯店

長濱
飽覽琵琶湖與伊吹山的壯麗景色
HOTEL & RESORTS NAGAHAMA
●なかはまロイヤルホテル

高級雙床房（尊榮樓層）

步行約5分鐘便可到長濱港，不論去竹生島或黑壁廣場等地方觀光都很便利。可眺望琵琶湖及伊吹山風景，並附設溫泉、餐廳等豐富設施。

☎0749-65-1200 **MAP** 87A-2
🕐IN15:00 OUT11:00 ¥1泊2食15500日圓～ 可刷卡 長浜市大島町38 JR長濱站步行10分（有車站出發之定期接送巴士，需確認）P500日圓

※以上刊載之住宿費用，原則上「2食」為2人住宿1間客房時1人份的費用；「S」（單人房）為1人住宿，「T」（雙床房）、「W」（雙人房）則為2人住宿時1晚的房價。

精選滋賀住宿 ★ 不住宿溫泉 ★

草津 ［MAP 附錄19C-4］
草津湯元 水春
くさつゆもとすいしゅん
☎077-516-1126
成人770日圓，小學生380日圓，幼童180日圓（週六、日、假日為成人870日圓，小學生430日圓，幼童210日圓）
草津市新浜町300 イオンモール草津スポーツ＆レジャー棟
JR瀬田站搭近江鐵道巴士4分，近江大橋口下車，步行4分
9:00～翌1:00（週六～24:00）
免費
露天區域有岩石浴池、碳酸泉、中藥鹽三溫暖等。還有不限使用時間的岩盤浴房。

大津 ［MAP 60A-2］
スパリゾート雄琴あがりゃんせ
スパリゾートおごとあがりゃんせ
☎077-577-3715
成人1700日圓，兒童1030日圓（週六、日、假日為成人1900日圓，兒童1230日圓）
大津市苗鹿3-9-5
JR雄琴溫泉站搭接送巴士5分
10:00～24:00
無休（有臨時維修公休）
免費
有精心打造的5種岩盤浴及法國料理餐廳等，設施豐富多元。

大津 ［MAP 附錄14D-4］
比良とぴあ
ひらとぴあ
☎077-596-8388
成人610日圓，小學生410日圓，70歲以上410日圓
大津市北比良1039-2
JR比良站搭免費接送巴士5分（需預約）
10:00～21:00（入場～20:30）
無休（有臨時維修公休）
免費
有檜木浴池與岩石浴池兩種露天浴池，男女輪換制。與特產販售所相鄰。

SPA GUIDE

毛巾　浴巾　沐浴乳
洗髮精　吹風機

免費（不需自備或可租借）
收費（租借或購買）
無（需自備）

長濱 ［MAP 附錄10D-3］
北近江溫泉
きたおうみおんせん
☎0749-85-8888
成人900日圓，兒童400日圓（週六、日、假日為成人1200日圓，兒童600日圓）
長浜市高月町唐川189
JR高月站搭計程車10分
11:00～20:30（週日、假日10:00～，入場～20:00）
週二（逢假日營業）
免費
有餐廳、休息區等設施，露天浴池、按摩池、氣泡湯、衝擊水柱池等也一應俱全。

長濱 ［MAP 附錄10E-4］
須賀谷溫泉
すがたにおんせん
☎0749-74-2235
成人1000日圓，兒童500日圓
長浜市須賀谷町36
JR河毛站車程7分（17:00以前有接送巴士，需預約）
11:00～21:00
無休（假日、假日前日有管制，需洽詢）
免費
深咖啡色的氫碳酸鐵泉保溫效果極佳。也有包含用餐的方案。

守山 ［MAP 附錄18D-3］
守山 天然溫泉 ほたるの湯
もりやまてんねんおんせんほたるのゆ
☎0120-66-2615
成人850日圓，兒童450日圓（週六、日、假日為成人950日圓，兒童500日圓）
守山市吉身4-5-20
JR守山站步行15分
10:00～1:00（入場～24:00）
無休（有臨時維修公休）
免費
有引自天然溫泉源泉的內湯、露天浴池、餐廳、休息區等各項設施。

守山 ［MAP 附錄18D-2］
びわこ大橋天然溫泉みずほの湯
びわこおおはしてんねんおんせんみずほのゆ
☎077-584-3726
成人600日圓，兒童300日圓（週六、日、假日為成人650日圓，兒童350日圓）
守山市水保町1172-1
JR守山站搭近江鐵道巴士17分，みずほ団地下車即到
10:00～24:00（入場～23:00）
無休有臨時維修公休）
免費
超級錢湯式的溫泉設施。浴場為3層式設計，可體驗各種不同浴池，溫泉則是不傷肌膚的弱鹼性。

甲賀 ［MAP 附錄22F-3］
信樂溫泉 多羅尾乃湯HOTEL LAKE VILLA
しがらきおんせんたらおのゆホテルレイクヴィラ
☎0748-85-0250（HOTEL LAKE VILLA）
成人700日圓，兒童300日圓（週六、日、假日為成人1200日圓，兒童500日圓）
甲賀市信樂町多羅尾1
信樂高原鐵道信樂站搭往信樂方向的滋賀巴士30分
11:00～23:00（入場～21:00）
無休（有臨時公休）
免費
位在「HOTEL LAKE VILLA」內的溫泉。可以享受岩石露天浴池、檜木浴池、鹽三溫暖、大鍋浴池等。

甲賀 ［MAP 附錄21C-2］
甲賀溫泉やっぽんぽんの湯
こうかおんせんやっぽんぽんのゆ
☎0748-68-0250
成人1240日圓（週六・日・假日1540日圓），3歲～小學生500日圓
甲賀市土山町黑川1711
JR貴生川站搭甲賀市社區巴士45分，ダイヤモンド滋賀下車即到
10:00～23:00（週六、日、假日11:00～，入場～22:00）
無休
免費
位在「ダイヤモンド滋賀」飯店內，內湯為100%源泉，並有露天岩石浴池、三溫暖、岩盤浴等。

東近江 ［MAP 附錄17C-3］
永源寺溫泉 八風の湯
えいげんじおんせんはっぷうのゆ
☎0748-27-1126
成人1300日圓，兒童700日圓（週六、日、假日為成人1500日圓，兒童800日圓）
東近江市永源寺高野町352
JR近江八幡站搭免費接駁巴士45分
10:00～22:00（入場～21:00）
無休（有臨時維修公休）
免費
位在永源寺門前，除了能欣賞愛知川景色的大浴場、露天浴池、信樂燒陶湯、三溫暖、岩盤浴外，還有餐廳。

近江八幡 ［MAP 附錄18E-1］
長命ずいかくの湯
ちょうめいずいかくのゆ
☎0748-31-1126
成人1580日圓，兒童800日圓（週六、日、假日為成人1780日圓，兒童900日圓）16:00以後折扣200日圓
近江八幡市長命寺町65-1
JR近江八幡站搭近江鐵道巴士25分，長命寺下車即到
10:00～22:00（入場～21:00）
無休（有臨時維修公休）
免費
提供高濃度碳酸泉及源泉放流的氡蒸氣浴槽等多種選擇。

高島 ［MAP 附錄11B-3］
マキノ高原溫泉さらさ
マキノこうげんおんせんさらさ
☎0740-27-8126
成人700日圓，兒童350日圓（水療區另收800日圓，共通券1200日圓）
高島市マキノ町牧野931-3
JRマキノ站搭湖西巴士18分，マキノ高原溫泉さらさ下車即到
10:00～21:00（週六、日、假日～22:00，最後入場各為30分前）
第2、4週三（逢假日則翌日休）
免費
有附露天浴池和四季溫泉的大浴場、泳池SPA、休息區、餐廳。

高島 ［MAP 附錄11B-3］
マキノ白谷溫泉 八王子莊
マキノしらたにおんせんはちおうじそう
☎0740-27-0085
成人600日圓，兒童350日圓
高島市マキノ町白谷370-1
JRマキノ站搭社區マキノ高原線13分，マキノ白谷溫泉下車即到
10:00～21:00（入場～20:30）
週四（逢假日則翌日休）
有附露天浴池的大浴場、休息區，也能在包廂享用宴席料理（需預約）。

高島 ［MAP 附錄15C-2］
くつき溫泉てんくう
くつきおんせんてんくう
☎0740-38-2770（グリーンパーク想い出の森）
成人600日圓，兒童300日圓，浴池＋游泳池成人1200日圓，兒童600日圓
高島市朽木柏341-3
JR安曇川站搭江若交通巴士35分，朽木学校前下車，搭接駁巴士7分
10:00～21:00（入場～20:30，游泳區～18:30）
無休（游泳池區為10月1日～3月24日，有臨時公休）
免費
位在「グリーンパーク想い出の森」內的溫泉。

湖南 ［MAP 附錄18F-4］
十二坊溫泉ゆらら
じゅうにぼうおんせんゆらら
☎0748-72-8211
成人600日圓，兒童300日圓，全館（浴池＋游泳池）成人1000日圓，兒童500日圓
湖南市岩根678-28
JR草津站搭計程車10分
10:00～22:00（入場～21:00）※游泳池營業時間不同
無休（有臨時維修公休）
免費
位在湖南市十二坊山麓的溫泉設施。

草津
MAP附錄 19C-4
矢橋歸帆島公園露營・烤肉場
やばせきはんとうこうえんキャンプ・バーベキューじょう
☎090-3054-7779

🕐9:00～16:00（辦公時間）　11月下旬～4月
💰1晚350日圓～　草津市矢橋町2108
🚃JR草津站搭巴士15分，矢橋下車步行10分
🅿免費

有設置了許多戶外遊樂器材的兒童廣場、網球場等，能進行各種活動的公園。露營、烤肉場不提供器材租借，需自行準備。

大津
MAP附錄 15C-3
大津市 葛川森林露營場
おおつしかつらがわしんりんキャンプじょう
☎077-599-2222

🕐9:00～16:00（辦公時間）　10～4月中旬
💰1晚2690日圓～　大津市葛川坊村町237-37
🚃湖西道路真野IC 30分
🅿免費

位在安曇川上游，是一座小小孩也能安心戲水的露營場（需預約）。還可以用鹽烤方式品嘗參加抓河魚體驗（1條500日圓）抓到的香魚、石川鮭等。

大津
MAP附錄 14D-3
比良げんき村
ひらげんきむら
☎077-596-0710

🕐9:00～17:00（辦公時間）　週一
💰1晚320日圓～（詳情需洽詢）
大津市北小松1769-3
🚃JR北小松站步行15分　🅿免費

位在比良山脈的山腳，可將琵琶湖盡收眼底。除了露營場外，還有各種戶外遊樂器材、滾輪滑梯、天體觀測等豐富多元的活動。各設施皆需事前申請。

露營場
camp site

AC電源　調理區　烤肉食材　廁所

入浴設施　全包方案　販售木柴、木炭　無

★ 露營場 ★

高島
MAP附錄 14E-3
寶船家族露營場
たからぶねファミリーキャンプじょう
☎0740-32-1293

🕐9:00～21:00（辦公時間）　無休
🎫門票300日圓，1晚4500日圓～
高島市安曇川町下小川2248-2　JR近江高島站搭計程車5分　🅿1日1000日圓～

位在湖西首屈一指的風景名勝，營地為自由營位，有機會在絕佳的琵琶湖觀景位置露營。露營場內還有獨棟別墅、小木屋，夏天可以在湖邊游泳、戲水。

長濱
MAP附錄 10D-2
Woody Pal余吳
ウッディパルよご
☎0749-86-4145

🕐9:00～17:30（辦公時間）　週二
💰1晚500日圓～（自由營位）
長浜市余呉町中之郷260
🚃北陸自動車道木之本IC 10分　🅿免費

有樹木圍繞的固定營位與空間開闊的自由營位，能滿足各種型態的露營需求。還提供戶外遊樂器材、推桿高爾夫球、手工藝體驗等各式各樣的活動。

湖南
MAP附錄 18F-4
十二坊溫泉 汽車露營場
じゅうにぼうおんせんオートキャンプじょう
☎0748-76-3811

🕐10:00～17:00（辦公時間）　不定休（需上官網確認）　1晚3900日圓～　湖南市岩根678-28　🚃JR甲西站搭計程車10分　🅿免費

除了28個營位全都有供應電源外，還可以在綠意盎然的山間健行、賞紅葉。盡情玩樂過後，再去十二坊溫泉ゆらら（→P.117）消除疲勞吧。

日野
MAP附錄 17C-4
GRIMM冒險之森
グリムぼうけんのもり
☎0748-53-0809

🕐8:30～17:15（辦公時間）　無休
💰1晚3300日圓～　日野町熊野431
🚃名神高速道路八日市IC 30分
🅿免費

可以在這座位於大自然中的設施享受露營樂趣，也很適合正統露營愛好者。此外還有以格林童話為主題打造的戶外遊樂器材、寵物公園等體驗設施。

米原
這樣的露營方式也不錯
●GLAMP ELEMENT
●グランエレメント

融合了火、風、水、土4種元素的概念所打造的大型豪華露營設施。所有營地都面對著池塘，並附設了休息區、酒吧等，雖然是露營，感覺就像住在飯店般奢華享受。

MAP附錄 12D-1
☎0749-55-3755
🕐8:30～17:30（辦公時間）　無休
💰1晚4人18500日圓～　米原市池下60-1　🚃JR長岡站搭計程車5分　🅿免費

高島
MAP附錄 15C-2
朽木汽車露營場
くつきオートキャンプじょう
☎0740-38-2770

🕐8:30～20:00（辦公時間）　第2週二（8月無休），11～3月　1晚3600日圓～　高島市朽木柏266-2　🚃JR安曇川站搭江若巴士35分，朽木學校前搭接駁巴士　🅿免費（1營位1輛）

位在安曇川畔，還提供有電源、自來水的營位，露營初學者也不怕，可以放心前來。還可以去隔壁的「グリーンパーク想い出の森」泡溫泉。

高島
MAP附錄 11A-4
家庭旅行村Village-dest今津
かぞくりょこうむらビラデストいまづ
☎0740-22-6868

🕐9:00～17:00（辦公時間）　12～3月
💰1晚2150日圓～　高島市今津町深清水2405-1　🚃JR近江今津站搭計程車25分
🅿免費

標高550m的汽車露營場。營地空間寬敞，還設置了桌椅等，因此也很受有小朋友的家庭喜愛。也開放團體使用。

高島
MAP附錄 15C-3
格列佛青少年旅行村
ガリバーせいしょうねんりょこうむら
☎0740-37-0744

🕐9:00～17:00（辦公時間）　無休　🎫門票400日圓，1晚2000日圓～　高島市鹿ヶ瀬987-1　🚃JR高島搭巴士25分，ガリバー旅行村下車即到（僅週六、日、假日、暑假期間行駛）　🅿免費

以格列佛遊記為主題打造的設施。除了汽車露營場及常設露營地外，還有最多可容納30人的宿舍等，選擇非常豐富。還提供抓魚（1條400日圓）等體驗方案。

湖水浴場 BEACH

| 更衣室 | 淋浴 | 廁所 | 投幣式置物櫃 |
| 租借遮陽傘 | 商店 | 海之家 | 無 |

★ 湖水浴場 ★

大津
MAP附錄 14D-3
北小松水泳場
きたこまつすいえいじょう
☎077-596-0913

🏠 大津市北小松
🚃 JR北小松站步行10分
🅿️ 1次1500日圓~

有著美麗白沙青松景觀的湖岸，也以水質清澈及景色宜人著稱，吸引眾多遊客前來戲水。附近還有著名的瀑布「楊梅の滝」。

大津
MAP附錄 14D-4
近江舞子水泳場
おうみまいこすいえいじょう
☎077-596-0520
（淡季時請洽志賀觀光協會☎077-592-0378）

🏠 大津市南小松
🚃 JR近江舞子站步行5分
🅿️ 1次1500日圓

白沙青松的美麗湖岸綿延 4km，是滋賀縣最具人氣的湖泳勝地。「良風·雄松崎的白汀」也名列琵琶湖八景之一。

大津
MAP附錄 19C-1
和邇浜水泳場
わにはますいえいじょう
☎077-594-0035（和邇浜水泳協會）

🏠 大津市和邇南浜
🚃 JR和邇站步行20分
🅿️ 需洽詢

深受攜家帶眷的遊客喜愛，岸邊湖水不深，景色宜人。也有許多人在此從事水上運動。

高島
MAP111A-2
白ひげ浜水泳場·キャンプ場
しらひげはますいえいじょうキャンプじょう
☎0740-36-1248

🏠 高島市鵜川1091
🚃 JR近江高島站步行20分
🅿️ 1日1000日圓~

事先預約，就能體驗SUP（3000日圓~）、香蕉船（700日圓~）、水上飛板（7000日圓~）等各種活動。還有附設商店、食堂、淋浴間等設施的露營場及烤肉場專用座位（需預約）。

彦根
MAP附錄 13A-4
新海浜水泳場
しんがいはますいえいじょう
☎0749-30-6120（彦根市觀光企劃課）

🏠 彦根市新海町
🚃 JR稻枝站搭計程車15分
🅿️ 1日1000日圓

位在愛知川河口北側，長約500m的湖岸沙灘。特色為水淺、水質清澈，游泳區域外的沿岸地方也盛行水上運動。

彦根
MAP附錄 13A-4
松原水泳場
まつばらすいえいじょう
☎0749-30-6120（彦根市觀光企劃課）

🏠 彦根市松原町
🚃 JR彦根站搭計程車10分
🅿️ 1次700日圓

這裡是被稱作千千之松原的風景名勝，可遠眺多景島。淺水的湖岸綿延約1km，也因電視節目「鳥人大賽」而使這裡聲名大噪。

近江八幡
MAP附錄 18F-1
宮ヶ浜水泳場
みやがはますいえいじょう
☎0748-32-3138（休暇村近江八幡）

🏠 近江八幡市沖島町宮ヶ浜
🚃 JR近江八幡站搭近江鐵道巴士43分，休暇村下車即到
🅿️ 免費

位於休暇村前，長約400m的湖岸地帶。美麗的水岸景觀深受好評，還曾入選日本88大水浴場。還有商店、林間露營場、烤肉場等。

大津
湖畔的室外泳池也很受歡迎！
琵琶湖大津王子大飯店游泳池
●びわこおおつプリンスホテルスイミングプール

琵琶湖大津王子大飯店（→P.41）內有一座仿照琵琶湖的形狀所打造，全長90m、最寬處23m的室外泳池，還能欣賞壯麗的湖景。也有兒童池，適合全家出遊的旅客前來。

☎077-521-1111 MAP 55C-3
期間：7月上旬~8月底
🕙10:00~17:00（視時期而異）💰成人3000日圓，兒童1500日圓（週六、日、假日為成人3500日圓，兒童1700日圓）
※住宿旅客可享折扣

高島
MAP附錄 11B-4
マキノサニービーチ知内浜
マキノサニービーチちないはま
☎0740-27-0325
（知內濱汽車露營場）

🏠 高島市マキノ町知內2010-1
🚃 JRマキノ站步行20分
🅿️ 1輛1000日圓~

有全年營業的露營場，吸引了眾多來自京阪神地區的遊客造訪。附近有知內漁港，可享受釣魚樂趣。

高島
MAP附錄 11B-4
マキノサニービーチ高木浜オートキャンプ場
マキノサニービーチたかぎはまオートキャンプじょう
☎0740-28-1206

🏠 高島市マキノ町西浜763-1
🚃 JRマキノ站步行10分
🅿️ 1輛1000日圓~

有可以正面遠眺竹生島的露營廣場及休息區等，充滿度假氣氛。潔白的湖岸沙灘也是汽車露營的營地。

高島
MAP附錄 14E-3
近江白浜水泳場
おうみしらはますいえいじょう
☎0740-32-3777（近江白濱觀光協會）

🏠 高島市安曇川町近江白浜
🚃 JR近江高島站搭計程車5分
🎫 門票1人300日圓
🅿️ 1日1000日圓，2天1夜2000日圓

沙灘綿延約1km，不論是盡情游泳、划艇、SUP等各種運動的年輕人，或攜家帶眷的遊客都喜愛。還設有露營場、商店、食堂，也可以在這裡烤肉。

滋賀交通全攻略

交通方式圖解說明

先從這裡看起!

\\出發前先做好這些功課/

交通方式重點提示

鐵道・巴士篇

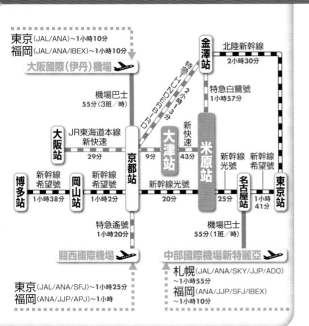

東京(JAL/ANA)～1小時10分
福岡(JAL/ANA/IBEX)～1小時10分
大阪國際(伊丹)機場

金澤站
北陸新幹線
2小時30分

機場巴士
55分(3班/時)

特急白鷺號
1小時57分

大阪站　JR東海道本線　新快速　29分

新快速 43分

米原站

新幹線光號

京都站　9分　**大津站**

新幹線光號　20分

博多站　新幹線希望號　1小時38分

岡山站　新幹線希望號　1小時2分

新幹線光號

新幹線希望號　25分　**名古屋站**

東京站　1小時41分

特急遙號
1小時20分

關西國際機場

機場巴士
55分(1班/時)

中部國際機場新特麗亞

札幌(JAL/ANA/SKY/JJP/ADO)～1小時55分
福岡(ANA/JJP/SFJ/IBEX)～1小時10分

東京(JAL/ANA/SFJ)～1小時25分
福岡(ANA/JJP/APJ)～1小時

要如何前往滋賀?

若搭新幹線的話,米原站便位在滋賀,但停靠的班次不多,建議不妨搭到京都站,從京都站搭JR快速到大津站只要10分鐘。若從米原站轉乘在來線前往主要觀光景點,大致上都是約1小時可到達。

注意 此處所刊載的皆為2018年1月時之資訊。交通工具之車資、費用除有特別說明者外,均為乘座一般設備(普通車或號座等)之單程金額。所需小時為參考值,視搭乘列車而異。平日與週六、日、假日的電車、巴士的班次數可能會有不同。搭乘前請務必確認最新之時刻、車資等資訊。

鐵道、巴士帶你到目的地

各交通機關的預約、洽詢方式

鐵道
JR西日本客服中心
☎0570-00-2486
https://www.jr-odekake.net/
JR東日本客服中心
☎050-3772-3910
京阪電車客服中心
☎06-6945-4560
近江鐵道
☎0749-22-3303
信樂高原鐵道
☎0748-82-3391
比叡山坂本纜車
☎077-578-0531

路線巴士
京阪巴士(山科)
☎075-581-7189
京阪巴士(大津)
☎077-531-2121
近江鐵道巴士(大津)
☎077-543-6677
江若交通巴士(堅田)
☎077-572-0374
帝產湖南交通巴士(草津)
☎077-562-3020
近江鐵道巴士(八日市)
☎0748-22-5511
湖國巴士(彥根)
☎0749-25-2501
湖國巴士(長濱)
☎0749-64-1224
西日本JR巴士(近江今津)
☎0740-22-2152

船、渡輪
琵琶湖汽船預約中心
☎077-524-5000
オーミマリン
☎0749-22-0619

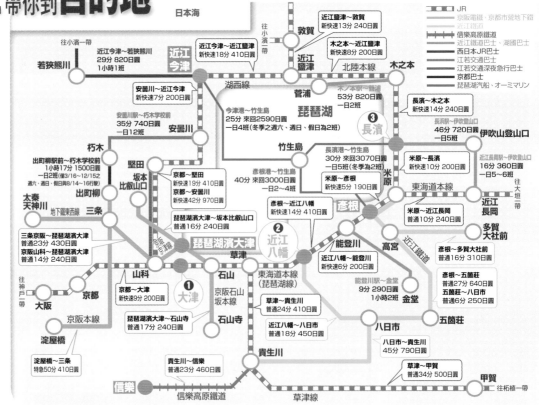

名古屋 出發

❶ 往大津 … (2小時/2270日圓　1小時2班+4～5班) **[名古屋站]** ⇒ JR東海道本線 **[米原站]** ⇒ JR琵琶湖線 **[大津站]**

❷ 往近江八幡 … (1小時40分/1940日圓　1小時2班+4～5班) **[名古屋站]** ⇒ JR東海道本線 **[米原站]** ⇒ JR琵琶湖線 **[近江八幡站]**

❸ 往長濱 … (1小時40分/1490日圓　1小時2班+2班) **[名古屋站]** ⇒ JR東海道本線 **[米原站]** ⇒ JR北陸本線 **[長濱站]**
※名古屋～大垣平日為大垣換車

大阪 出發

❶ 往大津 … (40分/970日圓　1小時3班) **[大阪站]** ⇒ JR京都・琵琶湖線 **[大津站]**

❶ 往大津 … (1小時25分/840日圓　1小時6班+4～5班) **[淀屋橋站]** ⇒ 京阪本線 **[三條站・三條京阪]** ⇒ 京都市營地下鐵東西線/京阪大津線 **[琵琶湖濱大津站]**

❷ 往近江八幡 … (1小時5分/1490日圓　1小時2班) **[大阪站]** ⇒ JR京都・琵琶湖線 **[近江八幡站]**

❸ 往長濱 … (1小時40分/1940日圓　1小時2班) **[大阪站]** ⇒ JR京都・琵琶湖・北陸本線 **[長濱站]**

開車自駕遊滋賀

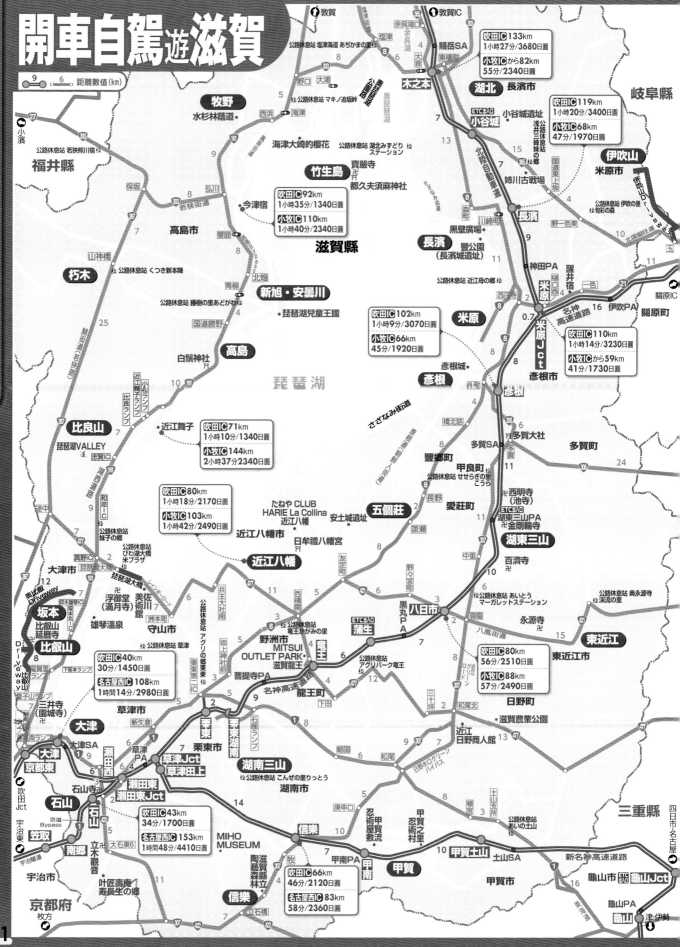

距離數值(km)

景…景點　玩…玩樂　溫…溫泉　食…美食　咖…咖啡廳　買…購物　住…住宿　活…活動・祭典

【 MM 哈日情報誌系列 11 】

滋賀・琵琶湖

長濱・彥根・大津

作者／MAPPLE昭文社編輯部
翻譯／甘為治
校對／陳宣穎
編輯／林庭安
發行人／周元白
排版製作／長城製版印刷股份有限公司
出版者／人人出版股份有限公司
地址／23145 新北市新店區寶橋路235巷6弄6號7樓
電話／（02）2918-3366（代表號）
傳真／（02）2914-0000
網址／www.jjp.com.tw
郵政劃撥帳號／16402311 人人出版股份有限公司
製版印刷／長城製版印刷股份有限公司
電話／（02）2918-3366（代表號）
經銷商／聯合發行股份有限公司
電話／（02）2917-8022
第一版第一刷／2018年10月
定價／新台幣360元

國家圖書館出版品預行編目（CIP）資料

滋賀・琵琶湖 長濱・彥根・大津 / MAPPLE昭文社編輯部作 ；
甘為治翻譯. --
第一版.-- 新北市：人人, 2018.10
面； 公分. --（MM哈日情報誌系列；11）
ISBN 978-986-461-151-5（平裝）

1.旅遊 2.日本滋賀縣

731.75109 107012632

Mapple magazine SHIGA BIWAKO
NAGAHAMA・HIKONE・OTSU
Copyright ©Shobunsha Publications, Inc, 2018
All rights reserved.
First original Japanese edition published by
Shobunsha Publications, Inc. Japan
Chinese (in traditional characters only) translation
rights arranged with Jen Jen Publishing Co., Ltd
through CREEK & RIVER Co., Ltd.

●版權所有・翻印必究●